LA

CAROLÉIDE.

IMPRIMERIE DE HUZARD-COURCIER,
Rue du Jardinet, n° 12.

Partout et nulle Part.

LA
CAROLÉIDE;

PAR

M. LE VICOMTE D'ARLINCOURT.

TROISIÈME ÉDITION,

REVUE, CORRIGÉE PAR L'AUTEUR,

Et ornée de deux vignettes dessinées par M. Horace Vernet,
et d'un plan figuratif du lieu de l'action.

PARIS,

BÉCHET AÎNÉ, LIBRAIRE-ÉDITEUR,

QUAI DES AUGUSTINS, N° 57.

1824.

AVERTISSEMENT

DE L'ÉDITEUR.

La Caroléide, dont nous publions aujourd'hui la troisième édition, complètement refaite par l'auteur, n'offre plus une seule page des premières éditions qui n'ait été presque entièrement changée. Les passages remarquables, qui y furent généralement admirés, ont seuls été conservés; et de nouvelles beautés remplacent les vers faibles qui furent reprochés à l'auteur en 1818.

Si la Caroléide, pleine d'incorrections, fit une vive sensation dans le monde à l'époque où elle fut publiée, quel effet ne doit-elle point produire sur ses lecteurs, aujourd'hui que l'auteur, dans toute la maturité de son talent, la présente dégagée de toutes les taches qui la défiguraient!

Les puristes sévères, qu'indignaient des vers trop négligés ou des expressions trop hardies, s'étonnaient, lorsque ce poëme parut, du succès que pouvait obtenir une composition qu'ils trouvaient aussi imparfaite; mais un littérateur connu a dit avec raison : « — Ce n'est point la présence des défauts qui tue un » ouvrage, c'est l'absence des beautés. » Or les ennemis de M. le vicomte d'Arlincourt, tout en faisant

a

ressortir les défectuosités de la Caroléide, n'ont pu s'empêcher d'avouer qu'il s'y trouvait aussi *d'admirables pensées, de magiques tableaux, d'heureuses hardiesses, des caractères fortement tracés, des vers sublimes et des pages de génie* *.

On a comparé la Caroléide à un drame qui, au lieu d'être en cinq actes et en dialogues, était en vingt-quatre chants et en récits : ce jugement est plutôt un éloge qu'une censure. Aux yeux du lecteur impartial, le vif intérêt de l'ouvrage en a souvent fait disparaître les défauts ; et des personnes, ennemies de la poésie, qui déclaraient n'avoir jamais pu lire deux cents vers de suite, dans nos meilleurs auteurs, sans un ennui et une fatigue insurmontable, ont avoué hautement qu'une fois la Caroléide commencée, une puissance magique entraînait le lecteur, et lui faisait dévorer, sans interruption, les vingt-quatre chants du poëme.

L'un de nos meilleurs aristarques, le sévère M. Amar, qui, dans trois articles insérés au Moniteur en novembre et décembre 1818, a vivement attaqué M. le vicomte d'Arlincourt, est convenu cependant lui-même de *sa brillante imagination.* « — Ses batailles, dit-il, » sont énergiquement décrites : on voit, on sent

---

* *Voyez* les journaux du temps, d'où j'ai tiré toutes les phrases que j'ai soulignées. Ces journaux sont: le Moniteur, les Débats, le journal de Paris, la Gazette de France, le journal Général, la Minerve, le Modérateur, les Annales politiques, le Télégraphe, le journal du Commerce, etc...

» qu'elles ont été écrites à la lumière du canon , au
» bruit des bombes et des obus.... La première ren-
» contre de Charlemagne et d'Ulnare est des plus in-
» téressantes ; ce conflit des deux puissances, dont
» l'une pousse Charle à sa perte, par le moyen même
» que l'autre emploie pour le retenir sur le bord du
» précipice, a quelque chose de neuf, d'original et
» de vraiment épique.... La partie oratoire de l'ou-
» vrage est remarquable.... Il règne parfois dans ses
» vers une certaine douceur, de l'abandon, de la sen-
» sibilité, et le caractère d'harmonie propre au su-
» jet.... Il s'y trouve aussi des morceaux pleins de
» force, d'énergie et de chaleur..... La France a un
» poète de plus! » Voilà certes, de la part d'un ri-
gide censeur, des éloges qui dédommagent de bien
des critiques.

« — La Caroléide, dit le journal des Débats (23 fé-
» vrier 1819), appartient à une nouvelle école....
» Il y a dans sa combinaison une intention très re-
» marquable, quelque chose de l'imagination de
» l'Arioste appliquée aux sujets héroïques ; et, de-
» puis la Jérusalem délivrée, c'était la première fois
» que nous entendions les mâles accens d'une muse
» chevaleresque. »

« — Payons à M. d'Arlincourt (dit le journal du
» Commerce ou Constitutionnel, en novembre 1818)
» un juste tribut d'éloges. Témoin de la gloire de
» nos braves, il n'a senti que le besoin de chanter
» sa patrie. Voyez avec quelle vérité, avec quelle
» chaleur entraînante il écrit !... »

« — Dans la Caroléide, dit la Gazette de France
» (24 décembre 1818 et janvier 1821), se trouve
» une grande richesse d'imagination. La rapidité de
» son succès, au milieu des intérêts politiques, doit
» au moins donner à penser à ceux qui, sans avoir lu
» l'ouvrage, auraient pris à la lettre les amères cri-
» tiques qu'on en a faites dans quelques journaux. »

« — Honneur à l'imagination et au talent de M. d'Ar-
» lincourt! (dit le Journal Général, 19 novembre, 4 dé-
» cembre 1818 et 24 janvier 1819.) Il faut posséder
» un talent bien remarquable pour débuter par un
» ouvrage de ce mérite et de cette étendue..... Nul
» doute qu'il ne parvienne au plus haut rang parmi
» nos littérateurs.... Le début du poëme est plein de
» noblesse et de simplicité...Tout ce que la poésie peut
» créer de brillant, de généreux, d'énergique, se re-
» trouve dans presque toutes les pages de la Caroléide,
» dont le sort est actuellement fixé. »

« — Le succès de la Caroléide est très remarquable
» (disent les Annales Politiques, 24 décembre 1818).
» Les défauts de style, qui sont souvent des défauts
» systématiques, pourront disparaître avec le temps,
» et le poëme restera. »

Le Télégraphe, après deux articles pleins de fiel,
termine en ces mots d'une manière inattendue : «—Ce-
» pendant M. d'Arlincourt a fait preuve d'un beau ta-
» lent : on remarque dans la Caroléide des pensées
» sublimes, des vers charmans, des images gracieuses,
» et des traits de génie (29 novembre 1818). »

La Minerve (47ᵉ liv., t. 4), après avoir cité avec

éloges beaucoup de vers de la Caroléide, termine ainsi :
« —L'on a fait à ce poëme plusieurs reproches. Les dis-
» cuter en détail me mènerait trop loin ; je me borne
» à observer qu'il n'est aucun de ces reproches qu'on
» ne puisse diriger avec plus ou moins de raison contre
» des poètes qui cependant sont l'admiration des
» siècles. »

Voici encore le jugement d'un homme de lettres : (il
est inséré au Mémorial de l'homme public, t. 2, 13ᵉ l.)
« —On rencontre dans ce poëme de beaux mouvemens.
» Les personnages du premier et du second ordre
» sont parfaitement groupés : l'emploi du merveil-
» leux et de la mythologie du Nord s'adapte bien aux
» temps chevaleresques ; et le caractère du héros est
» poétiquement tracé. »

Un littérateur distingué s'exprime ainsi sur la Caroléide (Modérateur , 1ᵉʳ cahier) : « — Il s'y trouve un
» personnage sans modèle, c'est Ulnare. Jamais rien de
» plus fantastique ne sortit de l'imagination d'un poëte.
» Il y a sans nul doute dans ce poëme des descriptions
» hardies, des situations attachantes, et des concep-
» tions neuves. »

Je pourrais citer encore beaucoup d'autres jugemens
portés sur la Caroléide par les journaux français, ne
fût-ce que pour répondre aux détracteurs de M. d'Arlincourt, qui osaient soutenir que son poëme n'avait
été vanté par personne ; mais ce détail deviendrait
long et fatigant : j'observerai seulement que les ga-
zettes étrangères ont loué M. le vicomte d'Arlincourt
autant que celles de son pays. « — Vainement, dit le

» journal de Francfort (26 avril 1819), la critique s'est
» acharnée à déchirer ce poëme remarquable, son
» succès va toujours croissant. Traduit en pays étran-
» gers *, il a été loué avec enthousiasme, et attaqué
» avec fureur, c'est le sort de toute œuvre de génie. »

Écoutons le Vrai Libéral de Bruxelles (27 déc. 1818
» et 4 janv.1819) : «—Sous le rapport de l'intérêt, peu
» de livres en offrent autant que la Caroléide.... Elle
» renferme des passages de la plus grande beauté, des
» tirades pleines d'énergie, des chants sublimes, et
» des pensées de génie. »

Je ne puis mieux terminer mes citations que par
quelques phrases tirées de quatre articles du journal de
Paris (9 et 30 nov., 25 déc. 1818, et 15 mars 1819).

« — Ce qui manque à la Caroléide peut s'acquérir par
» le travail aidé de bons conseils; mais ce qui ne s'ac-
» quiert pas, et ce que nous offre ce poëme, c'est l'ima-
» gination et la sensibilité, c'est la chaleur et le mou-
» vement, âme de la véritable poésie.... Par com-
» bien de beautés l'auteur ne rachète-t-il pas des
» négligences bien pardonnables dans les prémices
» d'une jeune imagination! Le génie lui-même,
» comme l'astre du jour, n'a-t-il pas son aurore et
» son déclin?.... Les avis sont encore partagés sur la

---

* Un professeur distingué avait même commencé à traduire
la Caroléide en vers latins; les journaux du temps en parlèrent.
L'idée était bizarre, et l'entreprise pénible. Il fut interrompu
dans son travail..... par la mort. Il n'y eut que quatre chants
de traduits. Nous les avons vus.

» marche du poëme, la manière dont les caractères
» sont tracés, la force des pensées, la richesse des ta-
» bleaux, comme il arrive toujours lorsqu'il s'agit de
» productions contemporaines remarquables. Quoi
» qu'il en soit, la vogue et le succès extraordinaires
» de l'ouvrage nous justifient d'avoir soutenu que
» l'auteur avait fait preuve de génie.... M. d'Arlin-
» court décrit les combats avec une verve brûlante :
» sa muse, téméraire amazone, aime à s'enfoncer
» dans l'épaisseur d'une mêlée sanglante, et à s'élever
» sur la brèche des murailles croulantes. Le choc des
» armes et tous les bruits de la guerre retentissent
» dans ses vers avec une énergique vérité... l'amour y
» étincelle des feux les plus brillans et les plus variés...
» Ulnare est une admirable création... On critique les
» détails du style, mais on loue la régularité du plan,
» la variété des images, la richesse des pensées, et
» cette imagination brillante que nous avons déjà si-
» gnalée à nos lecteurs comme une compensation
» heureuse de quelques vers faibles et prosaïques...
» Ceux qui préfèrent à un style sans tache les jets
» d'une imagination riche et féconde, ceux qui cher-
» chent les premières conditions d'un grand poëme
» dans la verve, le sentiment, la rapidité de l'action,
» la force et la vérité des caractères, en un mot dans
» un intérêt qui va sans cesse croissant et ne languit
» jamais, ceux-là avoueront que, malgré quelques in-
» corrections, M. le vicomte d'Arlincourt a rempli le
» noble but qu'il s'était proposé, et qu'il a donné vé-
» ritablement un poëme épique à la France. »

On a reproché à M. le vicomte d'Arlincourt l'audace
avec laquelle, s'écartant des routes battues, il avait
voulu frayer un sentier nouveau. Les admirateurs
classiques d'Homère et de Virgile, ne lui pardonnent
point d'avoir voulu voler de ses propres ailes. Eh quoi!
faut-il donc toujours copier! quels succès ont-ils donc
obtenus tous ces auteurs qui, depuis Ronsard jusqu'à
nos jours, ont donné à la France des imitations de
l'Iliade et de l'Énéide! Ah! le copiste ne sera jamais
un modèle. Les temps ont bien changé depuis la guerre
de Troie; et peut-être qu'Homère et Virgile paraissant
aujourd'hui pour la première fois, leurs manuscrits
à la main, n'exciteraient parmi nous aucun enthousiasme. Autre siècle, autres écrits.

On a reproché aussi aux dieux et aux héros du Nord
célébrés dans la Caroléide, leurs noms peu harmonieux; étrange effet de l'habitude! Accoutumés dès
l'enfance à entendre prononcer les noms de *Cécrops*,
Clytemnestre, *Hécate*, *Phlégéton*, *Électre*, *Érechtée*,
Calchas, *Lyncus*, *Pélops*, *Ceyx*, *Éaque*, nous
avons fini par les trouver harmonieux; et nous trou-
vons barbares ceux moins connus d'*Odin*, de *Fréya*,
d'*Irmensul*, d'*Artimas*, de *Braga*, de *Taranis*, d'*Asgard* et de *Balder*. On s'est amusé à faire des vers ru-
des et bizarres avec les seuls noms des guerriers et
dieux de la Caroléide; et si l'on en faisait de même avec
ceux des poètes grecs! si l'on enchâssait ainsi les noms
suivans, que dirait-on!

« Terpsichore, Ixion, Glaucus, Calchas, Io,
» Astyanax, Hécate, Ajax, Styx, Alecto,
» Erichthonius, Pan, Cacus, Mars, Mnémosine.... etc.

Non content d'injurier M. le vicomte d'Arlincourt dans certaines feuilles publiques, ses détracteurs ont été jusqu'à publier de longs pamphlets contre lui* : il

---

* J'en ai un sous les yeux, d'une vingtaine de pages, intitulé *Eloge de Charlemagne*, avec cette épigraphe : « *Du sublime au* » *ridicule il n'y a qu'un pas.* » Il fut imprimé chez le libraire Dentu, par un *anonyme*, en 1818, et est écrit moitié en prose, moitié en vers. La prose en est aussi dégoûtante qu'injurieuse ; et quant aux vers, on peut juger du talent de l'auteur par cet échantillon :

> Honneur à monsieur d'Arlincourt !
> Il nous donne un poëme épique ;
> Et certes, par le temps qui court,
> C'est un cadeau bien magnifique.
> Un certain Voltaire, un beau jour,
> En fit un de moitié plus court,
> Que n'épargna pas la critique.
> Mais vraiment monsieur d'Arlincourt,
> Peut-être moins philosophique,
> Est plus hardi, plus énergique :
> Ses vers ont bien un autre tour.
> Toujours neuf, toujours poétique,
> Il est créateur à son tour.
> S'il est dur en parlant d'amour,
> Il est coulant en politique.
> Honneur à monsieur d'Arlincourt !

Le reste du pamphlet est de cette force ; de pareilles attaques sont peu dangereuses. Au reste, s'il a été imprimé des vers

était dans la destinée du chantre d'Élodie et d'Ézilda,
d'être continuellement en butte à la rage des envieux;
heureusement que, peu sensible aux attaques outra-
geantes de ses ennemis, l'auteur du Solitaire, du Re-
négat et d'Ipsiboé n'y a jamais répondu que par de
nouveaux écrits et de nouveaux triomphes.

---

contre le chantre de Charlemagne, il en a été aussi imprimé en
sa faveur; et, parmi ces derniers, il est un morceau qui se termine ainsi :

> . . . .
> . . . .
> Il faut expier tes succès ;
> Ton sort est celui des grands hommes.
> . . . .
> . . . .
> Barde des paladins français !
> Tout guerrier te doit un hommage.
> Quand les critiques de notre âge
> Épuisent contre toi leurs traits,
> Ah ! peut-être en secret, pour toi, plus d'une belle,
> Voudrait, protectrice fidèle,
> Être *la vierge des forêts*.

PRÉFACE.

Le succès qu'obtint la Caroléide lors de sa publication, fut d'autaut plus remarquable, qu'à cette époque les affaires publiques occupaient exclusivement l'attention générale. Loué et critiqué dans le monde avec exagération, ce poëme fut lu partout avec une avide curiosité; et ses deux premières éditions furent enlevées rapidement : mais des censeurs justes et sévères attaquaient les nombreuses incorrections répandues dans un ouvrage publié trop promptement, et avant que l'âge mûr eût corrigé les fougueux écarts d'une jeune imagination. J'écoutai les sages avis, je lus les articles qu'une critique impartiale avait dictés *, je reconnus moi-même la vérité des reproches qui m'étaient adressés; et interrompant avec courage la vente d'un livre dont les imperfections m'étaient démontrées, j'empêchai la troisième édition de la Caroléide d'être livrée à l'impression.

---

* Parmi les articles raisonnés écrits sur *la Caroléide,* je citerai ceux d'un aristarque distingué, de M. Amar, insérés au Moniteur en novembre et décembre 1818. Ses critiques étaient sévères sans doute, mais elles étaient justes. Je dois beaucoup aux conseils éclairés de ce savant littérateur.

Cinq ans se sont écoulés depuis cette époque, et mon poëme revu lentement et vers par vers, écrit et recommencé d'un bout à l'autre, est presque un nouvel ouvrage que j'offre en ce moment au public. Cette vaste composition dégagée de toutes ses longueurs, et à laquelle plus de deux mille vers ont été supprimés, ne forme plus maintenant qu'un volume; les fautes reprochées à l'impatiente jeunesse de l'auteur ont disparu; et j'ose espérer que *la Caroléide* est maintenant digne de l'accueil flatteur qui lui fut fait à sa première apparition.

Les vers, dit-on, ne plaisent plus à notre siècle. Les succès obtenus par nos bons poètes modernes prouvent assez le contraire; laissons dire aux esprits lourds et désenchantés, que notre patrie est aujourd'hui antipoétique; ils ont leurs raisons pour vouloir nous le persuader. Eh! pourquoi le langage des dieux ne serait-il plus fait pour nous? croit-on que nous soyons devenus indignes de l'entendre? Ah! notre France, à toutes les époques et dans tous les genres, en guerriers comme en poètes, sera ce qu'elle a toujours été, ce qu'elle est encore, la première des nations. Son caractère primitif, ses mœurs poétiques, chevaleresques et religieuses, ses grâces naturelles, ses droits antiques ne sauraient se perdre; elle fut la patrie des beaux-arts, le sol privilégié du génie; oui! l'amour de la gloire, des lettres et des arts, est encore la passion première du peuple le plus aimable de l'Europe.

Par une bizarrerie vraiment inexplicable, les auteurs

français, hors Voltaire cependant, loin de célébrer leur nation à l'exemple des Grecs et des Romains, semblent s'être obstinés à ne prendre pour sujets de leurs chants que des guerriers étrangers. Eh quoi! nos héros, notre histoire, nos contrées, nos conquêtes, nos prodiges, sont-ils moins poétiques que ceux des autres peuples? Les vierges modestes de Lutèce avaient-elles moins de charmes que les nymphes lascives d'Amathonte? Eh quoi! ces Gaulois, vainqueurs de l'Italie, maîtres de Rome, forçant les Thermopyles, pénétrant dans la Thrace, s'emparant de Byzance, entrant en Asie, soumettant le Midi, gouvernant le Nord! ces Sicambres altiers que l'antiquité regardait comme invincibles! ces Francs, la terreur du monde! sont-ils moins grands que les rivaux qu'ils terrassèrent?...

Et ces preux courtois, ces vaillans chevaliers, ces héros de la Terre-Sainte, ne se couvrant de lauriers que pour en faire hommage à leur Dieu, leur prince et leur dame! ces paladins hardis, descendans des Gaulois! ces troubadours joyeux, nouveaux fils d'Apollon! offrent-ils donc à la poésie moins de peintures brillantes que toute cette race éternelle de Priam et d'Agamemnon?

Mithridate montrait à ses soldats, comme garans de la victoire, quelques Gaulois qu'ils avaient dans leurs rangs : Salluste les déclara supérieurs aux Romains : le grand Frédéric s'écriait que, s'il était né roi de France, il ne serait tiré en Europe aucun coup de canon sans sa permission. Et nous! nous qui devrions être si fiers, tant de l'héritage de gloire que nous ont

légué nos ancêtres, que des faits merveilleux de
nos contemporains ; nous, qu'ont admirés, jusque dans
nos revers, les peuples les plus jaloux de notre supré-
matie, nous seuls nous dédaignons de chanter nos
grands hommes !

Ah ! que désormais les étrangers portent seuls leurs
guerriers à la postérité ! mais nous, laissant enfin de côté leurs Achille, leurs César, leurs Brutus,
leurs Alexandre ; pleins d'un juste enthousiasme, ne
chantons plus que nos Brennus, nos Clovis, nos Charles, nos Louis, nos Duguesclin, nos Bayard et nos Tu-
renne ! et que tout noble habitant de nos célèbres et
poétiques contrées, électrisé par les chants nationaux
des bardes de notre âge, étonné de nos propres merveilles, ivre d'orgueil et de joie, s'écrie : — « *Et moi
aussi je suis Français !* »

Jeune et enthousiaste, lorsque j'entrepris mon
poëme, tout entier à l'impatient désir de chanter ma
patrie, je ne balançai pas dans le choix de mon héros :
quel astre sur la terre répandit plus d'éclat que le César
français ! Sans la lyre d'Homère, qu'eût été Achille
auprès de Charlemagne* !

La conquête de la Germanie, la fondation de l'em-

---

* Lorsqu'on érigea la colonne de la place Vendôme, ce fut
par suite d'un décret portant qu'il serait élevé un monument à
la mémoire de Charlemagne, monument qui serait surmonté
de sa statue.

pire français, la soumission des peuples du Nord, soumission dont le sceptre des Césars doit, pour Charlemagne, être le prix glorieux, dont l'empire d'Occident doit être la récompense, tel est le vaste sujet de mon poëme.

C'est au milieu des déserts inconnus de l'aride Germanie, non loin des forêts sacrées de l'inexorable druide ; c'est près des antres prophétiques de la vierge inspirée, au pied des âpres rochers du belliqueux héritier d'Odin ; c'est enfin sur le bord des torrens où retentissait la harpe des bardes , que se passe l'action de ma Caroléide.

Quel contraste entre les camps rivaux ! d'un côté, le héros de la France, dans tout l'éclat de sa grandeur, au milieu de ses chevaleresques guerriers; de l'autre, le sauvage roi des Saxons, Vitikin, à la fois féroce et magnanime , environné des barbares du Nord, et des druides d'Irmensul, altérés de sang humain. D'un côté, la générosité, la noble confiance dans le Dieu des armées ; de l'autre, des imprécations, des sacrifices humains, des blasphèmes : ici la gloire, là la barbarie ; que de magnifiques tableaux !

Irmensul et son temple jouèrent un grand rôle dans les guerres de Charle contre les Saxons : j'ai fait de longues et curieuses recherches sur ces druides homicides, dont les forêts germaniques étaient peuplées. Les scènes effroyables que j'ai tracées sont toutes tirées de l'antiquité.

Quant à ces descendans d'Odin, à ces scaldes dont les chants magiques électrisaient les vaillans fils de

Lochlin*, je les ai peints tels qu'ils existèrent : j'ai rassemblé dans les ouvrages anciens, et jusque dans de vieux manuscrits, tous les traits épars qui pouvaient donner quelque idée de leur poésie tant renommée. Termes, pensées, épithètes, j'ai cherché à tout imiter ; et leurs chants, dans mon poëme, offriront peut-êtr' au lecteur quelque chose de ce vague mystérieux, d cette teinte vaporeuse, caractère des hymnes de gloire et d'amour qui retentissaient aux fêtes d'Odinsée et d'Asgard.

    — « Les peuples du Nord, dit un auteur connu, » n'allaient au combat qu'au récit de la gloire de leurs » ancêtres... » Combien de miracles n'opérèrent point les chants nationaux de leurs bardes guerriers! Penchés sur leurs harpes d'or, dont les sons belliqueux se mariaient au bruit des torrens, au roulement lointain des orages, ces poètes divinisés, dépositaires du passé, vivantes annales de leur patrie, tantôt par la magie de leurs chants soufflaient aux guerriers l'ivresse des combats, tantôt portaient l'attendrissement dans tous les cœurs, arrachaient l'arme ensanglantée, et faisaient succéder à l'enthousiasme des triomphes l'exaltation de la vertu. Assis aux festins des rois comme à la table des pâtres, ils furent les astres des ténébreuses contrées du Nord; et peut-être leurs sons divins ont-ils trop tôt cessé d'enchanter les forêts de la Gaule, les rives de Lochlin, la grotte de Fingal et les monts de la Calédonie.

---

* *Lochlin*, nom donné à la Scandinavie.

Le merveilleux de mon épopée est né du sujet même; il pourra cependant étonner; le genre neuf de l'ouvrage déplaira peut-être à quelques sévères critiques épris de la simplicité des poëmes antiques; ils lui reprocheront peut-être trop d'évènemens, trop de tableaux, trop d'intérêt : mais

« Le secret est d'abord de plaire et de toucher. »

Si j'ai plu aux âmes sensibles; si mon poëme, lu par toutes les classes de la société, peut les intéresser toutes, et devenir national; si j'ai pour moi les cœurs qui, dévoués à la patrie, aiment à l'entendre louer, je n'aurai plus rien à désirer *.

---

* Madame de Staël, dont on ne peut contester le génie et la profondeur des pensées, parlant des épopées antiques et de leur simplicité, conseille surtout aux poètes épiques modernes de ne point chercher à les imiter, s'ils veulent plaire à leur siècle et l'intéresser. « La littérature des anciens, dit-elle, est chez les
» modernes une littérature transplantée : la littérature chevale-
» resque est chez nous indigène, et c'est notre religion et nos
» institutions qui l'ont fait éclore. Les écrivains imitateurs des
» anciens se sont soumis aux règles du goût le plus sévère; car,
» ne pouvant consulter ni leur propre nature, ni leurs propres
» souvenirs, il a fallu qu'ils se conformassent aux lois d'après
» lesquelles les chefs-d'œuvre des anciens peuvent être adaptés
» à notre goût; bien que toutes les circonstances politiques et
» religieuses qui ont donné le jour à ces chefs-d'œuvre, soient
» changées; mais ces poésies d'après l'antique, quelque parfaites
» qu'elles soient, sont rarement populaires, parce qu'elles ne
» tiennent, dans le temps actuel, à rien de national. La poésie
» française étant la plus classique de toutes les poésies mo-
» dernes, est la seule qui ne soit pas répandue parmi le

On a critiqué dans les poëmes d'Homère, de Virgile, de Milton, du Tasse, et du Camoëns, ces dieux s'enivrant, et riant de la mauvaise grâce dont Vulcain leur sert à boire ; ces harpies enlevant le dîner des héros troyens ; de vieux vaisseaux se changeant en jeunes nymphes ; Diane donnant des soufflets à Vénus ; Mars qui, renversé, couvre neuf arpens de son corps ; des chevaux qui parlent et qui pleurent ; Jupiter menaçant Junon de la suspendre dans les airs avec une enclume à chaque pied ; un ange qui coupe en deux un diable, et les deux parties du diable qui se réunissent ; des princes changés en poissons ; des arbres transformés en enchanteresses ; un perroquet chantant des chansons ; et un héros chrétien adressant une prière à Vénus, qui la porte au pied du trône de Jésus-Christ. J'ai dû me garder d'imiter un pareil merveilleux, et je crois qu'Aristote a pu se tromper lors-

---

» peuple. Les stances du Tasse sont chantées par les gondoliers
» de Venise ; les Espagnols et les Portugais de toutes les classes
» savent par cœur les vers de Caldéron et du Camoëns ; Shakes-
» peare est autant admiré par le peuple, en Angleterre, que
» par la classe supérieure ; des poëmes de Goethe et de Burger
» sont mis en musique, et vous les entendez répéter des bords
» du Rhin jusqu'à la Baltique : nos poètes français sont admirés
» par tout ce qu il y a d'esprits cultivés chez nous , et dans le
» reste de l'Europe ; mais ils sont tout-à-fait inconnus aux gens
» du peuple, et aux bourgeois même des villes, parce que les
» arts en France ne sont pas, comme ailleurs, natifs du pays
» même où leurs beautés se développent. » (De l'Allemagne,
t. 1, p. 275.)

qu'il a dit : — « Il faut que l'admirable dans l'épopée
» aille jusqu'au déraisonnable : ce qui passe les bornes
» de la raison produit le merveilleux. »

M. le vicomte de Châteaubriand, parlant de la Henriade, s'écrie : — « Est-ce que cette France à demi bar-
» bare n'était plus même alors assez couverte de forêts
» pour qu'on n'y rencontrât pas quelques-uns de ces
» châteaux du vieux temps, des souterrains, des tours
» verdies par le lierre, et pleines d'histoires merveil-
» leuses? Ne pouvait-on trouver quelque temple go-
» thique, dans une vallée, au milieu des bois? Les
» montagnes de la Navarre n'avaient-elles pas encore
» quelque druide qui, sous le chaume, au bord d'un
» torrent, au murmure des ondes, chantait les sou-
» venirs des Gaules, et pleurait sur la tombe des
» héros?... »

Ce que M. de Châteaubriand cherche avec tant de
regret dans la Henriade, se trouve tout naturellement
placé dans la Caroléide. Malheur aux poëmes écrits
sur des sujets trop modernes! les temps antiques sont
les âges de la poésie. Il est un charme indéfinissable
attaché à ces mots de bardes, de scaldes, de sibylles,
de druides, etc. Leurs noms, leurs souvenirs, leur
culte, tout en eux est harmonie. — « Oh! quels char-
» mes, s'écrie l'éloquent auteur de la *Gaule Poétique*,
» n'ont pas les noms antiques placés en des récits at-
» tendrissans, puisqu'en ne les prononçant qu'au ha-
» sard, et détachés de toute idée, on ne peut les en-
» tendre sans une émotion secrète! C'est ainsi qu'on se

» plaisait à écouter les sons que le vent tirait de la
» lyre d'Homère, suspendue à la grotte de Smyrne. »

On sait que, parmi les Gaulois, les Germains, et
en général tous les peuples du Nord, les femmes jouis-
saient d'une considération extraordinaire. Elles suivaient leurs époux à la guerre, combattaient à leurs
côtés, opinaient avec eux au conseil, et souvent,
comme l'épouse du Malabar, se précipitaient sur le
bûcher funéraire de l'objet adoré. Selon Tacite, Pomponius Méla, et autres, une jeune fille passait pour
avoir quelque chose de divin, et était considérée
comme une lumière prophétique : aussi ses discours
étaient-ils avidement écoutés, et ses conseils constamment suivis : la vierge prophétesse était l'oracle de la
patrie.

Le gui sacré et la verveine couronnaient le front
virginal de ces Velléda, aux pieds desquelles se pro-
sternaient les belliqueux enfans du Nord. — « Elles
» étaient armées, dit un de nos écrivains modernes, de la
» baguette des nécromans, de l'anneau merveilleux, de
» la coupe aux philtres magiques, et transportées sur
» un char aérien, telles qu'apparurent à nos crédules
» aïeux les Obéron, les Morgane, et les Mélusine. »

Prophétesses du Nord ! muses des rocs sauvages !
c'est parmi vous que j'ai trouvé ma vierge des temps
antiques, mon *Ulnare*, amante encore sans exemple,
âme et merveilleux de mon poëme : oui, filles divinisées ! c'est vous qui m'inspiriez sans doute, lorsqu'au

fond de l'antre des forêts, aux regards étonnés de Charlemagne, je faisais apparaître l'être inconcevable, l'aurore boréale, qui devait dans le Nord éclairer ses triomphes.

J'ai constamment suivi dans ce poëme la vérité historique, je n'ai brodé que quelques accessoires. La vierge des forêts, *Ulnare* elle-même, n'est point entièrement une héroïne imaginaire. J'aurais pu cependant ne point m'astreindre à cette règle, à laquelle nul poète épique ne s'est soumis. On sait que Didon naquit et mourut trois cents ans après Énée; qu'Énée lui-même, loin de fonder l'empire romain, mourut noyé dans le Numique; que la *chaste* Pénélope fut répudiée et chassée par Ulysse, pour cause de débauche pendant son absence; que jamais Hélène n'entra dans les murs de Troie; et que Henri IV et Élisabeth ne se virent ni ne se parlèrent jamais.

On disait un jour à Thomson, auteur du poëme *des Saisons*, qu'un de ses amis s'occupait à composer une épopée. — « Une épopée! s'écria l'auteur anglais, » impossible! il n'a jamais vu une montagne. » On ne m'adressera point un semblable reproche : c'est au milieu des camps, sur des terres étrangères, que ce poëme a été en partie composé. C'est tantôt sur la cime des monts les plus escarpés, tantôt sur le bord des torrens les plus sauvages, souvent sous la tente, et sur le sanglant théâtre des combats, quelquefois dans la tranchée, et toujours parmi des héros fran-

çais, que j'ai tracé les scènes variées de ma Caroléide.
Cet ouvrage, tout patriotique, que j'ai mis douze ans
à composer, et que j'aime à croire national, a re-
cueilli toutes les impressions de ma vie, toutes les
sensations d'une jeunesse ardente, et toutes les pensées d'un cœur enthousiaste. Notre siècle a souvent
placé l'homme dans des situations dramatiques; et
c'est en ces momens, où mon âme était fortement agitée, que j'aimais à peindre ses violentes émotions.
Échappant par miracle à des périls toujours nouveaux,
j'ai peint ce que j'ai vu, ce que j'ai senti; et les horreurs des combats, le carnage, l'incendie, les siéges,
le sac des villes; et l'ivresse de la victoire, les prodiges
de l'héroïsme; et les regrets vers le sol natal, vers *le*
tant beau pays de France; et les douces illusions de
la jeunesse et de la vie; et surtout l'enthousiasme de
la gloire et de la patrie.

Compagnon de mon existence, dépositaire de mes
pensées, consolateur de mes peines, charme de mes
plaisirs, mon poëme ne me quitta jamais dans mes
courses lointaines; et, semblable au Camoëns, qui,
faisant naufrage sur les côtes de la Chine, échappait à
la mort, nageant d'une main, et tenant de l'autre sa
Lusiade, de même, de mille dangers je ne sauvai souvent que ma personne et mon ouvrage.

LA CAROLÉIDE.

CHANT PREMIER.

Je chante ce guerrier dont la vaste puissance (1)
Fit des rois ses rivaux les vassaux de la France,
Et dont le bras vainqueur, noble instrument des Cieux,
Étendit le vrai culte et brisa les faux dieux.
Je chante les amours, la gloire et le génie.
   Sentiment des grands cœurs, amour de la patrie!
Viens inspirer mes chants! viens, animant ma voix,
Étonner les Français de leurs propres exploits!
Répands sur mes écrits ta flamme protectrice!
Que le fracas des camps dans mes vers retentisse!
Viens joindre, en célébrant et Charle et ses guerriers,
Une palme nouvelle à d'antiques lauriers!

   Charlemagne régnait, et, fils de la Victoire,
Sur le trône déjà comptait douze ans de gloire.
Ces Gaulois, si long-temps esclaves inquiets
De sujets souverains, ou de princes sujets,

k

Ces peuples, si souvent, sur leurs sanglans rivages,
Par devoir criminels, par désespoir sauvages,
Aujourd'hui sous un roi, le plus grand des humains,
Commandaient à la terre et réglaient ses destins.

Vers ces climats heureux, sur ces bords où la Seine (2)
Parmi des prés fleuris lentement se promène,
Paris, à son berceau s'offrant aux nations,
Nouvel astre naissant, essayait ses rayons.
Ce n'était point encor cette ville royale,
Qui, du globe, plus tard, brillante capitale,
Devait, réunissant mille peuples divers,
Dans ses murs orgueilleux contenir l'univers :
Ce n'était point encor la maîtresse du monde.
Vierge sans fard, Lutèce en une paix profonde,
Brillait peu ; mais du moins, présageant sa beauté,
De loin entrevoyait son immortalité.

Au fond d'un vieux château, de gothique structure,
Où l'art s'était flatté d'embellir la nature,
Charle, à l'aube du jour s'arrachant au sommeil,
De la saison des fleurs admire le réveil.
Du génie en ses yeux brille l'ardente flamme.
Les plus vastes projets fermentent dans son âme.
Bravant le dieu d'amour, qui n'a pu l'asservir,
Il commande au présent, il régit l'avenir.

Sur son front rayonnant sa puissance s'annonce;
Et sa gloire est partout où son nom se prononce.

La nuit avait cessé : le souverain des airs,
S'annonçant par degrés, éveillait l'univers;
Sur un trône d'azur et de pourpre éclatante,
L'épouse de Titon se lève éblouissante;
Et du soleil ouvrant le palais radieux,
Couvre de ses feux d'or l'immensité des cieux.
Dédaignant la splendeur d'une vaine parure,
Le héros se revêt de sa pesante armure;
Moins beau, lançant la foudre, est peint le roi des dieux.
Il ne s'entoure point d'un cortége pompeux;
D'orgueil et de terreur ces fastueuses marques
Sont dignes des tyrans et non des vrais monarques :
Aimé de ses sujets, sa garde est leur amour.

Le prince a rassemblé les guerriers de sa cour;
Au conseil il se rend. Ami de son enfance,
Le célèbre Angilbert auprès de lui s'avance (3).
Philosophe chrétien, la paix est son désir;
Il ne distingue point un devoir d'un plaisir;
En lui l'expérience éclaire la jeunesse,
Et, bien qu'enfant de Mars, il est fils du Permesse.
Bozon l'a précédé (4). Farouche en ses discours,
Terrible dans les camps, sincère dans les cours,

Bozon, de l'équité suivant la loi sévère,
Des flatteurs est l'effroi, du trône est la lumière.

Othon paraît. Savant et guerrier à la fois,
Othon, de la nature étudiant les lois,
Des portes du tombeau rend l'homme à l'existence,
Et dans la nuit des temps en prophète s'élance.

Mais quel est ce fougueux et brillant paladin?
Son œil est d'un héros, son port d'un souverain :
C'est Isambard (5). Ce nom qu'illustra la vaillance,
Lui semble le plus grand qu'ait célébré la France.

L'orateur Jod le suit. Chef lâche, adroit flatteur,
Il plaide pour la guerre et tremble au champ d'honneur.
Tel, prêchant les combats, l'éloquent Démosthène (6)
Tonnait dans les conseils et fuyait sur la plaine.

Là se voit Éginhard (7). Barde soutien des lis *,
Il chante tour à tour et Bellone et Cypris.
Un jeune chevalier se montre sur ses traces;
Le Ciel unit en lui la valeur et les grâces;
Toujours vif et joyeux, loyal et sans détour,
Couvert d'armes, c'est Mars; et sans casque, l'Amour.
Brave, mais imprudent; amant vif, mais volage;
De la frivolité le beau Guise est l'image (8);
Galant, léger, badin, terrible, audacieux,
C'est le dieu des combats, des plaisirs et des jeux.

* Quoi qu'on ait pu dire et écrire à ce sujet, le lis, de temps immémorial,
a fait partie des royales insignes de notre belle France.

Plus loin paraît Brennus, descendant du grand homme
Qui, tel qu'un dieu vengeur, entra vainqueur dans Rome;
Noble Roland!... jadis parmi tous ces héros
Tu t'élevais superbe..... O fatal Roncevaux!
Contre toi, dans les temps, sa dépouille dépose :
Ton immortalité sur un tombeau repose.

   Mais que de noms j'oublie!... O barde audacieux!
Veux-tu chanter tout brave admis au camp des preux?
Nomme chaque soldat, ou jette au loin ta lyre!

   Cependant au conseil, fier de son noble empire,
A ses chefs réunis le roi parle en ces mots :
« Valeureux chevaliers rangés sous mes drapeaux,
» Écoutez votre prince, et, soutiens de la France,
» De vos sages avis prêtez-moi l'assistance.

   » Quand le traître Didier, dans les Alpes vaincu,
» Foudroyé même avant que d'avoir combattu,
» Courut en vain cacher sa honte dans Pavie,
» Vous le savez, ce chef, me cédant l'Italie,
» Vint lui-même à mes pieds courber ses étendards,
» Et déposer, tremblant, le sceptre des Lombards.

   » De ce jour j'enchaînai les foudres saints dans Rome;
» Je servis le pontife et je gouvernai l'homme;
» Moins altier désormais, qu'il sache, sous nos lois,
» Que le chef des prélats n'est point le chef des rois.

   » Maître du Vatican, vainqueur de l'Ibérie,

» Depuis je subjuguai trois fois la Germanie;

» Je vis fuir Vitikin en ses lointains déserts,

» Et crus avoir rendu le calme à l'univers.

» Vain espoir!... Les Saxons et leur prince barbare,

» Que la vengeance guide et que la haine égare,

» De nouveau contre nous s'avancent furieux,

» Et tous les rois du Nord s'arment encor pour eux.

» Au Veser est leur camp... Mais c'est trop les attendre;

» Je prétends conquérir, et non pas me défendre.

» En vain se sont ligués vingt peuples ennemis;

» Vitikin abattu, l'univers m'est soumis.

   » A l'empire français j'ai réuni l'Espagne;

» Le Saxon m'y contraint, j'y joindrai l'Allemagne;

» Ses révoltes sans fin ont décidé son sort;

» Souverain du Midi, je veux l'être du Nord;

» Et je ferai bientôt, étendant ma puissance,

» Des royaumes voisins les remparts de la France.

   » Pour rendre aux nations le bonheur et la paix,

» Dans leurs climats glacés, dans leurs sombres forêts,

» Courons anéantir ces hordes étrangères,

» Ces barbares armés qui menacent nos terres.

» Tels sont mes vœux ardens. Mais vous, en ce palais,

» Quels sont, nobles guerriers, vos sentimens secrets?

» Parlez sans nulle crainte, et, les faisant connaître,

» Oubliez au conseil que Charle est votre maître.

   » Nos armes constamment ont su tout asservir;

» Chevaliers ! le passé nous prédit l'avenir.

» Méritons d'être un jour, fatiguant la victoire,

» Aux douceurs du repos condamnés par la gloire. »

Il a dit : Jod se lève et répond le premier.

« Que de hauts faits omis en ce récit guerrier !...

» Charle du sol français écarta les tempêtes ;

» Il compte moins de jours encor que de conquêtes.

» Juge du saint pontife, il en fut le vengeur ;

» L'homme de la victoire est l'homme du Seigneur.

   » Dominateur des rois, arbitre de la terre,

» Des sciences pour nous il agrandit la sphère ;

» Et l'été de son règne est le printemps des arts (9).

   » Sire, un roi vous menace ! Armez de toutes parts,

» Et du sort des Germains qu'un seul combat décide.

» Mais, avant d'attaquer, que la ruse vous guide.

» Didier sert Vitikin ; attirez-le vers vous,

» Offrez-lui quelque trône, il tombe à vos genoux.

» Diviser vos rivaux, les tromper, les séduire,

» Avant de les frapper c'est déjà les détruire.

   » Illustre auteur d'un code * immortel à jamais !

» Chaque jour est pour vous un siècle de succès.

» Charlemagne peut tout. Nouveau dieu du tonnerre,

» Seul il règle à son gré les destins de la terre. »

---

* Les Capitulaires.

Le prince interrompt Jod : « Adressez à mon cœur
» Les discours d'un guerrier et non ceux d'un flatteur.
» Amis ! la perfidie est sœur de l'imposture ;
» Un éloge excessif devient presque une injure.
» Ah ! quel que soit l'éclat de mes premiers succès,
» Ma gloire la plus belle est l'amour des Français.
» Je sais qu'à la louange un prince doit s'attendre ;
» Je veux la mériter, mais ne jamais l'entendre.
» Vantez plus les Français, vantez moins mes exploits.
» Le miel de la louange est le poison des rois. »
  Il dit. Ces mots touchans à tous les cœurs s'adressent ;
L'admiration croît, et les éloges cessent.
  Bozon s'écrie : « Aux camps l'honneur va m'appeler.
» Je ne sais que combattre et ne sais point parler.
» Pour la forme, seigneur, ce conseil se rassemble :
» Que la France se lève, et que la Saxe tremble ! »
  A ce brusque langage ont souri plusieurs preux.
Othon s'adresse à Charle : « O monarque pieux !
» Consultons l'Éternel*! rendons les Cieux propices !
» Et dans les champs d'honneur, que sous de saints auspices
» Je puisse faire encor jaillir, malgré mes ans,
» Des glaces de l'hiver, quelques feux du printemps. »
  Il s'arrête à ces mots ; mais Éginhard s'écrie :
« Sage Othon ! quand du Nord éclate la furie,

---

* Les astrologues étaient encore écoutés du temps de Charlemagne. Les
épreuves de l'eau, du feu et de la croix étaient sanctionnées par les lois.

» A quoi bon rechercher des augures douteux ?

» Les ordres des héros sont les ordres des Cieux.

» Laissons aux vils païens un ridicule usage :

» Consultons seulement Charle et notre courage ;

» Ce sont là maintenant les oracles français

» Qui prédisent la gloire et dictent les succès. »

    Angilbert s'est levé : « Sire, bien que sauvage,

» La Saxe à vos vertus peut encor rendre hommage.

» Ce peuple est magnanime, et le Nord l'admira.

» Plus vous triompherez, plus il vous combattra.

» Traitez avec son prince, effacez toutes haines,

» Courbez-le sous vos lois en lui cachant ses chaînes ;

» Attaquez son esprit ; et, subjuguant son cœur,

» Soyez plus que son roi, montrez-vous son sauveur ! »

    Il dit ; lorsque Isambard, chevalier téméraire,

En ce discours fougueux peint son âme guerrière :

« Sire, un semblable avis doit être combattu.

» Vous, faire des traités !.... vous sembleriez vaincu.

» Eh ! pourquoi rassembler des secours inutiles,

» Pour dompter les Germains et leurs chefs indociles ?

» Courons les subjuguer au fond de leurs états ;

» Quelques guerriers français valent tous leurs soldats.

» Que d'avance leurs camps soient assiégés d'alarmes ;

» Et, loin de discourir, point de retard, aux armes !

» Nul timide conseil, nul imprudent repos.

» Avant d'être orateurs, amis ! soyons héros.

» Ah ! sire, croyez-moi, souvent pour la patrie,
» La prudence est faiblesse et l'audace est génie. »

Vivement applaudi, ce discours belliqueux,
D'un noble enthousiasme enflamme tous les preux,
Et Charle ainsi s'adresse à sa troupe fidèle :
« Français ! de vos grands cœurs je reconnais le zèle.
» O destins fortunés ! chef de tant de héros,
» Charle a des ennemis, mais il n'a plus d'égaux.
    » Allons faire du Nord la superbe conquête ;
» Je ne veux point de gloire, ou je la veux complète.
» Intriguer et corrompre est indigne de moi.
» Charle attaque en guerrier, Charle veut vaincre en roi.
» Jod ! point de trahisons ! point de noir stratagème !
» Qui se sert d'un perfide est perfide lui-même.
    » Chevaliers ! loin de nous le calcul effrayant
» Des légions du Nord que grossit l'Orient.
» De ces fiers révoltés peuplons la rive sombre,
» Nous compterons après quel put être leur nombre ;
» Et nous effacerons aux rivages glacés,
» Par les exploits présens, les triomphes passés.
    » Angilbert ! aux Saxons en vain nous ferions grâce ;
» Par l'audace elle-même il faut punir l'audace.
» Le conseil d'Isambard est d'un héros français !
» Chefs ! la persévérance est mère du succès.
    » Marchons ! qu'à mon appel la victoire réponde !

» Vos noms faits pour l'histoire appartiennent au monde.

» Braves amis ! bientôt ce fort audacieux,

» Cet ouvrage célèbre et de l'homme et des Cieux,

» Éresbourg sous ses murs nous verra reparaître.

» Là, le fier Wortighin, prince digne de l'être,

» En vain de m'arrêter a formé le dessein ;

» Quels que soient ses efforts, je joindrai Vitikin.

» De tous les chefs armés d'un peuple opiniâtre,

» L'illustre Vitikin, ce vaillant idolâtre,

» Dont le bras foudroyant sème partout l'effroi,

» Est le seul ennemi qui soit digne de moi.

   » J'aime à rendre justice à sa mâle énergie ;

» Lui seul en vrai héros défend la Germanie ;

» Mais je veux, l'attaquant parmi ses escadrons,

» En Vitikin lui seul vaincre tous les Saxons ;

» Et l'univers en paix, soumis à ma puissance,

» Ne verra sous le ciel qu'un empire... LA FRANCE ! »

   Il dit, et réunit tous les partis divers ;

De longs cris d'allégresse éclatent dans les airs.

Charle semble, au milieu de l'empire qu'il fonde,

Le maître des destins et l'oracle du monde.

   Du conseil assemblé le monarque est sorti ;

Au fond de son palais un vieillard l'a suivi ;

C'est Énulphe : de Charle il éleva l'enfance,

Sut avec son amour gagner sa confiance ;

Et dans son jeune cœur fit germer à la fois
Les vertus des chrétiens et les talens des rois.
La vérité pourtant, en sortant de sa bouche,
Tonne en termes trop durs, et souvent effarouche.
Mais aussi par ses soins que de torts effacés!
Que de maux adoucis! que de bienfaits versés!
Ce prélat éclairé, consolateur des peines,
Du haut de sa vertu voit les erreurs humaines :
Tel que l'Olympe altier qui, du sommet des airs,
Contemple sous ses pieds la foudre et les éclairs.

   Solitaire à la cour, dans l'ombre et le silence,
Énulphe observe Charle; et lorsque sa présence
Peut contenir son prince à l'âge où tant de fois
L'erreur égare l'homme, il paraît…. et sa voix,
Rappelant aussitôt la sagesse bannie,
Sert ensemble son Dieu, son prince et sa patrie.
« — Pardon, dit le vieillard, si jusques en ces lieux
» J'ai dirigé vers vous mes pas audacieux.
» O mon maître! en faveur du zèle qui m'enflamme,
» Permettez qu'en secret je vous ouvre mon âme.
» — Énulphe, que crains-tu? parle! interrompt le roi;
» Mes nouveaux plans guerriers sont-ils blâmés par toi?
» Ton silence au conseil accusait-il ton maître?
» Montre-moi mes erreurs, j'aime à les reconnaître.
» — Sire, qu'un tel langage est noble et généreux!
» Eh bien! je l'avoûrai, je viens blâmer vos vœux (10).

» En des climats lointains qu'allez-vous entreprendre ?

» *Je prétends conquérir, et non pas me défendre ,*

» A dit Charle au conseil. Ah ! sire, vos sujets

» Auront-ils donc un roi qu'ils ne verront jamais ?

» Aux pôles étonnés transportant sa puissance,

» Sera-t-il donc toujours partout… hormis en France ?

» Voulez-vous être craint sans jamais être aimé ?

» Prince, votre pouvoir est assez renommé.

» Prétendez-vous, poussant l'orgueil jusqu'au délire,

» De l'univers entier composer votre empire ?

» La véritable gloire est-elle donc, seigneur,

» De parcourir la terre en chef dévastateur ?

» Fiers conquérans! quels fruits vous rendent vos conquêtes ?

» Les malédictions s'amassant sur vos têtes,

» Montent vous dénoncer au trône du Seigneur !

» Et que répondrez-vous lorsque ce Dieu vengeur

» Des flots de sang versés, des crimes de la guerre,

» Viendra demander compte aux bourreaux de la terre ?

» Sur vos fronts ici-bas si brillans de forfaits ,

» Mais alors consternés des célestes décrets ,

» Au lieu de cet orgueil dictant des lois suprêmes ,

» Que lira-t-on ?.. le crime et l'horreur de vous-mêmes.

   » Oh! pardon, si l'excès d'un zèle rigoureux

» M'emporte ici trop loin… Mais, prince vertueux!

» Jamais la vérité ne parut vous déplaire ,

» Et vous m'avez permis ce langage sincère.

» Vos ordres souverains peuvent se révoquer :
» Repoussez Vitikin, s'il vous ose attaquer ;
» Mais volant aux combats comme aux jeux d'une fête,
» N'allez point du Veser essayer la conquête ;
» Et qu'enfin parmi nous fleurisse désormais,
» Au milieu des lauriers, l'olivier de la paix.

    » —Énulphe, répond Charle, ah ! lorsqu'avec audace,
» Le chef des rois du Nord, au Veser me menace,
» Veux-tu que, l'attendant en un lâche repos,
» Je laisse dévaster l'empire des héros?
» Non : tant qu'existera sa nation guerrière,
» Contre nous sans relâche elle armera la terre ;
» La contenir n'est rien, c'est peu de l'asservir,
» Pour le repos du monde il faut l'anéantir (11).

    » Régner sur des Français, c'est régner sur la gloire ;
» Je veux éterniser la paix par la victoire.
» Cher Énulphe ! crois-moi, j'aurai l'appui des Cieux :
» Je cours des fiers Saxons renverser les faux dieux ;
» Pour notre auguste culte un zèle ardent m'inspire,
» De la foi des chrétiens nous étendrons l'empire,
» Et, saintement armés, brûlant d'un noble feu,
» Notre cause aujourd'hui sera celle de Dieu.

    » Le pontife romain, d'un peuple téméraire
» Lui-même n'attend plus que la défaite entière,
» Pour m'offrir, en dépit des cours de l'Orient,
» Le titre glorieux d'empereur d'Occident (12). »

Il dit ; mais le vieillard garde un morne silence :

Il a de ses efforts senti l'insuffisance ;

Charle du Ciel peut-être en ce jour suit la loi.

« — Je ne vous retiens plus : allez vaincre, ô mon roi !

» Mais plus le chef des preux étendra sa puissance,

» Plus Énulphe en secret tremblera pour la France.

   » Les revers font parfois expier le bonheur.

» Charle, je le prédis ! le Veser en fureur

» Menacera vos jours ; et la France peut-être

» Pleurera ses succès, son armée et son maître.

» Alors, mon prince, alors souvenez-vous de moi.

   » Énulphe vous suivra. Si, pour servir son roi,

» Quelque rayon divin peut éclairer son être,

» Aux jours de la douleur vous le verrez paraître.

» Adieu. » Le sage Énulphe, en achevant ces mots,

Soupire.... et lentement s'éloigne du héros.

FIN DU CHANT PREMIER.

NOTES DU CHANT PREMIER.

(1)   Je chante ce guerrier dont la vaste puissance
        Fit des rois ses rivaux les vassaux de la France.

Tous les rois de la terre craignaient la puissance de Charlemagne, et recherchaient son amitié; il refusa, dit-on, dans sa
jeunesse, le trône de Suède, qui lui fut offert. Le roi des Asturies,
dans ses lettres, prenait le titre de son vassal; les rois d'Écosse
l'appelaient leur seigneur, et se disaient ses sujets; les rois sarrasins le nommaient leur maître; le roi d'Angleterre, son élève,
l'appelait son dieu tutélaire; les papes le désignaient comme leur
protecteur, et les rois du Nord comme leur chef: le superbe calife Haroun Al-Raschid, ce fier conquérant de l'Asie, prit lui-
même l'humble titre de son lieutenant; et les païens mêmes le
nommèrent le père de l'univers... Il fut le premier prince honoré
du titre de Majesté.

(2)   . . . . Sur ces bords où la Seine
        Parmi des prés fleuris lentement se promène.

Paris, du temps de Charlemagne, n'était encore qu'une très
petite ville, resserrée dans une île entourée des flots de la Seine,
au milieu de grands marais, et avoisinée par de sombres forêts.
Ce fut Philippe-Auguste, fils de Louis-le-Jeune, qui, le premier,
pava et embellit Paris, dont l'ancien nom de Lutèce signifiait
boue et immondices.

(3)   Le célèbre Angilbert auprès de lui s'avance.

Angilbert, né du sang royal, étudia avec Charle sous *Alcuin;*
le monarque, qui l'aimait tendrement, lui donna en mariage sa

fille Berthe, dont il eut deux fils : Nitard, qui écrivit l'histoire de son temps; et Hamide, qui vécut et mourut dans l'obscurité. Charles le nomma ministre, et le fit gouverneur de la France maritime, depuis l'Escaut jusqu'à la Seine. Ses poésies plurent beaucoup à son siècle, et surtout à son roi, qui lui donna le surnom d'Homère. Dans ses dernières années il se retira en Picardie, au monastère de Saint-Riquier, d'où il sortait quelquefois pour affaires d'état. Il fit quatre voyages à Rome, mourut en 814, la même année que son souverain et son ami, et fut canonisé peu de temps après. Quelques-unes de ses poésies se trouvent encore dans le Recueil des Historiens de France, et on a aussi l'histoire qu'il écrivit de son monastère.

(4) Bozon l'a précédé. . . . .

Selon plusieurs historiens, ce Bozon était aïeul du fameux Bozon qui fut comte d'Arles, beau-frère de Charles-le-Chauve, gendre de l'empereur Louis II, et roi de Vienne et de Provence. (*Voy.* ENGELBERGE et autres.) Le nom de Bozon signifiait, aux temps antiques, *Enfant de la forêt.*

(5) C'est Isambard. . . . .

Isambard, noble et vaillant paladin, sauva la vie à Charlemagne dans une partie de chasse : le roi le combla de bienfaits. Isambard fut aimé d'Hermengarde, fille de Charlemagne.

(6) Tel prêchant les combats, l'éloquent Démosthène
Tonnait dans les conseils, et fuyait sur la plaine.

Démosthène, cet orateur si hardi dans ses discours, se montra lâche dans les combats. A la bataille de Chéronée, se trouvant dans la mêlée, il fut saisi d'une telle frayeur, qu'il jeta ses armes et prit la fuite. Eschine, son ennemi, dans sa fameuse harangue pour la couronne, ne manque point de tonner à ce sujet contre Démosthène. — « C'est lui, s'écrie-t-il, c'est lui dont les pieds » fugitifs servirent la lâcheté dans les plaines de Chéronée : Athé-

2

» niens, pouvez-vous comparer le Démosthène qui a fui du
» champ de bataille de Chéronée, à Thémistocle, qui a vaincu
» à Salamine! à Miltiade, qui, etc. »

(7)   Là, se voit Éginhard. . . . .

Éginhard fut d'abord secrétaire de Charle, puis son ami,
ensuite son gendre, et enfin son historien.

(8)   De la frivolité le beau Guise est l'image.

On prétend que Guise était bâtard de Charlemagne. Lors des
États de Blois, les partisans du célèbre duc de Guise, qui désiraient élever leur idole jusqu'au trône de Henri III, semaient,
avec art, dans le public, que les Guises étaient issus de Charlemagne, et par conséquent vrais héritiers du trône.

(9)   Et l'été de son règne est le printemps des arts.

Charlemagne s'occupa vivement des beaux-arts; il établit des
écoles à Tours, à Aix, etc., fit construire de superbes églises
(celle des Apôtres, à Florence, passe pour un monument du
8e siècle), hâta les progrès de la musique, fit retentir l'orgue dans
les basiliques françaises, embellit son palais d'une horloge fameuse, composa plusieurs ouvrages latins et français (l'hymne
Ut queant laxis, est, dit-on, de lui), fit une grammaire, et
quelques pièces de vers, les premiers qui, dit-on, furent rimés;
appela en France le savant *Alcuin* (Flaccus Albinius), diacre
de l'église d'York, et institua une académie dont il voulut être
membre lui-même. Chaque académicien y prit le nom d'un personnage illustre de l'antiquité. Charles fut surnommé *David ;*
Angilbert, *Homère ;* Alcuin, *Horace ;* etc.... Le monarque français dit un jour en soupirant : « Que n'ai-je en France douze
» hommes aussi savans que *Jérôme* et *Augustin!* » — « Quoi !
» lui répondit *Alcuin*, le Maître des cieux n'a eu, pour pro-

» clamer sa gloire, que deux hommes de ce mérite; et vous, sire,
» vous en demandez douze ! » Paul, diacre d'Aquilée, historien
et poëte, ayant conspiré contre Charlemagne, on conseillait à ce
prince de lui faire crever les yeux, et de le condamner à mort.
« Eh ! qui nous dédommagera, répondit-il, de la perte d'un
» homme à la fois si bon poëte et si bon historien ? » Il se contenta de le faire renfermer.

(10)   Eh bien! je l'avoûrai, je viens blâmer vos vœux.

Dans les discours d'Énulphe se retrouvera sans cesse le but
moral du poëme.

(11)   Pour le repos du monde il faut l'anéantir.

Les Saxons ont été, pendant le règne de Charlemagne, le but
de ses armes et le sujet de ses triomphes. On doit entendre, par
cette dénomination générale de *Saxons*, les peuples qui occupaient le milieu de la Germanie, au-delà du Rhin, auxquels se
joignaient ceux qui habitaient les côtes de la mer Baltique, et
les rives des grands fleuves qui se jettent dans l'Océan, enfin
toutes les nations depuis la partie méridionale, vers la Bohême,
jusqu'aux glaces de la Norwège. Ces hordes, peu constantes dans
les régions qu'elles occupaient, avançaient, reculaient, chas-
saient leurs voisins, ou s'incorporaient avec eux. Ils étaient pour
les Français (dit Anquetil) comme un orage menaçant, suspendu sur leurs frontières, toujours prêts à y lancer les feux de
la guerre, avec tous les fléaux qui l'accompagnent. (Voyez tous
les historiens de ce temps.)

(12)   Le titre glorieux d'empereur d'Occident.

Lorsqu'en l'an 800 le pontife Léon couronna Charlemagne
empereur d'Occident, ce ne fut qu'un simple titre dont il para
le monarque français; car déjà Charles, depuis long-temps, gouvernait Rome et l'Italie. Dès l'an 774 (dit Anquetil), la nécessité

2..

de régler le gouvernement de Rome y appela Charlemagne, qui
en garda la souveraineté. Il y établit des juges en son nom. A
cette époque, décoré du titre de Patrice par Etienne et par
Adrien, il nommait des gouverneurs dans les villes qu'il rendait
dépendantes du Saint-Siége, et se réserva le droit de confirmer
l'élection des papes, et de donner l'investiture aux évêques.

Tout en protégeant les pontifes, il les rendit dépendans de la
France; on en voit la preuve à l'avènement de Léon au Saint-
Siége; le nouveau pontife lui envoya les clefs de l'église de
Saint-Pierre, avec la bannière de la ville, et autres présens,
gages de soumission, suppliant humblement Charlemagne de
vouloir bien envoyer quelque grand de sa cour pour recevoir
son serment de fidélité et celui des Romains. Plus tard, en l'an
800, lorsque Léon, faisant disparaître entièrement l'ombre
d'autorité que l'empereur de Constantinople conservait encore
dans Rome, sacra Charlemagne empereur d'Occident, le Saint-
Père se prosterna à ses genoux, et (selon les termes des annalistes) fut le premier à l'*adorer*. Telle fut l'époque du renou-
vellement de l'empire romain, fini dans Augustule, et recommencé dans Charlemagne. De ce moment, tous les actes furent
datés à Rome de l'année de l'empire et du consulat de Charle,
suivant l'usage des premiers Césars; les monnaies furent battues
en son nom; et le pontife Léon ne fut, pour ainsi dire, quant
aux affaires civiles, que le premier ministre de Charle à Rome.
(Voyez tous les historiens du temps.)

FIN DES NOTES DU CHANT PREMIER.

CHANT II.

Déja tous les guerriers dont s'honore la France,
A de nouveaux succès préparent leur vaillance.
En leurs nobles discours, en leurs mâles travaux,
Les héros sont soldats, les soldats sont héros;
Mais avant leur départ, aiguillonnant leur zèle,
Aux plaisirs d'un tournoi leur maître les appelle.
    Aux portes du palais, près le fleuve immortel,
Est une large enceinte, un vaste carrousel,
Où les preux, exerçant leur vaillante jeunesse,
Font admirer leur force et briller leur adresse.
Là, se forme aux combats le Français belliqueux;
La peine est son plaisir, les travaux sont ses jeux :
Tout repos le fatigue; il ne vit que de gloire;
Ses fêtes sont encor des essais de victoire.

    Sur un balcon royal, déjà parmi ses preux,
Charlemagne s'assied sous un dais somptueux;
Et non loin de son trône, en foule réunies,
Toutes le front paré de guirlandes fleuries,

Les beautés de Lutèce, autour du champ d'honneur,
Des poursuivans d'amour enflamment la valeur.
   Guise, à l'amphithéâtre où son maître l'appelle,
Pour décerner le prix doit choisir la plus belle.
Il admire, il hésite…. et tel qu'un doux zéphir
Qui glisse sur des fleurs, il erre sans choisir.
Qui l'emporte? Est-ce Imma, Berthe, Gertrude, Isaure?
Serait-ce Elvire? Non; Guise a vu Léonore;
C'en est fait, à ses pieds il tombe…. elle rougit;
Léonore triomphe, et l'armée applaudit.

   Tous les yeux sont fixés sur la jeune étrangère;
Jamais rien d'aussi beau ne parut sur la terre.
Le zéphyr se jouant dans l'or de ses cheveux,
En boucles arrondit leurs contours gracieux;
Dans ses brillans yeux noirs la volupté respire;
Sur ses lèvres de rose erre le doux sourire;
A sa blancheur se mêle un céleste incarnat,
Et des sourcils d'ébène en rehaussent l'éclat.
   D'admirateurs suivie, et d'encens enivrée,
D'un nuage d'amour elle semble entourée.
Son regard tendre et vif, par un charme secret,
Enflamme le timide, arrête l'indiscret.
Elle emploie avec art la vérité, la feinte,
La pitié, les rigueurs, la menace et la plainte.

Ainsi, désespérés, trompés dans leur amour,
Ses amans, qu'elle enflamme et glace tour à tour,
Passent à chaque instant, sous leur pesante chaîne,
De la crainte à l'espoir, du plaisir à la peine.
Tout chevalier sensible, admirant tant d'attraits,
S'élance imprudemment pour la voir de plus près;
Tel un insecte ailé, vers le feu qui l'éclaire,
Vole, et trouve la mort en cherchant la lumière.
    Sa richesse est immense et son rang inconnu.
Mais contre elle, à Paris, quels bruits sourds ont couru?
Le nord de l'Allemagne est, dit-on, sa patrie :
On ajoute qu'instruite en l'art de la magie,
La perfide à la fois, par mille enchantemens,
Dans des piéges affreux attire ses amans.
Vains récits !... Qui pourrait soupçonner Léonore?...
Chacun cherche à la voir, et qui la voit l'adore.
    Vanités de la vie! Au milieu des honneurs,
Léonore ressent de mortelles douleurs.
Charle, aux lois de l'amour, indocile, rebelle,
Par le seul bruit public a su qu'elle était belle.
Quand vers elle il daigna tourner ses yeux distraits,
Aucun étonnement ne parut sur ses traits.
Hélas! et cependant des héros de l'empire,
Charle était le premier qu'elle espérait séduire.

    La trompette a sonné. Des tournois belliqueux

Le cri s'est fait entendre : «*Honneur aux fils des preux**!»
Et Guise, le premier, vole au champ de la gloire.
Sa visière est baissée, et son armure est noire.
Quel preux va l'attaquer? Alver. Son bouclier
Offre un lion superbe, et sur l'orbe guerrier
Ces mots : *Sûr de moi-même, aux combats je m'élance.*
Alver s'est écrié : « Quelle est ton espérance,
» Paladin inconnu qui viens t'offrir à moi?
» J'ai vaincu des héros, qu'est-ce à vaincre que toi! »
Mais Guise : « — Songe aux lois de la chevalerie (1);
» *Preux! garde pour devise honneur et courtoisie.*
» *Plus tu sais férir haut, plus tu dois parler bas.* »

Il dit, fond sur Alver; mais, volant en éclats,
Sur chaque bouclier se brise chaque lance,
Et plus terrible, à pied la lutte recommence.
Même force toujours, même art, même valeur;
Et l'assemblée hésite à prévoir le vainqueur.

De mille coups pressés leurs écus retentissent :
De leurs casques brûlans mille feux rejaillissent.
Alver a chancelé.... Guise, amant valeureux,
Lève un œil inquiet vers la reine des jeux;
Ah! c'en est fait! D'Alver quand la force s'épuise,
Un seul regard d'amour double celle de Guise;
Et le chef arrogant tombe à ses pieds, vaincu.

---

* *Honneur aux fils des preux, mort aux héros, amour aux dames,* tels étaient les cris des combats.

' Bientôt il se relève.... Alver a disparu.
Le comte Theuderic* pour le venger s'avance ;
Guise l'a renversé, tout cède à sa vaillance.
Au comte ont succédé six autres paladins ;
Différens sont leurs coups, pareils sont leurs destins.
La victoire est à Guise. Ainsi, sur le rivage,
De tous les élémens soulevés par l'orage ,
Le roc audacieux brave en paix la fureur :
Sur sa base immobile il repose vainqueur.

Nul autre chevalier ne s'offre dans l'arène.
Guise, sous le balcon lentement se promène.
Léonore sourit, lui lance un doux regard ;
Guise croit voir l'amour où ne règne que l'art.
Prêt à tomber aux pieds de celle qu'il adore ,
Il ne cherche, n'entend, ne voit que Léonore ;
Quand soudain la trompette, en réveillant l'honneur,
Dissipe son ivresse et lui rend sa valeur.
A triompher encor le héros se prépare ;
Mais des preux retentit la brillante fanfare ;
Et des juges du camp l'impartiale voix
Déjà va proclamer le vainqueur des tournois.
Léonore en ses mains élève une couronne ;
Guise est près du balcon.... sa fierté l'abandonne.

* Theuderic était parent et ami de Charlemagne, *son Parménion*, dit
Mongaillard, *Histoire de Charlemagne.*

Doux servant de sa dame, esclave embarrassé,
Le guerrier disparaît, l'amant l'a remplacé.
Tandis que dans les airs la trompette résonne,
Qu'un transport général l'applaudit, l'environne,
Insensible aux honneurs, le modeste héros
A la belle étrangère ose adresser ces mots :
« Si j'eus quelques succès, je vous en dois la gloire ;
» Dans vos yeux enchanteurs j'ai puisé la victoire. »

Caché sous sa visière, un nouveau fils des preux
A paru dans la lice ; et, chef mystérieux,
A haute voix s'écrie : « Arrête, vaillant Guise !
« Arrête ! Pour gagner la couronne promise,
» Il faut encor me vaincre. » A ce discours guerrier :
« — Pourquoi celer tes traits ? dit Guise au chevalier.
» Qui que tu sois, ma lance à te frapper est prête. »
Déjà chacun frémit du combat qui s'apprête.
L'inconnu, du dieu Mars a les dehors brillans.
Léonore se trouble.... Elle, qui si long-temps
Fut des mortels séduits la perte ou le supplice,
Qu'elle aime, enfin !... L'amour punira l'artifice.
Les deux rivaux altiers, paladins aguerris,
Du noble carrousel se disputent le prix,
Et déjà leurs coursiers ont mordu la poussière.
Mais sans rien ralentir de leur ardeur guerrière,
Chacun, le fer en main, plein d'un courage égal,

Se lève, atteint, poursuit, et frappe son rival.
Autant que leur valeur leur adresse est extrême.
La gloire, en ce moment, combat contre elle-même.
De leurs yeux courroucés jaillissent des éclairs.
Leur haleine, autour d'eux, semble enflammer les airs.
Ils luttent corps à corps, ils se cherchent, se fuient,
S'attaquent tour à tour, se redressent, se plient;
Et la foule, observant leurs efforts périlleux,
Admire l'un et l'autre, et tremble pour tous deux (2).

Quels cris parmi le peuple!... Au bout de la carrière,
Renversé tout à coup en des flots de poussière,
Guise a roulé vaincu non loin de son coursier;
Et, par les chefs du camp, déjà l'heureux guerrier,
Dont le rang et le nom sont des secrets encore,
Est conduit en triomphe aux pieds de Léonore.
Des mains de la beauté, le prix du champ d'honneur
Lentement est placé sur le front du vainqueur.
Léonore, admirant sa grâce et sa noblesse,
Pour le voir plus long-temps à ses genoux le laisse.
Elle lève son casque.... O trouble pour son cœur!
Du tournoi Charlemagne est le triomphateur (3).
Irritant son orgueil en dédaignant ses charmes,
Hélas! déjà ce prince a fait couler ses larmes.
O souffrance!... A ses pieds, calme et silencieux,
De ses yeux, froidement, il détourne les yeux;

Puis se levant soudain, il s'élance vers Guise,
Et, posant sur son front la couronne conquise,
« — Brave ami, lui dit-il, le prix d'honneur t'est dû;
» C'est pour te couronner que Charle l'a reçu.
» Je n'ai dû qu'au hasard ta chute et ma victoire;
» Guise, de ce grand jour à toi seul est la gloire! »
    Des cris d'enthousiasme éclatent à ces mots.
Léonore soupire.... O trop pénibles maux!
En vain son œil supplie, en vain son cœur appelle,
Sans daigner lui parler, Charle s'éloigne d'elle.
Dieu! celle à qui partout on dressait des autels,
Dont la présence seule enivrait les mortels,
Qui de tant de succès semblait être lassée,
Léonore aujourd'hui se verrait délaissée!
Celle qui d'un seul mot soumettait tous les cœurs,
Perdrait tout son pouvoir, perdrait tous ses honneurs!
Quel outrage!... Soudain Léonore éperdue,
Écarte ses amans, odieux à sa vue;
De leur foule étonnée elle perce les flots,
Et d'un air dédaigneux regardant ces rivaux,
Elle fuit.... Vainement, par un public hommage,
Des couronnes, des fleurs tombent sur son passage;
En vain des chants joyeux célèbrent ses attraits;
Léonore égarée, errante et sans projets,
Ne voit et n'entend rien en sa course rapide....
Pour la première fois l'art ne fut point son guide.

Un char brillant l'entraîne. A son œil irrité,
Au loin a disparu l'immortelle cité.
Hélas ! l'infortunée, en sa douleur mortelle,
Croit avoir fui l'amour, l'amour vole après elle.
Ses coursiers fendent l'air... Vains soins ! espoir trompeur !
Est-ce en changeant de lieux qu'on peut changer de cœur !
Diverses passions se disputent son âme,
Que l'orgueil égara, que la vengeance enflamme.
En son cœur furieux et tendre tour à tour,
L'amour hait.... mais sa haine est un excès d'amour.

Son char foule déjà le sol de l'Ostphalie ;
Seule elle a traversé l'inculte Germanie.
Tout à coup, devant elle, au fond d'un bois sacré,
S'offre un temple sauvage : en ce lieu révéré
Elle arrête ses pas, se prosterne et s'écrie :
« Irmensul ! Teutatès ! ô dieux de ma patrie !
» Délivrez l'univers d'un monstre ambitieux !
» Menaçant vos autels, Charle ose, furieux,
» Contre vous et la Saxe armer sa troupe impie.
» Vengez-moi, vengez-vous, sauvez la Germanie ! »

Dans un abîme infect, sous l'empire des mers (4),
S'enfonce en mugissant le chaos des enfers ;
De ces antres sans jour, pleins de douleurs sans terme,
Le crime ouvre la porte et la mort la referme ;

Les idoles du Nord, les dieux de la terreur,
De l'immortalité, là, subissent l'horreur.
La vengeance en leur sein distillant sa furie,
Tombe goutte par goutte, et n'est jamais tarie.
Aux cris du désespoir, qui des gouffres sans fond
Appellent le néant, l'éternité répond.

    La voix de Léonore a soulevé l'abîme.
A son appel déjà les déités du crime,
Vers le nord de l'Europe et ses vastes déserts,
D'un vol impétueux s'élancent dans les airs.
    Sur les bords du Veser, une forêt sacrée
Étend au loin son ombre antique et révérée.
Le temple d'Irmensul, ténébreux monument,
Là, de rochers s'entoure; et son parvis fumant,
Regorgeant nuit et jour de sang et de victimes,
Prouve la piété des Saxons par leurs crimes.
    Sous ces murs, Irmensul, chef des rois infernaux(5),
A réuni sa troupe et lui parle en ces mots :
« O vous, qui disputant au Très-Haut sa couronne,
» Jadis, quelques instans, ébranlâtes son trône!
» Vaincus, mais non soumis, déchus, mais toujours dieu
» Vengeance!... Que l'abîme engloutisse les cieux!
» Brillez, astres divins sous la voûte azurée!
» Que m'importe! je hais votre splendeur sacrée.
» Et vous, esclaves vils du despote immortel!

» Nous régnons aux enfers, rampez dans votre ciel !

   » Bravant plus fiers encor le maître du tonnerre,

» De nos gouffres long-temps nous régimes la terre ;

» Mais, hélas ! maintenant un monarque, un héros,

» Charle, que l'Éternel seconde en ses travaux,

» Prétend, vers ces climats portant ses pas funestes,

» De notre culte encor briser les faibles restes.

» Enfer, défends tes droits ! abîme, arme tes dieux !

» Vaincre Charle, pour nous c'est triompher des Cieux. »

A ce discours, semblable à ces astres funèbres

Dont les rayons, dit-on, répandent des ténèbres*,

Teutatès le premier se lève (6) : « — En mille endroits,

» Sur mes autels brisés Charle éleva la croix,

» Dit-il ; exterminons ses phalanges chrétiennes.

» Par tes propres fureurs tu peux juger des miennes.

» Oui, frappons ! Mais pour mieux triompher, qu'un de nous,

» Seul, armé par l'enfer, nous représente tous !

» Irmensul ! sois le dieu chargé de la vengeance.

» En tes mains, le premier, je remets ma puissance,

» Ce gantelet de fer à prestiges puissans,

» Qui, frappant l'ennemi, trouble aussitôt ses sens.

» Périssent les chrétiens ! guerre à l'Être suprême !

» Que notre volonté soit le destin lui-même !

---

* Bernardin, *Études de la Nature*, t. 5, pag. 179, edit. de 1804, in-8°.

» — Daigne accepter ma harpe, ô noble fils des cieux ! ! ⸱

» S'est écrié Braga*. Ses sons harmonieux,

» Enflammant aux combats les élus de la gloire,

» Enfantent l'héroïsme et fixent la victoire. »

    Taranis** l'interrompt : «— Monarque tout-puissant ! ! ⸱

» Permets-moi de t'offrir un plus rare présent.

» Prends ce baudrier noir ; sa masse mugissante

» Peut, recélant l'éclair, la foudre et l'épouvante,

» Du choc des élémens effrayer l'univers. »

    Il dit ; Odin s'adresse au maître des enfers (7) :

« — Mon pouvoir t'est remis en ces runes magiques.

» Tous les enchantemens et tableaux fantastiques,

» Par elles, à ton gré s'opéreront soudain.

» Seul, venge les enfers ! seul, commande au destin ! »

    Hædér parle (8). «— A mes yeux l'avenir s'ouvre encore⸱

» Privés du conquérant dont la Gaule s'honore,

» Irmensul, les Français, sans gloire terrassés,

» En Saxe, lâchement périraient dispersés.

» Aux combats, Charle seul des chrétiens est l'égide ;

» Hâte-toi de briser ce talisman perfide.

» Prends ce gui, noble chef ; lui seul armait Hædér

» Quand jadis à Vingolf il immola Baldér***.

» Lance à nos ennemis cette flèche cruelle ;

---

* Braga, dieu de l'harmonie. *Voyez* note 8 du chant **X**.

** Voyez sur Taranis et son bouclier, Marchangy, *Gaule poétique*, t. **III.**

*** Voyez sur la mort de Baldér la note 4 du chant **X**.

» L'impitoyable mort, Héla* vole après elle.

» Que l'enfer, à son tour, dicte à Charle sa loi !

» Nous, qui bravons un dieu, pourrions-nous craindre un roi ! »

    A ces mots, l'astarté de la Scandinavie,

Vénus des Grecs, Freya lève son front impie (9).

« — Ah ! si de Charle seul dépend le sort des preux,

» Dit-elle, plus d'effroi ! Contre ce prince heureux

» Vos dons seraient de trop, il ne faut que mes charmes.

» Pour flétrir ses lauriers et pour vaincre ses armes,

» Seule, j'ai préparé des coups inattendus ;

» Et sa perte naîtra de ses propres vertus.

    » Près du fort d'Éresbour, sur d'incultes rivages,

» Une jeune druide, en des forêts sauvages,

» Au fond d'un antre obscur, et loin de tout mortel,

» Cache de sa beauté l'éclat surnaturel.

» Sa mère, qu'enleva d'une île de la Grèce

» Un barde, de Diane autrefois fut prêtresse.

» Sa fille l'est aussi : pour corrompre un héros,

» Ulnare, objet divin, va servir nos complots.

» Qui la voit est ravi, qui l'approche l'adore ;

» Tous les enchantemens entourent son aurore.

    » Le merveilleux sur Charle a des attraits puissans.

» Reine des voluptés j'embraserai ses sens.

» Mon Ulnare jamais n'osera, sur la terre,

* Héla ou la mort. Voyez la note 1re du chant XV.

» Passer entre les bras d'un chrétien téméraire,

» Si, livré sans remords au plus coupable feu,

» Pour adorer Diane il ne renonce à Dieu.

» Ah! sa chute à nos lois peut soumettre le monde.

  » Vierge simple et naïve, en sa grotte profonde,

» Ulnare, au seul aspect de l'heureux chef des Francs,

» Va connaître l'amour et ses feux dévorans.

» Philtres des passions, coulez sur mes victimes!

» — Oui, s'écrie Irmensul, déités magnanimes!

» Oui, guerre au roi des preux! qu'il expire en nos fers!

» Nous boirons dans son sang le nectar des enfers.

» La vertu des démons est dans l'excès du crime.

» J'accepte vos présens et cours sauver l'abîme. »

Il dit. Vil réprouvé, s'il sent quelques regrets,

C'est de n'avoir commis que trop peu de forfaits.

L'environnant au fond de son palais sauvage,

Le conseil infernal applaudit à sa rage.

FIN DU CHANT II.

NOTES DU CHANT II.

(1) . . . . . . Songe aux lois de la chevalerie.

Les lois de la chevalerie, recueillies par maximes, étaient apprises par cœur. Le preux courtois ne devait en ignorer aucune, et devait les pratiquer toutes.

Lorsqu'on recevait un chevalier, avant que l'accolade lui fût donnée, le candidat était conduit au milieu des officiers et dames de la Cour à la salle de réception; là, les *sires clercs* apportaient, sur un lutrin, le livre précieux où étaient transcrites les lois de la chevalerie; il en écoutait attentivement la lecture, et devait en apprendre les maximes. (V. LA COLOMBIÈRE, *Théâtre d'Honneur et de Chevalerie*, t. I. — FAVIN, l. I. *Ordre de Chevalerie*, t. VI.)

(2) . . . . Et tremble pour tous deux.

Les tournois, ces spectacles militaires, presque toujours défendus par les papes, à cause du sang qu'on y répandait, furent souvent interdits par nos rois, à cause des dépenses énormes qu'ils occasionnaient. En 1240, soixante chevaliers périrent dans un tournoi à Nuys, près de Cologne. Il était rare, dit M. de Sainte-Palaye, de voir un tournoi se terminer sans que quelque seigneur n'y perdît la vie; ce qui n'altérait en rien la joie et les plaisirs qui régnaient dans ces fêtes. Il fut un temps où les acteurs des tournois furent excommuniés, et menacés d'être privés, après leur mort, de la sépulture ecclésiastique. (Voy. SAINTE-PALAYE. *Mém. sur l'Ancienne Chevalerie.*)

(3) Du tournoi Charlemagne est le triomphateur.

Les rois de France ne dédaignaient point de se mêler avec leurs chevaliers dans les jeux du tournoi : plusieurs y furent

3..

blessés : Henri II y fut tué par Montgomery d'un coup de lance dans l'œil. M. de Marchangy, dans sa *Gaule poétique*, compare les jeux olympiques aux jeux de nos tournois, et fait ressortir, avec son talent ordinaire, la supériorité de ces derniers. — « Dans » les jeux olympiques, dit-il, on proclamait, parmi les vain- » queurs, des rois ou des citoyens opulens, qui ne s'étaient point » présentés dans l'arène, et dont l'unique mérite était d'envoyer » disputer des prix en leur nom. C'est ainsi que furent couronnés » Gélon et Hiéron, rois de Syracuse; Archélaüs et Philippe, rois » de Macédoine; et même de simples particuliers, tels qu'Alci- » biade.

» Dans nos tournois, au contraire, si les ducs, les princes, les » rois même reçurent le prix, c'est le front inondé de sueur, et » l'armure couverte de poussière et morcelée. Ce héros qui, vêtu » comme un simple écuyer, renverse tour à tour les chevaliers, » hausse sa visière à la fin de la joûte; et l'on reconnaît ou Louis » de Bourbon, ou René, roi de Sicile, ou Charles VIII le Cour- » tois et l'Affable, etc. » (*Gaule poétique*, t. VI, pag. 168.)

On ne trouvera donc point étonnant que Charlemagne com- batte dans mon tournoi; ce *pas d'armes* d'ailleurs n'est, pour ainsi dire, qu'une fête de famille : ce n'est point un de ces tour- nois solennels tels que ceux qui, depuis, se firent proclamer par des hérauts d'armes, non-seulement en France, mais dans tous les pays étrangers, et où se rendaient en foule les chevaliers, les princes et les rois.

Si j'avais eu à décrire une de ces fêtes pompeuses, inconnues au 9e siècle, le monarque français n'y eût paru qu'entouré de toute la pompe souveraine, et conservant, au milieu des rois assem- blés, l'étiquette moderne et la majesté convenable; mais ici Char- lemagne n'a fait que réunir, comme en *petit comité*, et sans céré- monie, ses guerriers favoris, les chevaliers de sa Cour, avec lesquels il se plaisait à disputer le prix de la force et de l'adresse. Charle excellait dans tous les exercices du corps, et n'aimait rien tant que de se mêler aux jeux guerriers de ses paladins : il poussait même la popularité jusqu'à se baigner avec ses officiers et ses soldats, sans distinction de rang ni d'état : nageant avec eux, il leur disputait encore le prix de l'habileté , et l'emportait sur tous dans cet exercice comme dans les autres. (Voyez tous les historiens.)

(4)   Dans un abîme infect, sous l'empire des mers.

Je n'ai point essayé de décrire l'enfer; après Milton et le Tasse que peut-on dire? La description des abîmes et la peinture des supplices des damnés offrent des tableaux qui plaisaient au siècle du Tasse, mais qui ne plairaient point au nôtre. — « Nous rions, dit Voltaire, du mot de diable; nous respec- » tons celui de furie : voilà ce que c'est que d'avoir le mérite de » l'antiquité; il n'y a pas jusqu'à l'enfer qui n'y gagne. »

(5)   . . . . . . Irmensul, chef des rois infernaux.

Irmensul, idole célèbre des Saxons, fut long-temps adoré dans le Nord. Voici l'opinion la plus accréditée sur l'origine de son culte :

Hermann ou Arminius, vainqueur des légions de Varus, délivra la Saxe du joug des Romains : les Saxons, reconnaissans, élevèrent à leur libérateur une statue dans Nersbourg , sur les bords de la Sala ; l'inscription suivante fut gravée sur le piédestal : « *Moi, duc des Saxons, je promets la victoire à qui m'adorera.* » Depuis, en effet, Arminius fut adoré comme le dieu Mars; et sur ses autels on sacrifia des victimes humaines. Les Saxons ajoutèrent au nom de leur prince Hermann, le mot *saul*, qui signifie statue ou colonne : ils en composèrent le mot *Hermannsaul,* et par corruption *Irmensul.*

Irmensul était représenté armé de pied en cap : dans sa main droite il portait un étendard, sur lequel était la figure d'une rose ; dans sa main gauche était une balance; sur son bouclier se voyait un lion, et sur sa poitrine un ours. Son plus fameux temple était celui d'Eresbour ; les Saxons le surnommèrent *la Colonne*

de l'univers. (Voy. Egin , *Annal.* — Spelm , *In Gloss.* — Daniel , ⟶
Hist. de France , t. I , pag. 432, in-fol. etc.)

(6)   Teutatès le premier se lève , etc.

Teutatès ou *Thor*, fils aîné d'Odin , est le plus fort des dieux : :
il fait devenir fous ceux qu'il touche de ses gantelets. Rien n'est
plus extravagant que ses voyages rapportés dans l'*Edda :* j'en
citerai seulement un passage.

« Un jour le dieu Thor partit avec Lock dans son char, traîné
» par deux boucs : le soir étant venu, ils allèrent loger chez un
» paysan ; Thor tua ses deux boucs, les écorcha et les fit cuire.
» Thor, soupant ensuite avec les enfans du paysan , leur recom-
» manda de jeter soigneusement les os dans les peaux des boucs
» étendues sous la table; mais Tialfe, l'un des paysans, rompit
» avec son couteau l'os d'une jambe d'un bouc, pour en sucer la
» moelle. Thor , le lendemain matin , se lève, s'habille, lève le
» manche de sa massue, et aussitôt les deux boucs reprennent
» leur forme; mais l'un des deux boitait d'une jambe de der-
» rière, qui était cassée. Thor, furieux , veut frapper de sa massue
» les paysans ; ils tombent à ses pieds : Thor leur fit grâce, et se
» contenta d'emmener avec lui Tialfe. » (Voy. l'*Edda*, 23e fable.
— Voy. aussi sur Thor la note 4 du chant X , et la note 1re du
chant XVI.)

(7)   . . . . Odin s'adresse au maître des enfers.

Odin , conquérant du Nord , qui fut déifié après sa mort, fut
originairement roi des Ases, et habitait Asgard, centre de ce
royaume, situé entre le Pont-Euxin et la mer Caspienne. Les
guerriers d'Odin , maîtres du Nord , s'établirent en Scandinavie;
et regrettèrent long-temps la douce température et la fécondité
d'Asgard. Les vieillards vantaient sans cesse l'ancien temps, et les
charmes de la primitive patrie, dont un conquérant les avait
privés. Bientôt des récits exagérés, des traditions mensongères

firent de cette patrie perdue un lieu de prédilection, que les héros et les dieux étaient seuls dignes d'habiter. Odin, roi, puis dieu de Locklin, c'est-à-dire de la Scandinavie, mit à profit ces regrets, et y mêla la douceur de l'espérance ; il persuada à ses sujets que, s'ils mouraient en braves, leurs âmes s'envoleraient à Asgard. Ainsi fut créé l'olympe scandinave. (Voy. *Gaule poétique*, t. IV, pag. 79.)

Odin est le plus puissant des dieux : on l'appelle le Père des combats, parce qu'il adopte pour fils tous ceux qui sont tués les armes à la main. Il leur assigne pour séjour les palais de *Vahalla* et de *Vingolf*, qui s'élèvent à Asgad, vers l'extrémité méridionale du ciel. (Voy. sur le *Vahalla* les notes du Xe chant.) Odin, dans le palais des dieux, n'a besoin d'aucune nourriture : il distribue ce qu'on lui donne à deux loups, nommés *Geri* et *Fréhi* : le vin lui tient lieu de tout autre aliment. Deux corbeaux, nommés *Hugin* (l'esprit), et *Mannin* (la mémoire), sont toujours placés sur ses épaules, et lui disent à l'oreille tout ce qu'ils ont vu et entendu de nouveau. Odin les lâche tous les jours ; ils parcourent le monde, et reviennent le soir à l'heure des repas : c'est pour cela que le dieu sait tant de choses, et qu'on l'appelle le dieu des corbeaux. (Voy. l'*Edda*. — Voyez aussi sur Odin la note 8 du IXe chant.)

(8)   Hæder parle. . .

On compte aussi parmi les dieux Hæder, qui est extrêmement fort et très instruit. Hæder habite les enfers ; il prédit l'avenir, et il est aveugle. C'était le Pluton de la Saxe.

(9)   . . . . . . Freya lève son front impie.

Freya, qu'on a confondue souvent avec la femme d'Odin, Friggis ou Frigga, est la plus illustre des déesses après cette dernière : elle est la reine des voluptés ; on la nomme la Fée aux Larmes d'or. (Voy. l'*Edda*.)

Cette Vénus scandinave, fille de Nior, dieu des mers, des vents et des tempêtes, prit pour époux Oder, guerrier voyageur. Elle a un palais magnifique : elle en sort sur un char traîné par deux chats, qui (dit un poëte scandinave), « sensibles à ses » plaisirs et non à ses tendresses, cachent, sous un air doux, un » cœur perfide et cruel. » Oder est toujours absent; Freya pleure sans cesse son départ, et sans cesse est à sa recherche. Elle a de lui une fille nommée Nora, si belle que sa beauté passa en proverbe parmi les anciens. (Voy. MONTBRON, notes sur les Scandinaves.)

FIN DES NOTES DU CHANT II.

CHANT III.

Au loin, de toutes parts, la guerre est proclamée.
Charle a fixé le jour du départ de l'armée.
Hors des murs de Paris, déjà chefs et soldats,
Impatiens de vaincre, appellent les combats.
Chaque pas qu'ils vont faire est un pas vers la gloire.
Les airs ont retenti de leurs chants de victoire.
L'astre roi , saluant l'oriflamme des preux (1),
Dore de ses rayons leurs casques orgueilleux.
Tels brillent ces coursiers courant, sortis de l'onde,
De leurs naseaux brûlans souffler le jour au monde.

Au fond d'un vieux manoir, non loin des bords fleuris
Où la Seine, à regret, s'éloigne de Paris;
Lorsque des paladins flotte au loin la bannière,
Le jeune Châtillon tombe aux pieds de sa mère.
« — Rendez-vous à mes vœux ! prenez pitié de moi !
» Je ne m'appartiens plus, je suis tout à mon roi.
» Ah ! laissez-moi changer cette molle parure
» En un casque guerrier, en une noble armure.

» Ma patrie est mon dieu, qu'il soit seul écouté !

» Je préfère la mort à mon obscurité.

» Devoir, honneur, vertu, votre voix me transporte;

» La nature en gémit, mais la gloire l'emporte.

» — O toi! l'unique fils dont le Ciel m'ait fait don !

» Répond l'infortunée, insensé Châtillon !

» Tu veux m'abandonner! Adieu pour moi la vie ! »

　　Du vaillant jouvencel que l'âme est attendrie !

Ses pleurs coulent, il cède.... Hélas! de ses aïeux,

Un antique trophée alors frappe ses yeux.

Il tressaille, rougit, s'élance vers l'armure;

D'un casque a recouvert sa blonde chevelure;

Fuit des bras maternels; et du chef des héros

Bientôt aux bords du Rhin a rejoint les drapeaux.

　　Vers le nord, devant eux, sur un roc formidable,

S'élève d'Éresbour l'enceinte redoutable.

Boulevart des Saxons, ce fort audacieux

Arrête des chrétiens les pas victorieux.

Ses orgueilleuses tours, ses murs indestructibles,

Ses remparts élevés, ses portes invincibles,

Semblent braver la foudre, et du prince français

Dédaigner les fureurs, et rompre les projets.

　　Là règne Wortighin; célèbre en Germanie,

Wortighin, fils de rois, illustra sa patrie;

Et Charle eût voulu même, admirant ce guerrier,
Seul, pouvoir le combattre en simple chevalier.

La nuit sur l'horizon pliait ses voiles sombres;
L'aurore, pâle encor, luttait avec les ombres.
Charle, près d'Éresbour, au milieu des héros,
Créés par ses regards, formés par ses travaux,
Réveille des soldats le courage docile,
Leur ordonne l'assaut et leur montre la ville.
Tel un torrent gonflé par des temps orageux,
Débordant en courroux de son lit écumeux,
S'étend, brise, renverse, inonde au loin les plages,
Répand le désespoir et roule les ravages;
Tels les Francs belliqueux, par leur fougue emportés,
Vers les remparts du fort se sont précipités.
Ils respirent la guerre, ils portent l'épouvante;
Des exploits à l'envi le besoin les tourmente :
Plus facile à calmer s'élance, roi des airs,
Éole furieux dévastant l'univers.

Par un art que l'enfer fit depuis mieux connaître,
Plusieurs globes formés de soufre et de salpêtre,
Aux créneaux d'Éresbour placés par Wortighin,
Menaçaient les Français d'un désastre certain.
De tous côtés, non loin de ces masses terribles,
Dont le centre enflammé part en éclats horribles,

Et d'où jaillit la mort; des blocs de fer brûlans,
Des traits empoisonnés, de l'huile à flots bouillans,
S'amassaient sur les murs de la place indomptée.

    Par les preux cependant l'escalade est tentée.
Déjà sous les remparts, l'un sur l'autre poussés,
Terres, échelles, rocs, s'élèvent entassés;
Et de Charle bientôt les cohortes vaillantes,
Jusques au pied des forts traînent des tours roulantes.
Tels jadis les géans dans leur rébellion,
Haussaient Athos sur Pinde, Ossa sur Pélion.

    Mais des tours d'Éresbour de soldats couronnées,
Mille flèches soudain pleuvent empoisonnées;
D'un sable au feu rougi les atomes ardens,
Sur les Francs et leurs chefs tombent en flots grondans,
Pénètrent dans leurs yeux, sous leurs armes se glissent.
Des rocs précipités, là les éclats jaillissent;
Là, court l'huile bouillante; ici, blocs dévorans,
Et le fer et l'airain fondent parmi les rangs,
Tandis que des remparts où la forge s'allume,
Roulent d'épais torrens de flamme et de bitume;
La fumée obscurcit ce théâtre d'horreur,
Et l'aurore en fuyant se voile de terreur.

    Dans les fossés, des preux les troupes épuisées
S'enfoncent sous leurs tours par la flamme embrasées.
Leurs béliers ont en vain ébranlé les remparts.

Sur ces terrains brûlans, leurs corps de toutes parts,
Sanglans, défigurés, mutilés et difformes,
S'entassent, palpitans, en noirs monceaux informes.
    La nuit termine enfin ce massacre odieux.
Au camp Charle, en bon ordre, a ramené ses preux.
Mais la soif le dévore; et, dans ces champs arides,
Nul ruisseau protecteur, nulles sources limpides (2).
Ce n'est qu'au point du jour, qu'après de longs trajets,
En son casque un soldat porte au prince français
Une eau teinte de sang, noire, épaisse et bourbeuse;
L'œil des chefs se détourne à cette vue affreuse;
Charlemagne sourit.... L'intrépide héros,
D'un trait vide le casque, et prononce ces mots :
« Magnanimes guerriers! tout doit vous en convaincre,
» Qui ne sait point souffrir ne saura jamais vaincre.
» Sous les coups redoublés du marteau qui les bat,
» L'argent devient plus pur, l'acier prend plus d'éclat;
» Et ce n'est qu'à la forge où l'enclume résonne,
» Que l'or s'alonge en sceptre et se tourne en couronne.
» Le jour a lui, marchons! » Ses discours, son maintien,
Font passer dans les cœurs l'héroïsme du sien.
Sous le fort assiégé ses preux se réunissent.
De nouveau dans les tours les forges retentissent;
Une forêt volante en sifflant fend les airs.
Ciel! les Français ont fui; mais dans leurs rangs ouverts,
Charle accourt : « — Qu'ai-je vu? héros de la patrie!

» **Au-dessus de l'honneur placez-vous donc la vie?**

» **Voulez-vous effacer, aux yeux de l'univers,**

» **Des siècles de succès par un jour de revers?**

» **Ah! suivez-moi! La mort, de l'enfer vile esclave,**

» **Ne frappe que le lâche et respecte le brave. »**

De l'armée à ces mots ralliant les fuyards,

Le valeureux monarque est au pied des remparts;

Et tous les boucliers élevés sur les têtes,

Forment un toit de fer défiant les tempêtes.

Terrible, invulnérable, au milieu de ses preux,

Tel qu'un mont dont l'orgueil semble braver les Cieux,

Charle, en simple soldat saisissant une échelle,

Le premier se dirige où la gloire l'appelle.

Des javelots, des dards fondent en vain sur lui;

Un bras pare les coups, l'autre lui sert d'appui.

Bientôt, de tous côtés on le suit, on l'imite;

En foule, vers les murs chacun se précipite.

L'un tombe renversé, l'autre monte vainqueur;

Différent est leur sort, égale est leur valeur.

Les bataillons français dont les murs se hérissent,

Se suivent, pleins d'ardeur, s'aident, se raffermissent,

S'élèvent sans effroi sous les traits ennemis,

Et l'air semble peuplé de ces guerriers hardis.

Gravissant d'Éresbour les murailles terribles,

Le prince atteint déjà leurs créneaux invincibles.

La mort l'entoure en vain.... Charle, aigle radieux,

Suspendu dans les airs, combat victorieux.
Quand de noires vapeurs des murs couvrent le faîte,
Lui seul, fanal de gloire, éclaire la tempête.
Une flamme céleste éclate en ses regards.
Il s'élance.... tout fuit.... il est sur les remparts.

La valeur des soldats alors se change en rage.
Le roi, suivi des siens, frappe, immole, ravage;
Foule aux pieds les vaincus; et là, de toutes parts,
L'épouvante et la mort lèvent leurs étendards.
Lui seul il commença le triomphe; il l'achève.
L'éclair, c'est son regard; la foudre, c'est son glaive.
Le vaste champ des airs, en ces affreux instans,
Paraît ne plus suffire aux cris des combattans.
Comme l'éclair pourpré d'un effroyable orage,
Une lueur sanglante éclaire le carnage.
Charle, du haut des tours, semble, en chef immortel,
Guider un bataillon des milices du ciel.
C'en est fait des Saxons !... Tout périt, tout succombe;
Éresbour avec eux s'enfonce dans la tombe.

Partout fuit l'ennemi. Wortighin, furieux,
Court vers Charle et s'écrie (3) : « Approche, audacieux!
» Qu'enfin ici des Francs tombe le chef barbare! »
Charle a fondu sur lui; la foule les sépare.
» — Hors des murs d'Éresbour, a repris Wortighin,

» Pour me vaincre ou périr, avant le jour demain,
» Si la voix de l'honneur en toi se fait entendre,
» Prince! dans la forêt promets-moi de te rendre.
» J'y serai seul. » Il dit, et, vrai soldat français,
Le vainqueur imprudent répond : « Je le promets. » «

L'orgueilleux Wortighin, que la rage dévore,
En un fort se retranche et se défend encore;
Quand la nuit sur son char s'approchant à pas lents,
Interrompt les succès des fougueux assaillans.
La ville s'est rendue; et ses vainqueurs terribles
Se reposent enfin de leurs travaux pénibles.

Hélas! abandonnant son antique manoir,
Du jeune Châtillon la mère au désespoir,
Pour voir de loin son fils avait suivi l'armée;
Jusque dans Éresbour elle accourt alarmée.
Aux assauts meurtriers a pu périr son fils.
De noirs pressentimens ont glacé ses esprits.
Il n'est plus au milieu de sa troupe fidèle.
Tremblante, elle le cherche; errante, elle l'appelle;
Remplit l'air à grands cris du nom de Châtillon;
Le voit dans chaque objet, l'entend dans chaque son.
    Mais aux pieds des soldats qui s'offrent à sa vue,
Vainement elle tombe, égarée, éperdue;
Joint les mains en pleurant et leur nomme son fils;

Nul ne connaît son sort, mais tous sont attendris.

   Le flambeau de la nuit éclairait seul la terre.

Quel spectacle! grand Dieu! La malheureuse mère,

Sous les murs d'Éresbour, par de derniers efforts,

Seule, cherche son fils en des monceaux de morts.

   Épouvantables soins! souffrance sans pareille!

Un souffle empoisonné portait à son oreille

Le lourd gémissement, le lugubre soupir

Des blessés sans secours achevant de mourir.

Sur des morts entassés se frayant un passage,

Soudain elle aperçoit, en ce champ de carnage,

Le fer de Châtillon sous de fumans débris;

Non loin est un guerrier... il n'est plus... c'est son fils!

Pressant entre ses bras sa dépouille sanglante,

Dans un ruisseau de sang elle tombe expirante,

Puis en ces derniers mots exhale sa douleur :

   « O toi, qui dix-huit ans assuras mon bonheur!

» Toi, qui faisais ma gloire! à peine à ton aurore,

» Châtillon, tu n'es plus.... et moi j'existe encore!

   » Je n'entendrai donc plus le doux son de ta voix!

» Je t'ai donc embrassé pour la dernière fois!

» Réponds, ô mon cher fils!... Mais en vain je t'implore;

» Tu n'entends plus ta mère... et moi j'existe encore!

   » Avec ton sang ici ma vie aurait dû fuir.

» Pour toi seul j'existais.... Puissiez-vous tous périr,

                   4

» Conquérans, chefs guerriers, assassins que j'abhorre !..
» Hélas ! la mort m'entoure... et moi j'existe encore ! »
   Elle dit, et succombe à l'horreur de ses maux.
Tout entière à son fils, en achevant ces mots,
Jusqu'auprès de son cœur, mourante elle l'attire,
L'embrasse, jette un cri.... L'infortunée expire.

FIN DU CHANT III.

NOTES DU CHANT III.

(1)   L'astre-roi saluant l'oriflamme des preux...

L'oriflamme était un étendard rouge et doré que nos anciens rois levaient avec de grandes cérémonies dans les guerres importantes, au milieu des camps, sur les bords lointains. Nos pères croyaient qu'un ange l'avait portée à Clovis après la bataille de Tolbiac. Des miracles attribués à cette enseigne sacrée ajoutaient encore à sa tradition merveilleuse. C'était le symbole de la patrie.

(2)   Nul ruisseau protecteur, nulles sources limpides.

Vers cette époque l'histoire rapporte un miracle : Au moment où les Français, combattant les Saxons, succombaient dévorés de soif, une eau limpide roula tout à coup ses flots miraculeux dans le lit desséché d'un ancien torrent. Ce combat fut nommé *la bataille du torrent*. Une médaille fut frappée pour perpétuer ce fait, elle portait ces mots : *Saxonibus ad torrentem devictis.*

(3).   Partout fuit l'ennemi. Wortighin, furieux,
         Court vers Charle et s'écrie...........

On a reproché à l'*Iliade* d'Homère trop de combats particuliers, trop de morts partielles ; mais, si c'est vraiment le défaut de son poëme, par combien de beautés ne l'a-t-il point racheté ! Les combats du Tasse sont moins fréquens et plus variés ; mais peut-être pèchent-ils encore par trop de détails fatigans. Il ne faut pas toujours se restreindre à imiter même les grands hommes : il faut, dit Voltaire, courir dans la carrière, et non s'y traîner avec des béquilles. J'ai donc tâché d'éviter, dans les tableaux de mes batailles, le reproche adressé si souvent au premier des poëtes épiques. On connaît ces vers de Voltaire :

4.

NOTES DU CHANT III.

Oh ! que ne puis-je , en grands vers magnifiques ,
Écrire au long tant de faits héroïques !
Homère seul a le droit de conter
Tous les exploits , toutes les aventures ;
De les étendre et de les répéter ;
De supputer les coups et les blessures ,
Et d'ajouter , aux grands combats d'Hector ,
De grands combats... et... des combats encor.

FIN DES NOTES DU CHANT III.

CHANT IV.

Au centre lumineux de ces mondes brillans,
Qui dans l'espace immense, astres étincelans,
Planent en rois des airs sous la voûte immortelle,
S'étend du Tout-Puissant la demeure éternelle.
Là, des anges déchus l'ange exterminateur
S'adresse aux fils du ciel : « —Chefs! dit l'heureux vainqueur,
» Justement foudroyé, sur la terre affranchie,
» Que d'Irmensul enfin tombe le culte impie !
» Dieu l'ordonne... Armons-nous! et guidons les Français!
    » Pour corrompre un héros et le perdre à jamais,
» Qui l'aurait pu penser! une jeune païenne,
» Parfaite, si le ciel l'eût fait naître chrétienne,
» Par l'abîme est nommée; étrange aveuglement!
» Irmensul, des enfers lâche et vil instrument,
» Pour égarer l'honneur a choisi l'innocence.
» De ses charmes divins ignorant la puissance,
» Ulnare, sur la terre astre encore inconnu,
» Joint les traits d'un archange à l'âme d'un élu.
» Orgueil de la nature, elle en est la merveille.

» Irmensul! monstre impur que l'œil de Dieu surveille, «
» Tes armes en tes mains tourneront contre toi; .
» La vierge des forêts n'obéira qu'à moi (1). »

Il dit; sur ses guerriers tombent des jets de flamme; ;
Aux volontés de Dieu leur volonté s'enflamme.
Ce ne sont plus les fils ni les soldats des cieux;
C'est Dieu qui se divise en légions de dieux.

Mais vers le camp français, du noir séjour des crimes,
Déjà s'est élancé le prince des abîmes.
Les gants de Teutatès et les runes d'Odin (2)
Vont servir puissamment à son premier dessein.
Armé du baudrier où mugit la tempête,
Non loin d'une forêt, sur un mont il s'arrête;
C'est là que Wortighin doit, au lever du jour,
Combattre son vainqueur hors des murs d'Éresbour.

L'amante de Céphale alors charmant la terre,.
Entr'ouvrait lentement son palais de lumière,
Mêlant, aux yeux de l'homme ébloui de ses dons,
L'incarnat de la rose à l'or de ses rayons;
L'oiseau charmait les airs de son tendre ramage;
Le zéphir soupirait à travers le feuillage;
Et du jour au berceau déjà les premiers feux
Dissipaient les vapeurs et coloraient les cieux.

Hélas ! la veille même, au milieu de sa gloire,
Sur les remparts conquis, ivre de la victoire,
Par son mâle courage emporté noblement,
Et trop peu maître enfin d'un premier mouvement,
Charle avait, égaré par quelque dieu contraire,
Accepté d'un rival le défi téméraire.
     A trois de ses guerriers il révèle en secret
Sa promesse formelle et son fatal projet ;
Seuls ils suivront les pas du héros de la France.
En vain ses nobles preux blâment son imprudence.
« — Amis ! leur a-t-il dit, Charle dût-il périr,
» Il a fait un serment, il ne peut le trahir. »

     Les ombres avaient fui sous la voûte étoilée ;
Le monarque et ses chefs traversent la vallée.
Là, devant eux, un pâtre, au son du chalumeau,
Paisible, vers les prés conduisait son troupeau.
Charle un instant s'arrête et se plaît à l'entendre ;
Cette douce harmonie a paru le surprendre.
« — Heureux pâtre, dit-il, pâtre chéri des Cieux,
» Comme toi, sur la terre, ah ! ne vaut-il pas mieux
» Charmer en paix les bois des airs de la musette,
» Qu'effrayer l'univers du son de la trompette ! »
     Non loin de la forêt, près d'un large ravin,
Se présente à ses yeux l'orgueilleux Wortighin.
Il est seul et l'attend : à sa vue il s'écrie :

« Charle, approche ! Un de nous doit perdre ici la vie. »

» Au combat nulle trève ! entre nous nul accord !

» Te voilà prévenu, la vengeance ou la mort ! »

De leurs armes le choc, au loin dans les campagnes,

Répété par l'écho, fait mugir les montagnes.

Leurs coups tombent plus lourds que les marteaux d'airais

Qui forgeaient dans l'Etna les foudres de Vulcain.

Chacun tourne, recule, ou pare quelque atteinte ;

L'art est trompé par l'art, la feinte par la feinte.

Invisible témoin de ces coups meurtriers,

Irmensul veut à Charle enlever ses guerriers.

Odin lui confia ses runes druidiques ;

Le monstre les rassemble ; et des vapeurs magiques,

S'élevant aussitôt du sol mystérieux,

Non loin de Charlemagne enveloppent ses preux.

Les chevaliers surpris cessent de voir leur maître ;

A leurs yeux aveuglés il vient de disparaître ;

Les gants de Teutatès ont, au même moment,

En leurs esprits confus jeté l'égarement.

Du côté d'Éresbour, illusion nouvelle !

Ils entendent au loin leur roi qui les appelle ;

Et soudain, au hasard, vers la trompeuse voix,

Abandonnant leur prince, ils s'élancent tous trois.

Déjà depuis long-temps avait brillé l'aurore ;

Au funeste ravin le combat dure encore.

Charle, à chaque moment, par un nouvel effort,

Offrait à son rival et le fer et la mort.
Mais par l'adresse, hélas! la valeur est trompée.
Wortighin, dans le flanc lui plongeant son épée,
L'en retire sanglante, et prononce ces mots :
« Tombe enfin sous mes coups, invincible héros!
» Fléau du monde! ici termine ta carrière!
» O Wortighin! ton glaive aura sauvé la terre! »
    Semblable en sa furie au lion des forêts,
Sur le prince germain fond le prince français.
Le triomphe, il l'obtient; le combat, il l'achève;
Dans le sein du Saxon il enfonce son glaive,
Et s'écrie : « Insensé! reconnais ton erreur!
» Voilà comme vaincu je réponds au vainqueur. »
Wortighin pousse un cri... déjà s'ouvre sa tombe :
Son œil voilé se ferme; il chancelle... il succombe.

    A l'aspect du héros expirant sous ses coups,
Charle sent la pitié succéder au courroux.
Tandis que Wortighin, à son heure dernière,
Se déchirait les flancs et mordait la poussière,
Le roi bande sa plaie et songe à le sauver;
Mais le chef expirant semble encor le braver.
Il l'attend, il l'observe, et sa main sanguinaire
Le frappe de nouveau.... La blessure est légère;
Mais Charle furieux : « — Féroce Wortighin!
» Tu n'es plus un guerrier, tu n'es qu'un assassin. »
Il dit, reprend son glaive, et le monstre est sans vie.

Le baudrier fatal du dieu de la Scanie,
Levé par Irmensul, a plané sur les airs.
Quels nuages épais! quels sinistres éclairs!
La foudre va partir.... La nature inquiète
Semble en un calme horrible attendre la tempête....
Elle éclate.... La grêle et les vents en fureur
Détruisent à l'envi l'espoir du laboureur;
Et du ciel irrité la voûte incendiaire
Offre un dôme de feu suspendu sur la terre.
    Tels furent déchaînés les autans furieux,
La terre ainsi trembla, tels grondèrent les cieux (3),
Quand sur les bords sanglans du lac de Trasimène,
L'invincible Annibal dompta l'aigle romaine.

    Charle appelant ses preux qu'il cherche vainement,
Blessé, vers la forêt se traîne lentement.
Accablé sous le poids de sa pesante armure,
Épuisé de fatigue, il erre à l'aventure.
Nul abri, nul secours, et son sang coule à flots!
    Ses yeux se sont voilés; il succombe à ses maux.
Au loin l'orage encore étend une nuit sombre.
Le prince va périr.... lorsque soudain dans l'ombre,
Flambeau mystérieux, un feu brillant a lui,
Qui lui trace une route et marche devant lui.
Le héros étonné sent ses forces renaître;
Il suit ce conducteur qui l'égare peut-être,

Jusqu'en un antre obscur qu'ombragent des cyprès;
Là son guide s'éteint.... Le monarque français
S'enfonce sans effroi sous le roc solitaire.
Du jour a, par degrés, reparu la lumière.
Juste ciel! quel tableau vient étonner ses yeux!
Est-ce une illusion? un songe merveilleux?
Ses sens l'abusent-ils? Il s'arrête et contemple.

Au fond d'un souterrain décoré comme un temple,
Un autel arrondi, paré de mille fleurs,
Parfume au loin les airs des plus douces odeurs.
Les zéphirs se jouant sous la grotte sauvage,
Comme aux champs de Paphos semblent braver l'orage;
Et tandis qu'au dehors le ciel tonne, irrité,
Là règnent le printemps et la sérénité.
Sous une arche de fleurs et sur l'autel rustique,
Avec grâce s'élève une statue antique
Représentant Diane; et le luxe païen,
Élégamment admis, orne ce temple ancien.
Mais ni ses doux parfums, ni sa pompe profane,
N'avaient frappé le roi dans l'antre de Diane;
Un être inconcevable, un objet enchanteur,
Seul fixe ses regards, et vient troubler son cœur.
A l'autel prosternée, une jeune prêtresse,
D'un son de voix plaintif implorait la déesse.
Charle prête l'oreille à ses accens divins.

« — Toi qui lis dans mon âme et règles mes destins,

» O Diane immortelle ! écoute ta prêtresse !

» Quand des vœux solennels enchaînent ma jeunesse,

» Quand pour toi seule ici je veux vivre et mourir,

» Ne laisse nul mortel jusqu'à moi parvenir.

» Ah ! puissé-je bientôt terminer ma carrière !

» Que ferais-je en ce monde, isolée, étrangère ?

» Mon cœur n'aima jamais que ma famille et toi.

» Ma famille n'est plus, toi seule es tout pour moi.

» Sur ma mère jamais mes yeux ne s'arrêtèrent ;

» Mon œil s'ouvrit au jour quand les siens se fermèrent.

» Oh ! ne rejette point mon encens ni mes vœux !

» Le don de l'innocence est toujours cher aux dieux.

» De mon cœur attendri daigne accepter l'hommage ;

» Tu l'as conservé pur.... je t'offre ton ouvrage. »

    Elle dit ; et tandis que le feu des éclairs

Dardait étincelant sur les rocs entr'ouverts,

On l'eût prise, à genoux au fond de sa retraite,

Pour l'ange de la paix dissipant la tempête.

    O Charle ! quels dangers t'environnent !... Hélas !

Vers l'antre un dieu perfide a dirigé tes pas.

Quelle épreuve, quels maux le destin te prépare !

Chef-d'œuvre de beauté, cette vierge est ULNARE !

Crains sa touchante voix, son regard enchanteur ;

Par sa bouche Freya va parler à ton cœur.

L'encens brûle à l'autel, et sa vapeur magique
Jette sur la druide un voile fantastique.
Iris a moins d'éclat dans tout son appareil,
Quand son front est doré des rayons du soleil.
Quelquespleurss'échappaientdesbeauxyeuxbleusd'Ulnare;
Chaque soupir séduit, chaque larme la pare.
Ainsi s'offre un bouton que l'aube voit fleurir ;
Mollement caressé du souffle du zéphir,
Il s'entr'ouvre... et bientôt, pour charmer plus encore,
S'épanouit brillant des larmes de l'aurore.
Le prince extasié, contemplant tant d'appas,
Oubliait sa blessure, et n'osait faire un pas.
Jamais rien d'aussi beau n'avait frappé sa vue.
Un voile blanc ornait le front de l'inconnue,
Et sur ses cheveux noirs, bouclés et réunis,
Des guirlandes de chêne en rattachaient les plis.
Une ceinture d'or, légère, mais brillante,
Dessinait les contours de sa taille élégante ;
Plus doux que les parfums et les concerts des dieux,
Ses accens dans les airs s'exhalaient vers les cieux ;
Au gré des vents flottait sa tunique ondoyante.
Du lis de la vallée image éblouissante,
Colombe d'innocence, aurore de fraîcheur,
A toutes les vertus Ulnare ouvrait son cœur.
Le feu des voluptés s'allumait sur ses traces :
Sa voix était l'amour ; ses mouvemens, les grâces.

O surprise!... Soudain, guerrier majestueux,
Armé de pied en cap, Charle s'offre à ses yeux.
La beauté du héros trouble le cœur d'Ulnare;
Elle croit voir un dieu.... son jeune esprit s'égare.
Elle sèche ses pleurs, le regarde, sourit,
Se lève lentement, se rassure, et lui dit :
« Parle, auguste étranger! Sous ce roc solitaire,
» En toi vois-je Apollon ou le dieu de la guerre?
» Prêtresse de Diane et vierge de sa cour,
» J'aime et sers tous les dieux, tous... excepté l'Amour. »
   A ces mots ingénus dictés par l'innocence,
Le monarque interdit garde un profond silence.
Ravi de sa beauté, flatté de son erreur,
Il ne sait que répondre et sent battre son cœur.
« — Tu gardes le silence! ah, parle! reprend-elle;
» Viendrais-tu protéger une jeune mortelle?
» Tes traits, tes nobles traits, ton aspect enchanteur,
» Ne peuvent qu'annoncer la gloire et le bonheur.
» Oui, divin habitant de la céleste voûte,
» C'est Diane vers moi qui t'envoya sans doute.
» Je lui dois ton secours, daigne me l'assurer;
» Déjà le cœur d'Ulnare est prêt à t'adorer. »
   Elle dit; le héros, en cet étrange asile,
Respire à peine, écoute, et demeure immobile.
Ces feux qui l'ont conduit sous le roc enchanté,
La prêtresse, sa voix, ses discours, sa beauté,

Tout lui paraît un songe; et son âme en délire
Appréhende un réveil qui pourrait tout détruire.
Cependant son armure est couverte de sang;
Sa plaie est douloureuse, et son danger croissant;
Des ombres sur ses yeux commencent à s'étendre;
Bientôt d'Ulnare à peine entend-il la voix tendre.
Sa main, contre le mur, en vain cherche un appui;
Ses genoux chancelans se dérobent sous lui;
Il tombe... Et ses regards qu'un secret charme guide,
Restent encor fixés sur la belle druide.

Sous sa grotte paisible, aussitôt vers le roi
La prêtresse s'élance en tressaillant d'effroi.
A la faible clarté qui frappe sur l'armure,
Elle aperçoit du sang, distingue une blessure,
Se courbe sur son corps d'un air triste et craintif,
S'assure s'il respire, et pousse un cri plaintif.
Ses mains, de Charlemagne ont détaché l'armure;
Un voile est déchiré pour bander sa blessure.
Attentive, veillant sur le héros français,
A genoux près de lui, la vierge des forêts,
Seule, implorant les dieux, sent descendre en son âme,
D'un amour inconnu la dévorante flamme.
Se taire est son désir... hélas! vœux impuissans !
Un charme plus fort qu'elle a dicté ces accens :
« Infortuné guerrier ! toi sur qui la mort plane !

» Tu n'es donc pas un dieu messager de Diane?

» Qu'es-tu donc? un mortel? Non, je m'alarme en vain;

» Tout en l'homme est terrestre; en toi, tout est divin.

» Ton regard est clément, le sien est inflexible;

» Les hommes sont cruels, tu m'as paru sensible.

» Non, j'en croirai mon cœur; tu n'es pas un mortel.

» Comme Apollon, chassé des champs heureux du ciel,

» Viendrais-tu quelque temps habiter cette terre?

» Mais qui t'a pu blesser? le maître du tonnerre :

» Car l'homme oserait-il lever son fer sur toi!

» Que je bénis le sort qui t'amena vers moi!

» J'aurai soin de tes jours... Ah! déjà dans mon âme,

» Je sens un feu divin qui m'agite et m'enflamme.

» Que dis-je! descendu de la céleste cour,

» Me tends-tu quelque piége, et serais-tu l'Amour,

» Ce monstre ingrat? Mais non, dissipons mes alarmes;

» Seul Alcide a ta force, et seul Mars a tes armes;

» L'Amour n'a qu'un carquois; moins mâle en ses travaux

» L'Amour n'est qu'un enfant, et je vois un héros.

» Oh! ne me quitte plus! Si près de moi tu restes,

» Je préfère mon antre à tes palais célestes.

» Tu n'as fait qu'y paraître, et tout change à mes yeux.

» Déjà pour moi ma grotte est le parvis des cieux. »

Invisibles au fond du souterrain d'Ulnare,

Irmensul et Freya, déités du Ténare,

Observaient le héros. De parfums amoureux
Freya vient d'embaumer le rocher merveilleux,
Et de sa propre écharpe elle a ceint la druide.
« — Je triomphe, Irmensul, dit le monstre perfide.
» Dans le cœur du chrétien brûle un coupable feu ;
» Je ne le quitte plus qu'il n'ait trahi son dieu.
» De la vierge déjà l'amour est un délire ;
» Écoute ses discours ; c'est moi qui les inspire. »
    Elle dit ; et son art fait du roc enchanté
Le temple des Amours et de la Volupté.

    Par des sucs précieux, en sa caverne obscure,
La prêtresse a du roi refermé la blessure.
Déjà renaît sa force ; il sent calmer ses maux ;
Et sa voix lentement laisse échapper ces mots :
    » — O vierge des forêts, à qui je dois la vie,
» Combien de tous vos soins mon âme est attendrie !
» Ah ! malgré mes douleurs, soigné, sauvé par vous,
» Jamais aucun instant ne me parut plus doux. »
    Il dit. A ce langage aussi flatteur que tendre,
De lui-même il s'étonne et cherche à se comprendre.
Lui qui, tout à la gloire, au sein même des cours,
Redoutant la beauté, semblait fuir les Amours !
Charle a dit... ô prodige ! ô changement bizarre !
« L'état le plus cruel est doux auprès d'Ulnare ! »
    Mais la jeune prêtresse, au comble du bonheur,

Par ces mots, sans détour, laissait parler son cœur :
« —Inconnu qui du ciel sembles pour moi descendre!
» A mon oreille enfin ta voix s'est fait entendre.
» Hélas! qui que tu sois, Mars, Hercule, Apollon,
» Je ne demande plus à connaître ton nom.
» Que m'importe ton rang ! Ah ! ta seule présence
» A changé tout mon être et prouvé ta puissance. »
    La druide tremblait en prononçant ces mots ;
Mais pour cacher son trouble aux regards du héros,
S'éloignant de l'autel d'une course rapide,
Elle sort et revient : puis d'un air moins timide,
En des paniers de jonc, sans luxe et sans apprêt,
Elle présente au roi quelques fruits et du lait.
    Le vainqueur d'Éresbour, dans une douce ivresse,
Accepte les présens de la belle prêtresse,
Mais déjà songe à fuir ses charmes dangereux;
Déjà des yeux d'Ulnare il détourne les yeux.
D'un air sombre il se lève, il s'est éloigné d'elle;
La raison l'entraînait.... Ah ! l'amour le rappelle.
Il s'arrête.... Peu maître encor de ses esprits,
Plus il s'est combattu, plus il semble indécis.
Tel on voit le Méandre, incertain dans sa course,
Descendre vers la mer ou monter vers sa source;
En ses nombreux détours l'onde s'embarassant,
Chaque flot qui remonte en trouve un qui descend.
    La vierge avec effroi remarque son silence.

« — Il souffre, se dit-elle ; endormons sa souffrance. »
Alors prenant un luth qu'en ces lieux enchanteurs
A l'autel suspendait une chaîne de fleurs,
Elle prélude et chante.... un dieu même l'inspire.
D'abord l'hymne est plaintif ; puis la magique lyre,
Des plus brillans accords soudain charmant les airs,
Semble transporter Charle aux célestes concerts.

« Accent du cœur ! touchante mélodie (4) !
» Enchantement des beaux jours de la vie !
» Soupirs des dieux ! éveil des souvenirs !
» Descends du ciel sur l'aile des plaisirs !

» Divin appui de l'innocence !
» Des malheureux douce espérance !
» Belle Diane ! astre mystérieux !
» Sous un palmier jadis, à la clarté des cieux,
» La flottante Délos vit s'ouvrir ta paupière :
» Des cygnes, pour charmer les douleurs de ta mère,
» Là, de l'île, en chantant, sept fois firent le tour.
» Ce fut pour consacrer leurs chants et ce beau jour
» Qu'Apollon, au céleste empire,
» Plaça sept cordes à sa lyre★.

★ Ce chant est imité de l'hymne d'Horace : *Phœbe sylvarumque potens
Diana*, etc. (Hor., Carm. sæc.) La musique, faite par mademoiselle Bresson,
sur ces paroles : *Accent du cœur!* etc., a eu beaucoup de succès ; elle se ven-
dait chez Mme Duban, boulevard Poissonnière, aux *Deux Lyres*.

» Accent du cœur! éveil des souvenirs !

» Enchantement des beaux jours de la vie!

» Soupirs des dieux! touchante mélodie!

» Descends du ciel sur l'aile des plaisirs !

   » Un jour, sous un roc solitaire,

» A Thétis apparut un guerrier téméraire.

» La déesse, en courroux, à le fuir s'apprêtant,

» De formes mille fois change en un même instant.

» Vains efforts!... Le héros devait triompher d'elle.

» Ah! par l'art de Thétis, que ne puis-je, immortelle,

     » Sous mille formes m'embellir!

     » Noble guerrier! loin de te fuir,

     » Ulnare, en ce bois solitaire,

     » Les prendrait toutes pour te plaire.

» Soupirs des dieux! éveil des souvenirs!

» Enchantement des beaux jours de la vie!

» Accent du cœur, touchante mélodie!

» Descends du ciel sur l'aile des plaisirs! »

   Là cessent les accords de la lyre inspirée;

L'air semble alors, portant vers la voûte sacrée

Les chants aériens du magique séjour,

La voix des Voluptés et l'écho de l'Amour,

La vierge des forêts, inquiète et craintive,
Observe le guerrier qu'en vain l'amour captive.
Elle voit Charlemagne à pas lents s'éloigner.
Tout espoir est détruit, il va l'abandonner.
L'ingrat sort sans parler.... sans regarder Ulnare.
C'en est trop! tout entière au trouble qui l'égare,
L'infortunée en pleurs tombe aux pieds du héros;
Freya dispose d'elle et lui dicte ces mots :
« Tu me fuis! ah, cruel! c'est trop de barbarie!
» Tu veux donc que je meure, et j'ai sauvé ta vie!
» Pourquoi vins-tu t'offrir, ingrat, devant mes yeux!
» Paisibles, loin de toi, mes jours coulaient heureux.
» Réponds-moi! Pour mon âme, en ses désirs extrême,
» Un seul mot de ta bouche est le bonheur suprême.
» Mes aveux, mes discours t'étonnent, je le voi;
» Moi-même ils m'ont surpris; j'ai parlé malgré moi.
» Peut-être je me perds... Hélas! j'aurais dû feindre.
» De toi seul j'attends tout, de toi je puis tout craindre.
» Sous terre enferme-moi, traîne-moi sous tes pas!
» Commande! j'obéis.... mais ne me quitte pas.
» Plus de culte pour moi! pour moi plus de patrie!
» L'univers, c'est toi seul, et toi seul es la vie.
     » Oh! laisse-moi te suivre!... Un mot consolateur!...
» Mes yeux cherchent tes yeux, mon cœur cherche ton cœur.
» Tu ne me réponds pas... je succombe... Ah, barbare!
» Pourras-tu seule ici laisser périr Ulnare! »

Elle dit, se relève, et vers l'autel sacré,
Penche languissamment son front décoloré.
De ses yeux enchanteurs coule un torrent de larmes,
Et ses douleurs encore ajoutent à ses charmes.
O prince! à la pitié ton cœur s'ouvre en ce jour;
Et la reconnaissance y fait entrer l'amour.
    Mais, à fuir décidé, Charle s'écrie : « Ulnare!
» Objet trop séduisant dont le ciel me sépare!
» Ah! de grâce! à mon tour je tombe à vos genoux;
» Laissez-moi vous quitter, je reviendrai vers vous.
» Vainement à l'amour long-temps je fus rebelle...
» Hélas! je suis trop faible, et vous êtes trop belle.
» Adieu! » Charle, à ces mots prononcés vivement,
S'échappe de la grotte et fuit rapidement.
Rien n'arrête ses pas. Hors du roc solitaire
Il croit être suivi, le redoute, l'espère;
N'ose tourner la tête, erre au milieu des bois,
Et d'Ulnare toujours croit entendre la voix.

    Dans ce cruel état, où l'àme tourmentée,
Sans veiller ni dormir, se débat agitée,
Rentré parmi les siens, Charle, pàle, affaibli,
Au fort, seul à lui-même, était enseveli;
Quand l'ombre de son père à ses yeux se présente.
Elle approche. — « O mon fils! dit-elle, àme imprudente!
» Quoi! déjà, par l'amour honteusement vaincu,

» Sous un joug corrupteur tu languis abattu !

» Contre toi dans son antre Ulnare est sans défense.

» Charle, si tu flétris sa crédule innocence,

» Tu termines ses jours ; tel est l'arrêt des cieux. »

   Son front brille à ces mots d'un éclat radieux.

Mais couverte soudain d'une vapeur légère,

Que l'aurore blanchit d'un rayon de lumière,

Semblable aux feux errans que la terre engloutit,

Dans les airs embaumés l'ombre s'évanouit.

FIN DU CHANT IV.

NOTES DU CHANT IV.

(1)   La vierge des forêts n'obéira qu'à moi.

Ulnare est d'abord l'instrument des enfers; bientôt après elle l'est du ciel, et n'obéit plus qu'à ses ordres, même en suivant les inspirations de Freya; en conséquence rien n'est plus naturel que le merveilleux qui la suit partout. Qu'on ne s'étonne donc plus ni de son langage extraordinaire, ni des prodiges qu'elle opérera par la suite, prodiges qui ne sont point féeries, que l'esprit humain peut concevoir, et qui, presque tous, auraient pu être opérés par elle sans le secours même de la Divinité. Il faut se servir avec ménagement, dans l'épopée, de la magie et de la féerie; elles n'ont pas assez de noblesse, et l'invraisemblance déplaît souvent.

> Le grand parleur Homère, en vérités fertile,
> Fit parler et pleurer les deux chevaux d'Achille.
>   VOLTAIRE.

Il est heureux que les grands auteurs de l'antiquité soient descendus quelquefois de la hauteur sublime où ils s'élèvent si souvent; car, sans ces momens de faiblesse, leur perfection désespérante eût à jamais découragé leurs imitateurs.

(2)   . . . . Et les runes d'Odin.

Odin fut l'inventeur des runes, ou caractères magiques, dont plusieurs savans (MM. Maupertuis, Clairant, Le Monnier) ont vu dans le Nord quelques restes gravés sur des rochers; les Scandinaves attribuaient de grandes vertus aux runes; ils croyaient qu'elles pouvaient guérir toutes les maladies, détruire l'effet du poison, fermer les plaies, rajeunir, et même faire prendre des formes étrangères, ainsi qu'Odin, qui, par leur secours, se métamorphosait souvent. (Voy. le chap. Runique de l'*Edda*. — BARTHOLIN, liv. III, cap. II, p. 62. — MALLET, t. II, p. 289.)

(3)   La terre ainsi trembla , tels grondèrent les cieux.

Lorsque les deux armées ennemies furent aux mains à la bataille de Trasimène, un si grand tremblement de terre eut lieu,
que des villes entières furent renversées ; les vents se déchaînè-
rent, la foudre éclata, les rivières changèrent leurs cours, les
montagnes s'entr'ouvrirent, et leurs fondemens furent découverts. Le consul Caius Flaminius fut tué dans le combat, où périrent treize mille Romains. (Voy. Plutarque. — Tite-Live. —
Val. Maximus, et autres historiens.)

(4)   Accent du cœur, touchante mélodie.

Si quelque censeur trouvait à critiquer ce changement de
rhythme, je lui répondrais : « Le poëte veut représenter quel-
» qu'un qui chante; or, l'art du poëte est de transporter le lec-
» teur sur le lieu, de lui faire prêter l'oreille, et, s'il est possi-
» ble, entendre les sons de la lyre : rien ne serait plus contraire
» à ce dessein que l'uniformité constante des vers alexandrins;
» pour favoriser l'illusion, il faut donc changer de rhythme, et
» prendre le ton de l'ode ou du dithyrambe, qui tous deux se
» chantent, et sont d'inspiration. »
Dans tout le cours de l'ouvrage on verra que j'ai suivi la même
méthode : ainsi j'ai pu donner quelque idée des chants antiques;
et l'on trouvera les différentes mœurs des peuples, leur différent
ciel, leurs cultes divers, et surtout la couleur des temps, dans
mes chants scaldes, grecs, saxons, orientaux, calédoniens, gaulois, norwégiens et français.
Tous ces chants ont été mis en musique par des compositeurs
distingués.

FIN DES NOTES DU CHANT IV.

CHANT V.

Dans Eresbour vaincu, reposant ses lauriers,
Charle contient l'ardeur de ses fiers chevaliers,
Délasse les soldats par des travaux paisibles,
Et relève du fort les murailles terribles.
Quelques guerriers, vaquant à des soins plus sacrés,
Inhumaient des chrétiens les corps défigurés ;
Charle les pleure encor.... Par sa loi souveraine,
De pompeux monumens s'élèvent sur la plaine ;
Et l'on eût dit, à voir ces généreux transports,
Que l'honneur du succès n'appartenait qu'aux morts.
De jeunes paladins, ivres de leur victoire,
Portaient en foule au roi des preuves de leur gloire ;
Et comme au temps des fleurs, avant les jours brûlans,
Des abeilles, au soir, les bataillons volans
Rapportent leur butin à leur reine charmée ;
Tels les Français offrant au héros de l'armée
Quelque riche capture, arme, glaive, étendard,
Espèrent un éloge, et cherchent un regard.
Au champ d'honneur blessé, combattant téméraire,

Le vieux Montfort touchait à son heure dernière ;

Et sa seule pensée , en ce moment d'effroi,

S'élevant vers le ciel, l'implorait pour son roi.

Près du brave expirant Guise a veillé sans cesse ;

Montfort du noble Guise éleva la jeunesse ;

Il l'arma chevalier ; et, dès ses premiers ans,

L'instruisant aux combats, le guida dans les camps.

De ses soins entouré , bientôt ses douleurs cessent ;

Sa blessure se ferme , et ses forces renaissent.

« — O mon père ! dit Guise, assez tu t'illustras :

» N'expose plus tes jours ; repose enfin ton bras.

» De l'hiver sur ton front déjà tombent les glaces.

» C'est à moi maintenant de marcher sur tes traces.

» Je verrais sans terreur la mort fondre sur moi ;

» Mais j'ai trop à souffrir quand je tremble pour toi. »

Le vieillard l'interrompt. « — Qu'entends-je ! âme craintive !

» Traînant honteusement une vieillesse oisive,

» Moi, je fuirais les camps ! Des tambours, des clairons,

» Montfort, au champ d'honneur, n'entendrait plus les sons !

» Et tu peux m'adresser ce discours téméraire !

» Ah ! par excès d'amour Guise outrage son père.

» Ton cœur est ton excuse... O mon fils ! aux combats

» Sois toujours le premier, et je suivrai tes pas.

» Aux camps seuls j'ai vécu, les camps sont ma patrie ;

» Montfort, en les quittant, croirait quitter la vie.

» Ah ! pour admirer Charle et l'aimer comme moi,

» Que n'as-tu jusqu'à l'Èbre accompagné ton roi !

» Là, dans tout son éclat a resplendi sa gloire.

» Écoute mes récits, gardes-en la mémoire,

» Et bénis le destin qui donne en nos climats

» Le plus grand des mortels au plus grand des états.

  » Au fort de Paderborn, des rivages de l'Èbre,

» Un roi de Sarragosse, un Sarrasin célèbre(1),

» Vient des héros germains implorer le vainqueur.

» Banni de ses états par un usurpateur,

» Ce guerrier malheureux, suivi de plusieurs princes

» Que le même tyran chassait de leurs provinces,

» Ibinal, fugitif, redemande aux Français

» Son pays, ses trésors, son trône et ses sujets.

  » Charle, accueillant ses vœux et calmant ses alarmes,

» Promet au roi proscrit le secours de ses armes ;

» Et du lâche Abdérame, usurpateur hautain,

» Un seul jour fut la perte ; un seul mot, le destin.

  » Les chrétiens gémissaient esclaves en Espagne ;

» Ah ! pour briser leurs fers, qui s'arma ? Charlemagne.

» Il part, franchit le Rhin, la Seine et le Liger.

» La France fête en vain son roi.... Tel que l'éclair,

» Il n'a fait que passer ; mais sur chaque rivage,

» Par de nombreux bienfaits il marque son passage ;

» Et le peuple partout sur ses pas répandu,

'» Vole et retourne heureux de l'avoir entrevu.

   » Bientôt, dans le lointain, des montagnes bleuâtres,

'» De la terre et des mers vastes amphithéâtres,

,» Élevant à nos yeux des obstacles nouveaux,

|» Paraissent limiter l'empire des héros.

» De Paris regrettant les fertiles rivages,

» Nous errons nuit et jour en des landes sauvages;

» Et de ces monts hardis que l'œil croyait saisir,

» Plus nous nous approchions, plus ils semblaient nous fuir.

   » Colosses menaçans, antiques Pyrénées !

» Rocs qui bravez en paix le torrent des années !

» Nous parcourons enfin vos sombres défilés,

» D'où le ciel disparaît à nos regards troublés.

» Monts fameux ! chaque instant vous voit changer de face :

» Tantôt vous couronnant d'une cime de glace,

» L'hiver est sur vos fronts, le printemps à vos pieds;

» Tantôt vos rocs à pic rustiquement taillés,

» Miroirs secs et glissans élevés vers la nue,

» Offrent l'aspect affreux d'une aridité nue;

» Ici des ponts de neige artistement jetés,

» Bravent le poids des chars et le feu des étés;

» Plus loin, sur des cailloux, une onde douce et pure,

» Sous des bocages verts en serpentant murmure;

» Quelquefois des hameaux grossièrement bâtis,

» Sur la pente d'un roc arrêtent l'œil surpris;

» Là, partout la nature offre en ses jeux bizarres

» De sublimes horreurs et des beautés barbares (2).

　» Tendre amante d'Alcide, ô Pirène! c'est vous (3)？

» Qui, prenant sur ces bords Hercule pour époux,

» Sûtes donner un charme aux déserts insensibles,

» Et le nom le plus doux aux monts les plus terribles.

　» Ravis, nous traversons ces rochers menaçans,

» Ces torrens débordés et leurs flots mugissans.

» La nature est semblable aux princes de la terre;

» Leurs bienfaits sont à peine aperçus du vulgaire;

» Leurs ravages brillans, leurs monstrueux efforts,

» Seuls de l'enthousiasme excitent les transports.

　» Nos pieds foulent déjà le sol de la Navarre (4),

» Sol inculte, habité par un peuple barbare.

» Sur de stériles champs quelques monts rocailleux

» S'élèvent tristement vers un ciel nébuleux,

» Et de brouillards glacés couvrent leur cime aride.

» Non loin de Tolosa Charle marchait sans guide,

» Quand des milliers de traits pleuvent sur nos héros (5),

» Lancés par ces brigands qui, tels que leurs chevreaux,

» Sur le bord des torrens, lieux aux lâches propices,

» Franchissent d'un pied leste et rocs et précipices.

　» Les barbares ont fui... Soudain sorti des rangs,

» Seul, osant les poursuivre, un jeune fils des Francs

» Traverse et les rochers, et l'onde, et la bruyère,

» Frappe et revient vainqueur d'une cohorte entière.

» Le prince vole à lui : « — Demande une faveur,

» A l'instant tu l'obtiens. » Le preux répond : « Seigneur,
» Je demande pour grâce au dieu de la fortune,
» De monter le premier à l'assaut de Pamplune (6). »
   » Planant avec orgueil sur de rians vallons,
» Pamplune au jour naissant s'offre à nos bataillons.
» Te peindrai-je, ô mon fils ! nos assauts mémorables !
» Contre les Sarrasins, sous leurs murs formidables,
» Jamais plus de valeur, de soins et de travaux,
» N'illustrèrent aux camps le prince et ses héros.
» Pour transformer leurs tours en informes ruines,
» On vit Charle inventer de nouvelles machines (7) ;
» On vit nos fiers soldats, rivalisant d'ardeur,
» Joindre l'art à la force et la ruse au bonheur ;
» On les vit, évitant la flèche meurtrière,
» Bâtir sous les remparts des murailles de terre ;
» On les vit, orgueilleux, sous cet heureux abri,
» Lancer impunément leurs traits sur l'ennemi ;
» Et se riant entre eux de sa surprise extrême,
» Se construire des forts sous les murs du fort même (8).
   » Chacun d'eux, machiniste, et garde, et terrassier,
» Travaillait en manœuvre, attaquait en guerrier.
» Escaladant les tours, ébranlant les murailles,
» Ils paraissaient régler le destin des batailles ;
» Et Charle était près d'eux, dictant à tous sa loi,
» L'ouvrier, l'inventeur, le soldat et le roi.
   » Les Sarrasins cernés et captifs dans leur ville,

» Déployant contre nous un courage inutile,

» Bientôt de la famine ont ressenti l'horreur.

» Tout leur manque...Cédant au pouvoir du vainqueur

» Ils implorent leur grâce; à nos braves cohortes,

» Eux-mêmes en tremblant viennent ouvrir leurs portes

» Tout le peuple à la mort craint d'être destiné;

» Mais le prince a vaincu.... le prince a pardonné.

   » Par de nouveaux efforts, par de nouveaux miracles,

» Charle, dans l'Arragon, dompte tous les obstacles.

» Vers Sarragosse il marche... (10) O trajet périlleux!

» Un désert infini se prolonge à nos yeux (11).

» Point d'arbres ni d'abri, point de routes battues,

» Rien qu'une lande sèche ou quelques roches nues;

» Et le soleil brûlant darde sur nous ses feux.

» Nous tombons épuisés sur ces champs désastreux.

» — O France! me disais-je, ô patrie enchantée!

» Pour bien t'apprécier il faut t'avoir quittée.

» Favoris du Seigneur, Français, peuples guerriers,

» Cherchez-vous le bonheur? restez dans vos foyers. »

   » Que n'as-tu vu ton prince en ce moment horrible!

» Étranger à la crainte, à ses maux insensible,

» Errant dans les déserts, pendant trois jours entiers,

» Je l'ai vu, ranimant ses braves chevaliers,

» Maître de nos douleurs comme des siennes même,

» Privé de tout secours, mais tel qu'un dieu suprême,

» En ses traits rayonnans de gloire et de beauté,

» Montrer la confiance et la sérénité.

 » Enfin la troisième aube a vu finir nos peines :

» Sarragosse, son fleuve et ses fertiles plaines

» S'offrent à nos regards ; et nos preux délassés,

» Déjà tout à la gloire, ont ri des maux passés.

 » Sous un ciel toujours pur, en de rians bocages (12),

» Sarragosse s'étend sur d'opulens rivages ;

» Nulles tours, nuls châteaux n'en défendent l'accès,

» Sa force est dans son sein : le noble Arragonais,

» Qui, maître de ses chefs, commande au diadème (13),

» Pour garder ses foyers ne veut rien.... que lui-même.

 » Répétant mille assauts sans cesse infructueux,

» Jusque dans Sarragosse à flots tumultueux

» Nous nous précipitons : O valeur renommée !

» Chaque toit est un fort, chaque homme est une armée.

» Dans la ville vingt fois nous portons nos fureurs ;

» Mais les Arragonais, repoussant leurs vainqueurs,

» Nous contraignent vingt fois à rentrer dans la plaine ;

» Il n'est point de succès que leur valeur n'obtienne.

» Dévorés par la soif et par la faim pressés,

» Ils s'enterrent sanglans sous leurs toits renversés ;

» D'affreux monceaux de morts couvrant ces tristes plages,

» De leur ville éperdue encombrent les passages ;

» Et l'oiseau du trépas errant sur ces débris,

» Aux cris du désespoir joint ses funèbres cris.

6

» De sépulcrales voix qu'anime encor la rage
» Élèvent vers le ciel le blasphème et l'outrage ;
» L'œil de Dieu se détourne ; et partout en ces lieux
» L'homme est l'effroi de l'homme, et la terre des cieux. .
   » Mais de tous les fléaux de ce siége effroyable
» L'enfer a réservé le plus épouvantable :
» Un souffle infect s'élève et s'étend dans les airs ;
» N'importe ! sous leurs murs écroulés et déserts,
» Les fiers Arragonais, que la fureur dévore,
» Squelettes ambulans, osent combattre encore (14).
   » O siége de Sagonte ! ô souvenir affreux (15) !
» L'histoire vainement vous rappelle à nos yeux ;
» Vos maux furent moins grands, votre fin fut plus prompt
» Sarragosse aujourd'hui fait oublier Sagonte.

   » Nous triomphons enfin de ce peuple aguerri,
» Mais soldats, femmes, chefs, enfans, tout a péri ;
» En cette vaste tombe, en ce désert immense,
» Quelques spectres errans se glissent en silence
» Et se meuvent sans vivre : hélas ! seul de leurs corps
» Un instinct convulsif fait mouvoir les ressorts.
» Alors sur l'Arragon déplorant sa victoire,
» A réparer ses maux Charle plaça sa gloire,
» Et s'attachant les cœurs de ce peuple indompté,
» S'en fit aimer autant qu'il en fut détesté.

» De toutes parts au loin triompha Charlemagne;
» Ses souveraines lois gouvernèrent l'Espagne (16);
» Du joug de l'infidèle il sauva les chrétiens;
» Ibinal recouvra sa couronne et ses biens (17);
» Et l'homme des destins, le héros de la France,
» Aux Espagnols soumis fit bénir sa puissance. »

FIN DU CHANT V.

6.,

NOTES DU CHANT V.

(1)   Un roi de Sarragosse, un Sarrasin célèbre.

Ibinal, que les uns nomment *Ibinal-Arabi,* d'autres *Sbinal-Arabi,* d'autres enfin *Ibhanabhala* et *Ibalabarry,* était roi de Sarragosse. Chassé de ses États par Abdérame, gouverneur de l'Espagne, qui venait de secouer l'autorité du calife de Babylone, et détrônait tous les princes qui l'avoisinaient, cet Ibinal vint à l'assemblée de Paderborn, solliciter l'appui de Charlemagne le jour même où ce monarque venait de signer un traité glorieux avec les Saxons et les Sarrasins. Plusieurs historiens espagnols assurent que les chrétiens établis en Ibérie, et traités pas les Maures comme de vils esclaves, firent engager vivement Charle à porter ses armes contre les infidèles : les guerres intestines des Maures furent cause en même temps que plusieurs princes d'entre eux recherchèrent la puissance du héros français, et lui promirent de lui livrer quelques places importantes : aussi à peine Ibinal, porteur des promesses des Maures et des prières des chrétiens, eut-il exposé l'objet de sa mission, que Charle l'accueillit avec distinction, se laissa persuader, fit réunir des troupes considérables, et partit pour faire la conquête de l'Espagne l'an 778. (Voy. *Annales* de Zurita, secrétaire de l'Inquisition à Sarragosse.)

(2)   Là, partout la nature offre, en ses jeux bizarres,
          De sublimes horreurs, et des beautés barbares.

J'ai parcouru en tous sens ces montagnes renommées : un poëte serait impardonnable s'il n'allait point visiter ces lieux inspirateurs. L'académicien Dussaulx, parlant des Pyrénées, s'écrie avec enthousiasme : « Auteurs ! quel que soit votre génie, » partez ! partez pour les Pyrénées ! Croyez-en le vieil ami des

» Muses antiques et modernes : pénétrez hardiment jusqu'au
» centre de ces monts pittoresques; allez-y lire quelques-unes
» des plus belles pages de la nature, d'après laquelle tous nos
» livres sont faits : poëtes tragiques, vous n'y manquerez pas de
» Cythéron; des odes, vous en composerez malgré vous sur le
» pic du Midi; des géorgiques, à Campans; des satires, à Ba-
» gnères; des idylles, à Cauterets; des romans, à Saint-Sauveur;
» à Baréges, de plaintives élégies; et partout vous pourrez vous
» livrer aux plus hautes considérations.... Mais si quelqu'un,
» mieux inspiré, avait l'audace de tenter l'épopée, qu'il se hâte
» de parcourir, de voir et de revoir la prophétique vallée de
» Gavarnie, où le passé renaît, où l'avenir se révèle! »

(3) Tendre amante d'Alcide! ô Pyrène! c'est vous!

Silius Italicus, dans sa *Guerre punique,* livre III, écrit que
Pyrène, fille du roi des Bébrices, se fit aimer d'Hercule à son
retour de l'Ibérie, devint son épouse, et donna son nom aux
montagnes voisines. Il est certain qu'on trouve en Espagne plusieurs monumens qui constatent le passage d'Hercule. Séville se
vante d'avoir eu Alcide pour fondateur. Le mariage de Pyrène et
d'Hercule est aussi raconté par Diodore de Sicile (liv. V).

(4) Nos pieds foulent déjà le sol de la Navarre.

Charlemagne traversa les Pyrénées par le pays des Basques; à
son entrée en Espagne, il mit le siége devant Pamplune.

(5) Quand des milliers de traits pleuvent sur nos héros.

Selon les historiens espagnols, ce ne fut point seulement dans
les défilés de Roncevaux que Charle fut surpris; il fut attaqué
long-temps avant dans le pays des Basques, et y perdit, disent-
ils, beaucoup de bagages et de trésors.

(6) Je demande pour grâce, au dieu de la fortune,
De monter le premier à l'assaut de Pamplune.

Qu'on me pardonne d'avoir retracé dans un sujet ancien un trait moderne : ce trait, dont je fus témoin au siége de Tarragone, place forte, emportée d'assaut par le maréchal duc d'Albuféra en 1811, me fit une telle impression, que je n'ai pu résister au désir de le célébrer ; voici le fait en peu de mots.

Non loin de Tarragone s'élevait un fort nommé *le Mont-Olivo* ; ce fort, qui dominait la place et qui passait pour imprenable, avait coûté trois ans de travaux aux Espagnols, et huit millions de francs aux Anglais. Lorsque le général en chef du 3ᵉ corps s'en approcha avec son armée : — « Les fossés du » Mont-Olivo, disaient les Espagnols, enterreront toutes les » troupes de Suchet ; et les fossés de Tarragone, toutes les armées » de Bonaparte. » Vingt jours après cette belle prédiction, le 30 mai 1811, les Français montent à l'assaut du fort et s'en emparent, ainsi que de dix-huit cents prisonniers, de huit drapeaux, et de quarante-cinq pièces de canon.

En cette mémorable journée, le général en chef rencontre un soldat blessé, porté sur un brancard, qui criait : — « Victoire ! » l'Olivo est pris. » Le général s'arrête. — « Mon ami, dit-il au » soldat (qui déjà, par sa valeur, avait mérité la croix de la cou-» ronne de fer), es-tu grièvement blessé ? » — « Non, mon gé-» néral, répond le jeune héros ; mais ce qui me désespère, c'est » de quitter le champ de bataille. » Charmé de cette réponse : — « Que désires-tu, reprend le général en chef, pour récompense » de tes services ? » — « *Monter le premier à l'assaut de Tar-*» *ragone.* »

La réponse de Bianchelli fut mise à l'ordre du jour, et insérée dans les journaux ; elle dut toucher ceux qui l'eurent sous leurs yeux ; mais quelle différence de sensations éprouve celui qui remarque froidement sur le journal une réponse semblable, ou celui qui, sur le champ de bataille, la tête montée par les combats, ivre de la victoire, l'entend de la bouche même du soldat, à la lueur des feux, et au bruit du canon !

Le 30 juin 1811, jour de la prise de Tarragone, le général en chef, sous les murs de la place, venait d'ordonner l'assaut, lorsque, tout à coup, un soldat en grande tenue sort des rangs, et s'avance vers lui; il était vêtu de blanc, et son air avait quelque chose de solennel : le général se rappelle confusément ses traits. — « Je viens, s'écrie le jeune guerrier, réclamer l'exécution de » vos promesses; ordonnez qu'on me laisse monter le premier » sur la brèche. » Saisi d'admiration, le général donne l'ordre désiré. Bianchelli s'élance aussitôt vers les murs, les gravit, électrise ses compagnons par son exemple, passe au milieu des baïonnettes et des feux, et le premier met le pied sur les remparts..... Ce n'est qu'alors que l'infortuné commence à sentir les blessures dont il était criblé; expirant, appuyé sur son sabre, il voit les ombres de la mort s'étendre par degrés sur ses yeux; mais, heureux d'être parvenu à exécuter un des traits les plus héroïques, il tombe sans frémir sur le sol qu'il immortalisait.

Le général en chef sentit vivement cette perte; l'armée entière en gémit; et souvent, en soupirant, sur les remparts de Tarragone, j'examinai, avec un plaisir pénible, la place où tomba un des plus vaillans de nos guerriers.

(7)   On vit Charle inventer de nouvelles machines.

Selon tous les historiens, le siége de Pamplune fut terrible, et Charlemagne y fit usage de nouvelles machines de guerre qu'il avait inventées lui-même.

(8)   Se construire des forts sous les murs du fort même.

Ce fut en Espagne, au fond de la Catalogne et sous les murs de Tarragone assiégée, que je mis la dernière main au sixième chant de mon poëme. Là, non loin du quartier-général, au bruit des bombes et des boulets, les yeux fixés sur les tranchées ouvertes par nos troupes, et sur les forts assiégés, je crayonnais les siéges d'Éresbour, de Pamplune, et de Sarragosse. Observant les ennemis, écoutant la musique guerrière, voyant passer les mourans sur des brancards, entendant, d'un côté, les chants de la victoire, de l'autre, les cris de la mort, combien de tableaux s'offraient

à mon pinceau! et que de réflexions j'avais à faire sur les
brillantes horreurs de la guerre! Aussi suis-je bien persuadé
que, s'il se trouve quelques beautés dans les descriptions de mes
siéges et de mes combats, je les dois à l'avantage que j'ai eu
d'assister à l'un des plus fameux et en même temps des plus
horribles siéges de notre histoire moderne.

(9)   Eux-mêmes en tremblant viennent ouvrir leurs portes.

Pamplune se rendit à discrétion ; Charle pardonna aux habitans : mais il les assujettit à lui payer un tribut annuel.
Bientôt après, le monarque ayant quitté Pamplune, cette capitale
fut prise et reprise, tantôt par les Maures, tantôt par les Chrétiens. Charle y repassa en retournant en France, fit démanteler
la ville, et fit raser les fortifications. (Voy. *Annales* de ZURITA.)

(10)   Vers Sarragosse il marche......

Charle soumit tout l'Arragon : le roi d'Huesca, principale
ville de cette contrée, lui envoya les clefs de sa capitale. (Voy.
les Auteurs déjà cités.)

(11)   Un désert infini se prolonge à nos yeux.

Il n'y a que ceux qui ont voyagé en Arragon, de Jaca à Sarragosse, qui peuvent se figurer les rocs épouvantables, les
landes arides, dont les yeux cherchent en vain la fin, et que
traverse la grande route. Il semble qu'on ait exprès tracé le
chemin dans les déserts, pour effrayer et dégoûter les voyageurs ; car, à droite et à gauche, à certaine distance, on trouve
des situations charmantes, des hameaux fertiles, des plaines
riches, et des fontaines limpides. Sans doute, du temps de Charle,
les déserts que je viens de décrire étaient bien plus arides encore.

(12)   Sous un ciel toujours pur, en de rians bocages,
        Sarragosse s'étend sur d'opulens rivages.

Sarragosse, située sur les bords de l'Èbre, dans une plaine couverte d'oliviers, est remarquable par sa position. Avant que la guerre entreprise par Napoléon eût ravagé cette ville, Sarragosse était un séjour délicieux : elle n'est ni ne fut jamais bien fortifiée : sa position n'est pas militaire ; et cependant quelle place s'est jamais défendue avec plus d'opiniâtreté ! On connaît les détails des siéges qu'elle a soutenus.

(13)   . . . . Le noble Arragonais,
        Qui, maître de ses chefs, commande au diadème.

On connaît le fameux serment que faisaient les Arragonais à leur monarque : — « Nous autres, qui sommes autant que vous,
» et qui pouvons plus que vous, vous faisons notre roi, à con-
» dition que vous n'enfreindrez point nos priviléges ; sinon, non. »

(14)   Les fiers Arragonais, que la fureur dévore,
        Squelettes ambulans, osent combattre encore.

J'avouerai qu'en traçant cette horrible peinture, je me rappelais le dernier siége de Sarragosse, et peignais en même temps l'ancien et le modc.ne. Il faut, sur les ruines encore fumantes de Sarragosse, entendre raconter aux habitans les détails de leur célèbre résistance, pour s'en faire une idée un peu ressemblante.

(15)   O siége de Sagonte ! ô souvenir affreux !

Les Sagontins, assiégés par Annibal, et réduits à la dernière extrémité, allumèrent un grand bûcher sur la place, et s'y précipitèrent avec tout ce qu'ils avaient de précieux ; de sorte qu'Annibal, entrant triomphant dans la ville, ne trouva, au lieu d'habitans et de trésors, qu'un horrible monceau de cendres et de charbons.

(16)   Ses souveraines lois gouvernèrent l'Espagne.

Voici à ce sujet un petit narré tiré des meilleurs auteurs espagnols, tels que Mariana, Zurita, Anonio, et autres.

Il paraît certain que Charlemagne ne s'avança en Espagne que jusqu'à l'Èbre ; ce fut son fils Louis qui conquit la Catalogne au nom de son père : il partit à cet effet de Toulouse, vers l'an 800, passa par Perpignan, s'empara de Gironne, et se rendit maître de Barcelone, où il établit un roi. Étant retourné en France deux ans après, Louis apprit que le roi maure s'était révolté ; il repassa de suite les Pyrénées, divisa son armée en trois corps, dont l'un fut commandé par Rostagno, comte de Gironne, et marcha contre Barcelone. Cette ville se défendit courageusement ; le siége dura tout l'hiver ; la famine s'y manifesta, et les habitans ne capitulèrent qu'à la dernière extrémité.

Après cette victoire, l'été suivant, Louis marcha sur Tortose, s'en empara, ainsi que de Lérida, et bientôt après fit le siége de Tarragone, capitale de ces contrées. Isambard, Hademar et Bozon, l'accompagnèrent dans ces expéditions. Tarragone finit par se rendre, ce qui termina la conquête de la Catalogne par Louis, qui en remit le commandement à un de ses meilleurs capitaines, nommé Vigibert, après avoir envoyé les clefs des principales places fortes à son père.

Louis établit en Catalogne neuf comtes, neuf barons, et fonda des cathédrales à Tarragone (ce fut la principale), à Barcelone, à Vich, à Urgel, et à Gironne ; il mourut à son retour en France.

Tels sont les faits principaux que j'ai pu recueillir du fatras de contes ridicules dont les historiens d'Espagne ont brodé la vie de Charlemagne. Toujours cherchant à relever leur pays, et à rabaisser la gloire du héros français, ils ne cessent d'outrager la vérité avec une effronterie sans exemple. Je citerai le passage suivant, tiré du jésuite Juan de Mariana, auteur assez estimé : — « Charlemagne, voulant réunir l'Espagne à la » France, et y faire couronner roi son petit-fils Bernard, les » grands du royaume se révoltèrent, et refusèrent de se sou- » mettre aux volontés de l'empereur. Bientôt les habitans de » la Navarre, de la Biscaye, des Asturies, de l'Arragon, etc., » s'étant réunis en corps d'armée, jurèrent de mourir plutôt » que de plier sous un joug étranger : ce fut alors qu'eut lieu

» la fameuse bataille de Roncevaux, où Charlemagne, complè-
» tement battu, perdit tous ses trésors, et la fleur de son armée :
» l'empereur ne survécut pas long-temps à cette disgrâce, et en
» mourut de chagrin à Aquisgran en 813. »

Zurita, autre historien espagnol , ajoute : — « La destruction
» de l'armée française fut entière ; et des monceaux de cadavres
» comblèrent les précipices de Roncevaux , près 'la Chapelle
» du Saint-Esprit. » Qu'on juge, après cette lecture, de la
véracité des historiens espagnols ! Je crois impossible de déna-
turer des faits glorieux avec plus d'impudence et d'orgueil.

(17)   Ibinal recouvra sa couronne et ses biens.

Charlemagne rétablit Ibinal sur le trône, le couronna roi de
Sarragosse, et lui rendit tout le territoire qu'un usurpateur lui
avait enlevé.

FIN DES NOTES DU CHANT V.

CHANT VI.

AMOUR! fatal Amour! dieu trop cher aux mortels,
Que tes plaisirs sont doux! que tes maux sont cruels!
Heureux qui sous tes lois n'a connu que tes charmes!
Roi des Ris et des Jeux, tu l'es aussi des larmes.
Tes bienfaits sont souvent de noires trahisons;
Tes guirlandes, des fers; tes philtres, des poisons.
Amour! qui ne connaît tes forfaits et tes peines!
En pliant sous ton joug qui n'a maudit tes chaînes!
On t'aime, on te déteste; on cherche, on fuit ta loi;
Et malgré tous les maux qui marchent après toi,
Souvent l'heureux mortel que tu n'as pu soumettre
Gémit secrètement de ne point te connaître.

Occupé malgré lui d'un souvenir trop doux,
Charle voyait sans cesse Ulnare à ses genoux:
Tout rappelle à son cœur sa druide chérie;
Mais le ciel a parlé, le ciel veut qu'il la fuie;
Il la laisse en ses bois, sans appui, sans secours;
Et cependant Ulnare a conservé ses jours.

Pour la sixième fois avait brillé l'aurore;

Contre un funeste amour le roi luttait encore.

Il a juré de fuir la vierge des forêts ;

Mais laissant reposer les bataillons français,

Charle ne peut encor voler à la victoire,

Et, quand règne la paix, l'amour endort la gloire.

Sans cesse un dieu perfide à son cœur combattu

Semble adresser ces mots : « — Insensé ! que fais-tu ?

» Pourquoi craindre l'amour ? ton Ulnare est païenne ;

» Mais non : toute âme pure est une âme chrétienne.

» Va, les cultes divers, pour tout sage mortel,

» Sont différens sentiers qui mènent tous au ciel :

» Ce ne sont point les lois que l'Église proclame,

» C'est la seule vertu qui peut sauver une âme ;

» Quels que soient des humains la croyance et les dieux,

» L'homme juste est toujours le favori des cieux.

» Charle ! d'Ulnare à toi rapproche la distance ;

» Les grâces, la beauté, valent bien la naissance.

» Eh ! qu'importe le rang ! amour, charmes, vertus,

» Tout en elle est divin, que te faut-il de plus !

» Préfères-tu des rois les filles arrogantes ?

» Que d'époux ont gémi sous leurs chaînes pesantes !

» De leur hymen souvent les chagrins sont le fruit ;

» L'orgueil le commanda, l'infortune le suit.

» Du ciel crains-tu le blâme ? Éclaire ton Ulnare.

» Quelque jour, arrachant le bandeau qui l'égare,

» Tu changeras sa foi, tu briseras son vœu,

» Et ta flamme elle-même aura servi ton dieu. »

Charle résiste encor, mais de son cœur sensible

Le dieu va triompher. — « Oublie, homme inflexible,

» Tes sermens, ta tendresse, Ulnare et ses vertus;

» Peut-être déjà même elle n'existe plus. »

Mots affreux! ainsi donc le héros de la France,

Promettant son retour, a trompé l'innocence.

Lui perfide et parjure!... Ah! c'en est trop! son cœur

Obéit à l'amour, croyant suivre l'honneur;

Ce n'est plus la raison dont la voix le gouverne;

Et, plus prompt que les vents, il vole à la caverne.

Et la nuit et le jour pleurant son inconnu,

La vierge des forêts croyait l'avoir perdu;

Il entre sous la grotte.... O joie! ô douce ivresse!

« —C'est lui! je te revois!... ingrat!... dit la prêtresse:

» O combien ton absence a déchiré mon cœur!

» Mes jours sont, loin de toi, des siècles de douleur;

» D'effroi, de désespoir mon âme était saisie;

» Ah! cruel, me quitter, c'est emporter ma vie. »

A ces mots, chancelante, elle tombe en ses bras;

Le monarque troublé soutient ses faibles pas,

Et par degrés cédant à l'ardeur qui le presse,

Laisse échapper enfin quelques mots de tendresse;

La druide aussitôt sent calmer ses tourmens,

Un sourire enchanteur brille en ses yeux charmans,

Et des plis de son voile essuyant quelques larmes,
Ulnare a prononcé ce discours plein de charmes :
» — Regarde ! ô de l'olympe habitant immortel !
» Ici déjà mes mains ont construit ton autel ;
» Toute à toi, que ne puis-je, inconnue à la terre,
» Confondre dans toi seul mon existence entière !
» D'un dieu se voir aimée ! et d'un dieu tel que toi !
» C'est le bonheur suprême... il est trop grand pour moi.
» Que dis-je !... Jupiter sur ce globe naguère
» Aima plusieurs beautés peu dignes de lui plaire,
» Pourquoi n'aurais-je pas, sous mon roc isolé,
» L'heureux sort de Léda, d'Io, de Sémélé !
» Que m'importe qu'ensuite on m'arrache la vie !
» Du moins quelques instans j'aurais été chérie ;
» Ingrat ! tu me verrais, pour ces instans trop courts,
» Céder avec transport le reste de mes jours. »
    A ces mots Charle oublie et promesses et peines ;
Le feu des voluptés circule dans ses veines ;
Freya sourit.... Freya, déesse des plaisirs,
En son sein a soufflé l'ivresse des désirs.
Dieu ! quel air embaumé !... quel amoureux silence !...
Ulnare adore Charle.... elle est en sa puissance...
Un faible demi-jour rassure la pudeur,
Il presse entre ses bras l'idole de son cœur,
Il ne se connaît plus.... quand soudain de son père
Reparaît devant lui l'ombre pâle et sévère :

Se rappelant du ciel les arrêts accablans,
Charle fuit effrayé de ses désirs brûlans....
Mais l'autel qu'à l'amour éleva la druide
A ses regards encore offre un charme perfide.
Son désordre s'accroît.... d'un pas mal assuré,
Craignant tout de lui-même, et l'esprit égaré,
A la hâte il s'éloigne et parcourt la caverne ;
Son cœur il le contient, ses sens il les gouverne.
Il revient, veut parler ; des mots sans liaison
S'échappent de sa bouche et n'offrent qu'un vain son...
    De ce délire étrange Ulnare consternée
Veut en vain le comprendre et l'écoute étonnée,
Quand vers elle il s'avance, et le regard en feu,
« — Ulnare ! lui dit-il, sensible Ulnare ! adieu !
» Cet antre est dangereux.... Ange de l'innocence !
» Oui, je vous aime assez pour fuir votre présence.
» Charle n'est point un dieu, Charle n'est qu'un Français.
» Si je vous aimais moins, ici je resterais.
» Ulnare ! à cet autel, sur mon sort attendrie,
» Vous creusiez votre tombe en conservant ma vie. »
Il dit, et dévoré du plus cuisant regret,
Il a déjà quitté la grotte et la forêt.

    Mais Freya qui le suit, offre à ses yeux sans cesse
D'Ulnare entre ses bras l'image enchanteresse,
Nomme vains préjugés ses principes d'honneur,

Ébranle son esprit et subjugue son cœur.
Se laissant entraîner par l'esprit qui l'égare ,
Il revient malgré lui vers la grotte d'Ulnare ;
Mais au moment d'entrer en ce fatal séjour,
Par un dernier effort il lutte avec l'amour.
　« — C'en est donc fait, dit-il, je vais revoir Ulnare,
　» Quand son culte, mon rang, le ciel, tout nous sépare.
　» Insensé que je suis ! vais-je en vil corrupteur,
　» Lui portant le trépas après le déshonneur,
　» Abuser sa jeunesse et flétrir l'innocence !
　» Non, c'est trop à l'amour livrer mon existence ;
　» Abri qui me sauvas, mais qui m'ôtas la paix,
　» Forêts, gazons, rochers, grotte, adieu pour jamais ! »
　　Il dit, et l'œil fixé sur l'antre solitaire,
Le héros s'aperçoit que l'arbre funéraire,
Le triste et noir cyprès seul l'entoure.... il frémit.
A pas précipités au fond des bois il fuit,
Quand soudain sur un tertre, à l'endroit le plus sombre,
D'Ulnare agenouillée il croit entrevoir l'ombre ;
De sa blanche tunique au loin les plis fuyans
Traversent le feuillage et flottent ondoyans ;
Il approche, il écoute.... un poids cruel l'oppresse :
Charle à ces doux accens reconnaît la prêtresse.
　« — Avant de m'accabler de haine et de mépris,
　» O Diane ! Diane ! écoute encor mes cris !
　» En Charle je crus voir un des dieux que j'honore,

7

» Si j'en croyais mon cœur, hélas! il l'est encore.

» Irrésistible charme!... invincible ascendant!...

» Ce n'est plus un amour, c'est un délire ardent.

» Déjà je l'adorais avant de le connaître;

» Oui, lorsqu'ici jadis l'aurore allait paraître,

» Ou quand l'astre du jour s'enfonçait sous les mers,

» Seule, errante en ces bois, près des torrens déserts,

» Malgré moi, sans motif, je répandais des larmes;

» Un objet idéal, inconnu, plein de charmes,

» M'apparaissait alors, et mon cœur l'appelant,

» Gros de soupirs, vers lui s'élançait en tremblant.

» En mes vagues désirs, en mon délire extrême,

» Confuse et ne pouvant me comprendre moi-même,

» Mon but, je le cherchais; le ciel, je l'invoquai;

» Tout à coup je vis Charle.... et tout fut expliqué.

    » Ma vie est plus en lui qu'elle n'est en moi-même;

» Oui, son temple est mon cœur, ses vœux ma loi suprème

» Sur ma foi chancelante il l'emporte en ce jour;

» Diane, à tes autels j'ose encenser l'Amour;

» Si je veux t'invoquer, c'est Charle que j'implore :

» Si je tombe à tes pieds, c'est Charle que j'adore.

» Tu nous as séparés, je déteste ta loi,

» Culte, dieux, univers, lui seul est tout pour moi.

» Ai-je assez blasphémé!... tonne enfin sur ma tête!

» Ma force s'affaiblit, mon supplice s'apprête;

» Pour moi les cieux sans lui sont des gouffres ouverts,

« » Mais l'enfer est un ciel si Charle est aux enfers. »

Elle dit, et sa voix par degrés s'est éteinte,

L'excès de la douleur a fait cesser la plainte :

Les roses de son teint se couvrent de pâleur ;

Ses yeux sont obscurcis d'une sombre vapeur ;

Comme l'oiseau percé d'une flèche sanglante,

Au pied d'un chêne antique elle tombe mourante.

Charle s'élance... Ulnare entr'ouvrant ses beaux yeux,

Se retrouve en ses bras. — « Toi ! dans ces tristes lieux !

» Dit la vierge tremblante ; et tu viens de m'entendre !...

» Va, mon cœur t'est connu, rien n'a dû te surprendre ;

» Ma force se ranime à ton aspect chéri,

» Tous mes maux sont passés, je te vois attendri ;

» Né dans un rang obscur ou ceint du diadème,

» Homme ou dieu, de mes jours sois l'arbitre suprême !

» Ne me dédaigne point.... Charle ! digne de toi,

» Je puis t'offrir un trône... en doutes-tu ? suis-moi. »

Au milieu des forêts, au pied des rocs sauvages,

Sur le bord d'un torrent creusé par les orages,

Elle entraîne à ces mots l'auguste chef des preux.

Un vieux temple en ruine alors frappe ses yeux.

Jetés comme au hasard, voûtes presque magiques,

Quelques arcs suspendus sur quelques rocs antiques,

De leur base minée osent à découvert

S'élever vers les cieux et parer le désert.

7..

Le sifflement poussé par le vent des orages
Là semble un cri des temps parti des premiers âges.
Contemplant, étonné, ces débris orgueilleux,
Charle au fond du palais erre silencieux.
Sur la pointe d'un roc, sous un dôme gothique,
Devant lui tout à coup s'offre un trophée antique
Où brille suspendu le glaive des héros.
« — Charle! vois-tu ce dôme et ces arcs triomphaux?
» S'écrie Ulnare, eh bien! maître de ce rivage,
» Ici des rois du Nord César reçut l'hommage (1)!
» Ici fut adoré ce nouveau Jupiter!
» Ici, vainqueur du monde, il suspendit son fer! »
Elle dit, mais déjà vers l'armure romaine
Précipitant ses pas, Charle l'écoute à peine.
« — Ton cœur bat à l'aspect du glaive des Césars,
» Ajoute la prêtresse; ô favori de Mars!
» Sous ce faisceau guerrier, caractères magiques,
» Vois ces signes tracés, ces lettres druidiques :
» Ici, *Volla* nouvelle, à la face des dieux (2)
» Je puis t'en dévoiler le sens mystérieux;
» Ainsi parle l'oracle.... écoute son langage :
» *Des Césars à ce sceptre est lié l'héritage :*
» *La pourpre impériale est au guerrier français*
» *Qui digne de ce fer, et né pour les succès,*
» *Le recevra des mains d'une vierge druide.* »
Puis sur le chef des preux levant un œil timide :

« — Il est à toi ce fer... prends! *Joyeuse** est son nom,

» La gloire te le livre et l'amour t'en fait don. »

O combien du héros la grande âme est émue!

Remarquant sa surprise, Ulnare continue :

« Mon pouvoir, je le vois, te paraît merveilleux.

» Ouvre des temps passés le livre glorieux,

» Charle, qu'y verras-tu? les prêtresses de Saine

» Disposant à leur gré de la pourpre romaine (3) ;

» La Gauloise inspirée, en ses antres déserts,

» Dictant sa loi suprême aux rois de l'univers;

» Et la vierge sacrée arbitre de la gloire,

» Contemplant à ses pieds les fils de la Victoire.

» Charle, ma serpe d'or est celle de *Skada* ** ;

» Sur ces bords je naquis du sang des Velleda (4) ;

» Comme elles, dans les bois, au *dolmin**** de l'Eubage(5),

» J'enlaçai sur mon front la verveine au sélage **** ;

» Comme elles je m'enfonce au sein de l'avenir.

» Vois-tu ce fer sacré que j'ose ici t'offrir?

» Eh bien! seconde Ulnare, une vierge inspirée*****

» Un jour, au camp français, de ce glaive parée (6),

---

* *Voyez* sur Joyeuse, cette épée de Charle si renommée, la *Chronique* attribuée à l'archevêque Turpin, et la note 6 de ce chant.

** Fameuse prophétesse du Nord. Elle était fille (dit l'*Edda*) du géant Thiasse, et elle épousa Nior, le dieu des vents. (*Voy.* la note 7 du chant X.)

*** *Dolmin* ou autel druidique. On en voit un très bien conservé entre Chaumont et Gisors (Oise), dans *le bois des Dames*; de pareils monumens se trouvent encore dans plusieurs de nos provinces du Nord.

**** Voyez sur le sélage, plante célèbre, PLINE, *Hist.* ,lib. 24, cap. xi.

***** Jeanne d'Arc. *Voyez* la note du chant.

» Doit vaincre pour un Charle et sauver ton pays.
   » Noble Franc! des Brennus heureux et digne fils!
» Tu ne peux l'ignorer, l'antiquité l'atteste,
» Toute vierge du nord eut quelque don céleste (7).
» Entends donc, ô guerrier! ma prophétique voix :
» *Vingt peuples prosternés se rangent sous tes lois....*
» *Sur ton front resplendit l'immortelle auréole....*
» *César! Rome t'appelle aux murs du Capitole!* »

Elle dit; du torrent le murmure orageux
Accompagnait sa voix sous les arcs ténébreux;
Le vent du soir mugit, au loin la foudre tonne;
O fille des destins, quel pouvoir t'environne!
Le torrent, les déserts, et la foudre et les vents
Prêtent leur harmonie à tes divins accens.

Ulnare s'interrompt.... l'amante prophétesse
Remet le glaive auguste au héros de Lutèce.
« — Charle, a-t-elle repris, par ce présent guerrier,
» Quand j'attache à ton sort celui du monde entier,
» Qu'à tes destins de même un nœud sacré m'unisse;
» Pour veiller sur ta vie, égide protectrice,
» J'armerai jusqu'au ciel qui me créa pour toi;
» Te plaire est mon seul but, t'aimer ma seule loi.
» Diane, je me ris de ta fureur jalouse.
» Soldat français, réponds; me veux-tu pour épouse? »

A ces mots vers les cieux elle a levé la main ;
Elle semble prêter le serment de l'hymen
Au temple de la gloire.... Inutile espérance !
Charle a baissé les yeux et garde le silence.
En vain l'amour supplie.... à son touchant accent
Seul l'orage lointain répond en mugissant.

  « — Ton silence a parlé... je t'entends, dit Ulnare :
» Ton cœur n'est point à moi.... ton culte nous sépare.
» C'en est fait !... entre nous, ingrat, plus d'entretien !
» En suivant ton devoir tu m'as dicté le mien ;
» Était-ce donc à toi, cruel ! à me l'apprendre !
  » Mon destin est fixé.... toujours fidèle et tendre,
» Je me voue aux tourmens que j'ai déjà soufferts ;
» Tu connaîtras un jour quelle amante tu perds.
» Protectrice invisible et puissance inconnue,
» Attachée à tes pas, mais cachée à ta vue,
» Désormais en tous lieux, du sort réglant la loi,
» Je me jette invincible entre la mort et toi.
» Phare mystérieux, vierge surnaturelle,
» Plus tu seras ingrat, plus je serai fidèle ;
» Adieu, rappelle-toi qu'évitant ton regard,
» Je vais être pour toi, PARTOUT ET NULLE PART (8). »

Sous l'arc impérial, d'attraits éblouissante,
Du milieu des éclairs ressortant rayonnante,
Image aérienne, ou génie immortel,

La prêtresse à ces mots semble en fille du ciel,
Du char de la tempête apparaître à la terre ;
Ses yeux lancent au loin des rayons de lumière :
Jamais autant d'éclat n'orna tant de beauté ;
Le rocher de César est son trône enchanté.

Charle ! eh quoi, ton Ulnare, amante magnanime,
Pour toi seul au malheur se dévoue en victime !
Ah, c'en est trop !... le ciel blâma tes premiers vœux,
Mais ne défendit point un hymen généreux.
Pour la première fois Charle à ses pieds se jette.
Plus d'obstacle, il s'écrie : « Enchanteresse ! arrête !
» L'amour a triomphé, je te suis à l'autel. »
    Mais sur un char d'azur Freya descend du ciel :
Seule Ulnare la voit, et seule peut l'entendre.
« — Diane rompt tes vœux, dit-elle : âme trop tendre !
» Je te permets l'hymen, je te rends au bonheur ;
» Mais il faut à mon culte enchaîner ton vainqueur. »
    Tout disparaît.... Ulnare et pâlit et chancelle ;
Le roi veut l'entraîner... « — Il est trop tard, dit-elle :
» Diane à mes regards s'est offerte à l'instant,
» Écoute son discours : *Le bonheur vous attend,*
» *Je romps un vœu sacré, permets un nœud profane ;*
» *Mais que Charle se voue au culte de Diane.*
    » Notre sort maintenant ne dépend que de toi,
» Aux volontés du ciel cède.... ou renonce à moi ;

» Tu frémis.... je t'entends. Adieu donc! si ton âme
» Désire à mes autels prouver un jour sa flamme,
» Si ton cœur vers Ulnare est jamais attiré,
» *Jette cet anneau d'or, et je t'apparaîtrai* (9). »

A ces mots elle a fui. Sous les arches antiques
Ne retentissent plus ses accens prophétiques.
Charle en vain veut la suivre, il se perd dans les bois,
Vainement il l'appelle.... elle est sourde à sa voix.
Sa tunique ondoyante, au pied d'un roc sauvage
A disparu dans l'ombre et sous l'épais feuillage;
Seul, au bord du torrent il s'arrête égaré;
Sur la bague magique et le glaive sacré
Ses regards douloureux s'attachent en silence....
Mais déjà de la nuit s'étend le voile immense.
« — *Charle! jette l'anneau, ton Ulnare est à toi.* »
Dangereuse pensée! il fuit, saisi d'effroi;
Qu'aperçoit-il? la grotte où vécut son amante;
Mais là tout est désert, là sa douleur augmente:
Perdant Ulnare, hélas! se peut-il que son cœur
N'ait que le choix du crime ou le choix du malheur!

FIN DU CHANT VI.

NOTES DU CHANT VI.

(1)   Ici des rois du Nord César reçut l'hommage.

Ce fut l'an 55 avant Jésus-Christ que César passa le Rhin pour la première fois, et s'enfonça dans la Germanie. Il avait alors parmi ses troupes les mêmes Gaulois qu'il avait vaincus précédemment, et qu'il croyait pouvoir employer à étendre ses conquêtes dans le Nord. Les Germains, à l'approche de César, s'enfuirent précipitamment au fond de leurs forêts les plus reculées : et César revint triomphant dans les Gaules. (Voy. ANQUETIL, t. I., page 71. *Histoire de France.*) Deux ans après, César retourne encore en Germanie, et y porte au loin la gloire de ses armes. Il est présumable que, du temps de Charlemagne, il existait encore au delà du Rhin quelques-uns de ces arcs de triomphe, que l'admiration ou la crainte élevèrent là, comme partout ailleurs, sur le passage du conquérant des Gaules.

(2)   Ici, Volla nouvelle, à la face des dieux.

Volla ou Vola, célèbre prophétesse du Nord : cette sibylle antique joua un grand rôle ; c'est elle qui composa le fameux hymne scandinave connu sous le nom de la *Voluspa*, nom qui signifie l'*Oracle* ou la *Prophétie* de Volla. (Voyez sur ce poëme sacré des Scandinaves, la note 11 du chant X.)

(3)   . . . . Les prêtresses de Saine
        Disposant à leur gré de la pourpre romaine.

Trois autorités ont parlé de cette fameuse île de Saine : STRABON, liv. IV; DENYS-LE-VOYAGEUR, v. 570, et POMPONIUS MÉLA. Cette île était située sur les côtes de la Bretagne. Un auteur moderne en parle en ces termes :

« Pomponius Méla rapporte que des Gauloises se consacraient
» dans l'île de Saine au culte d'une déité celtique : ces prêtresses
» faisaient vœu de virginité, comme les vestales ; elles étaient
» animées d'un esprit prophétique, comme les Pythies, et prépa-
» raient des philtres magiques, comme les Médée, les Péri-
» mède et les Circé. Leur nombre était celui des Muses. Elles
» prédisaient l'avenir, le front couronné de verveine et de sélage,
» cueillis au sixième jour de la lune : des ceintures d'or pressaient
» les blanches tuniques de ces jeunes prophétesses, que l'on a
» comparées aux dryades et aux nymphes du paganisme. On
» croyait qu'elles pouvaient soulever et calmer les flots, guérir
» les maladies incurables, et hâter le printemps par des chants
» mystérieux : ce sont elles qui annoncèrent un trône à Auré-
» lien, et une défaite à Alexandre-Sévère. »

(4)   Sur ces bords je naquis du sang des Velleda.

L'antiquité parle de plusieurs prophétesses qui portèrent le
nom de Velleda : la plus célèbre est celle dont Tacite fait mention, et qui vécut du temps de Vespasien, en l'an 69 de l'ère
chrétienne. Elle résidait chez les Bructères, et cette prophétesse, qui passait pour fée, prédit les grands évènemens de son
temps : fameuse chez les Germains, elle fut conduite à Rome.
Cette Velleda était entrée dans la révolte de Civilis : à cette
époque elle habitait une haute tour chez les Bataves : on ne la
voyait presque jamais : elle faisait transmettre ses oracles : elle était
plus que reine, on la regardait comme une sorte de divinité.

(5)   . . . . Au dolmin de l'Eubage.

Il est inutile d'entretenir le lecteur de ces fameuses faucilles
d'or, qui servaient à couper le gui sacré : qui n'en a lu la description ? Parmi les druides, on distinguait les Bardes, les Va-
cerres et les Eubages : ces derniers étaient leurs devins. Selon
Ammien-Marcellin et Strabon, les Eubages étaient ceux qui,
chargés d'étudier la nature, et de découvrir ses secrets, tiraient

des augures des victimes : on croit que ce sont eux que Diodore
de Sicile désigne sous le nom de Saronides.

Le langage extraordinaire d'Ulnare, qui tantôt parle en prêtresse grecque, tantôt en prophétesse gauloise, s'expliquera par
la suite.

(6)   . . . . Une vierge inspirée,
           Un jour, au camp français, de ce glaive parée.

Quelques auteurs ont prétendu que l'épée de Jeanne d'Arc,
trouvée si mystérieusement derrière un autel dans l'église de
Sainte-Catherine de Fierbois, n'était autre que la célèbre
Joyeuse, l'épée de Charlemagne : ce fait peut ne point être au-
thentique; mais il est du moins très poétique, et cela doit me
suffire.

L'épée de Charlemagne, toujours appelée à de hautes destinées, était présentée deux fois au souverain lors du sacre de
nos rois, à Reims; le connétable, debout près du monarque, la
tenait la pointe levée pendant toute la cérémonie du couronnement, ainsi qu'au festin royal. A cette auguste solennité figu-
raient, à la fois, le sceptre, l'anneau, le glaive et la couronne
de Charlemagne : sur le sceptre, qui était d'or émaillé, garni
de perles orientales, et qui pouvait avoir six pieds de haut, Charlemagne était représenté en relief, le globe en main, assis sur
une chaire ornée de deux lions et de deux aigles. Parmi les
oraisons prononcées par l'archevêque, au sacre de chaque roi de
France, celle-ci est remarquable : « *Qu'il n'abandonne point*
» *ses droits sur les royaumes des Saxons, des Merciens, des*
» *peuples du Nord et des Cimbres !* » Par le pays des Cimbres,
on entendait l'Angleterre. (Voyez *Correspondance secrète de la
cour de Louis XVI.*)

(7)   Toute vierge du Nord eut quelque don céleste.

Je ne répéterai point ce que j'ai déjà dit dans ma Préface sur
les vierges du Nord, divinisées par nos aïeux: Tacite, Pompo-

ri nius Méla, et autres, se sont tous accordés sur les filles gauloises,
1 oracles de leur patrie, sur leur puissance presque céleste, et sur
le respect qu'elles inspiraient. L'antiquité parle toujours d'elles
y avec une admiration qui persuaderait presque qu'elles eurent en
1 effet quelque chose de divin. — « Adorez les femmes! s'écrie le
» fameux Odin, dans son *Hamavaal*; regardez-les comme des
» divinités visibles, et comme les images et les oracles des divi-
» nités invisibles : que leur amour soit le prix des belles actions,
» et leur indifférence le prix des mauvaises! »

(8)   Je vais être pour toi, PARTOUT ET NULLE PART.

Ulnarc, à laquelle se rattachent tant d'évènemens et de faits
historiques, n'est point, ainsi que je crois l'avoir déjà dit, un
être entièrement imaginaire : une vieille chronique étrangère
rapporte :

« Que Charlemagne, combattant en Germanie, fut aimé avec
» passion par une jeune prophétesse druide; que cette vierge des
» forêts lui facilita, par sa puissance magique et ses avis, la con-
» quête de la Saxe, et lui rendit d'éminens services. »

(9)   Jette cet anneau d'or, et je t'apparaîtrai.

Parlant des prophétesses gauloises, M. de Marchangy dit,
dans sa *Gaule poétique* : « Elles étaient armées de la baguette
» des nécromans, de *l'anneau merveilleux*, de la coupe aux
» philtres magiques, etc. »

Pétrarque, dans ses *Lettres familières*, et Pasquier, dans
ses *Recherches de la France*, parlent longuement d'un anneau
d'or enchanté que Charle reçut d'une de ses maîtresses, qui
était *fée*.

FIN DES NOTES DU CHANT VI.

CHANT VII.

De l'infâme Freya l'espérance est détruite,
Charle est resté chrétien, Ulnare a pris la fuite.
Irmensul, qu'a trompé la vierge des déserts,
Contre les deux amans déchaîne les enfers.

Cependant les Français, par ordre de leur prince,
Ont quitté d'Éresbour la sauvage province;
Hélas! au milieu d'eux, Charle, triste et distrait,
De Freya lentement traversant la forêt,
Songe à l'être adoré dont le ciel le sépare;
Sur ses lèvres encore erre le nom d'Ulnare.
L'image des combats, le feu de la valeur,
Du monarque bientôt raniment le grand cœur;
Le souvenir d'Ulnare en son âme sensible
S'affaiblit lentement comme un rêve pénible;
Seulement quelquefois en nommant Éresbour
Un soupir échappé décèle encor l'amour;
Ainsi sur l'horizon qu'un azur vert colore,
Quand l'orage a cessé, l'onde frémit encore.

Jusqu'aux bords du Veser Charle a conduit ses preux;

Là le camp des Saxons se déploie à ses yeux.

Au redoutable aspect des guerriers de la France,

Animé par la haine, armé par la vengeance,

Vitikin, furieux, se prépare aux combats.

« — Peuples du Nord ! dit-il à ses vaillans soldats,

» Déjà sur l'autre rive, en des flots de poussière,

» Brille au loin des Français la flottante bannière ;

» Ces tyrans de l'Europe, à travers les forêts,

» Les fleuves, les torrens, les monts et les marais,

» Fondant sur nous encore en agresseurs sauvages,

» De leurs flots conquérans inondent nos rivages.

» Trop long-temps leur présence a souillé nos climats ;

» Chassons-les, dispersés, jusque dans leurs états.

» Du Veser à Paris oubliant la distance,

» Vengeurs des nations portons la guerre en France ;

» Et que le peuple altier qui crut tout asservir,

» Souffre enfin à son tour ce qu'il nous fit souffrir.

» Pour braver un tyran, pour rabaisser sa gloire,

» A nos yeux la mort même est encor la victoire.

» Des fiers chrétiens ici les tombeaux s'ouvriront,

» Nous armons pour nos dieux, nos dieux nous soutiendront.

» Sois le rempart du Nord, ô liberté chérie !

» Qu'à ta sublime voix s'éveille la patrie !

» Que nos faits merveilleux étonnent l'avenir !

» Chefs ! attaquer c'est vaincre, attendre en paix c'est fuir.

» Cette nuit, au milieu de la forêt sacrée,

» Dont les dieux au vulgaire interdisent l'entrée,

» Colossal, et couvert d'un vaste bouclier,

» Seul, au torrent désert, m'apparut un guerrier;

» Quelques lauriers tressés ceignaient son front sévère;

» Il approche, et soudain d'une voix de tonnerre :

« *Reconnais, me dit-il, le sauveur des Germains,*

» ARMINIUS *. *Ami! du vainqueur des Romains*

» *Sois le vrai successeur! le soc qui fend ces plaines*

» *Découvre encor les os des légions romaines;*

» *Joins-leur ceux des Français, imite Arminius,*

» *Que je revive en toi contre un autre Varus!*

» *Vengeance! liberté! voilà votre devise!* »

   « Tel qu'un nuage errant qui dans l'air se divise,

» Alors fuit le guerrier, fantastique héros ;

» Mais la forêt mugit et répète ces mots

» Qui des peuples germains consacrent l'entreprise :

» *Vengeance! liberté! voilà votre devise!* »

   A grands cris aussitôt ce discours éloquent,

Des fils d'Arminius a parcouru le camp;

De leurs bruyans éclats les vallons retentissent,

Le vent les porte au loin, les forêts en frémissent,

Et les échos surpris semblent de tout côté

Se repousser ces mots : « *Vengeance! liberté!* »

   Debout, près d'un torrent, sur un rocher sauvage,

---

* Voyez sur Arminius les notes 1 et 3 du chant XII.

De sa troupe barbare enflammant le courage,
Vitikin a repris : « Germains! peuple indompté!
» De l'étoile des Francs a pâli la clarté;
» Leur pouvoir s'est accru, leurs forces s'affaiblissent;
» Couverts d'argent et d'or, sous ce poids ils gémissent;
» Plus le destin les sert, moins ils sont satisfaits.
» Le ciel en vain pour eux épuisa ses bienfaits,
» Leurs besoins constamment excèdent ses largesses,
» Et chez eux l'indigence est au sein des richesses.
  » Ah! loin de nous ici leur pompe et leur splendeur!
» De nos camps le seul luxe, amis, c'est la valeur.
» Triomphe, terre libre!... O Germains, dans vos âmes,
» Quels que soient nos destins, gravez en traits de flammes
» Ces mots d'Arminius : «*Vengeance! liberté!* »
  Il dit, chaque soldat s'est senti transporté
D'un feu nouveau, d'ardeurs jusqu'alors inconnues;
Le torrent dans sa chute, et l'aigle au sein des nues,
Sur les rocs résonnans et dans l'air agité,
Semblent crier encor : « *Vengeance! liberté!* »

  Déjà depuis long-temps une armée innombrable
Sur les bords du Veser s'étendait formidable;
Vitikin la commande; en ce prince vaillant,
De vices, de vertus, assemblage brillant,
Le courage est féroce et l'équité sublime.
  Bon mais vindicatif, cruel mais magnanime,

8

Fougueux dans les revers, calme dans les succès,
Il porte l'épouvante, il répand les bienfaits ;
Et jamais abattu, digne de la victoire,
Jusque dans l'infortune il sait trouver la gloire.
    Tout est contraste en lui, vertus, forfaits, exploits ;
Tels sur le sol d'Égypte on remarque à la fois (1)
Des déserts desséchés, des fontaines limpides,
La plante salutaire et les poisons perfides.
    Le ciel lui prodigua la gloire et le malheur ;
Et près de lui sans cesse, au noble champ d'honneur,
Tour à tour la fortune, inconstante, incertaine,
Lui tresse une couronne ou lui forge une chaîne.

    Vingt mille Bavarois guidés par Tassillon (2)
Joignent leurs étendards à ceux du chef saxon.
En leurs rangs est Didier, ancien roi de Pavie (3).
Fils du noble vieillard, seul espoir de sa vie,
Là, le bel Adalgise illustre sa valeur ;
Mais, hélas ! à ses pas s'attache le malheur ;
Et ce prince jamais, au printemps de son âge,
N'obtint que des revers pour prix de son courage (4).
    Du Bosphore, où jadis l'expatria le sort,
Quelques Grecs généreux l'ont suivi dans le nord ;
Irzèle aux camps saxons en guerrière les mène ;
Son carquois est d'ivoire et son arc est d'ébène.
Adorant en secret le prince des Lombards,

Elle a fui du harem, où loin de tous regards,

Captive dans Bizance elle eût passé sa vie.

O vierge de la Grèce errante en Germanie!

Pleures-tu le beau ciel, les doux champs de Sestos?

Non : au Veser glacé, compagne d'un héros,

Tu passes sans regrets, fille de la Victoire,

Des combats aux plaisirs, de l'amour à la gloire.

Lorsqu'aux champs d'Achaïe, en sa noire fureur (5),

Diane déchaînait un monstre destructeur * ;

Au milieu des guerriers rassemblés sur la plaine,

Telle parut jadis l'amante d'Hippomène.

Les Bataves **, suivis de vingt mille Frisons ***,

Marchent sous Riaxour allié des Saxons.

Ce vieillard a trois fils rangés sous sa bannière :

Almanzine est leur sœur; indomptable guerrière,

En son humeur sauvage elle hait le repos,

Et cachant la beauté n'offre que le héros.

Cent mille Huns **** déjà couvrent la Westphalie.

Aux rives de l'Ister, aux champs de la Styrie,

Mondragant sous son joug les força de plier;

Monarque sans aïeux, gigantesque guerrier,

Ce barbare tyran, hérissé d'arrogance,

* Le sanglier de Calydon tué par Méléagre.
** Les Bataves ou Hollandais méridionaux.
*** Les Frisons. Leur pays était situé contre l'Océan, entre le Veser et le Rhin, borné d'un côté par le Znyderzée, de l'autre par l'ancienne Westphalie.
**** La Pannonie, pays des Huns, comprenait la Carnie, la Styrie, la Croatie, la Carinthie, une grande partie de l'Autriche, la Bosnie, l'Esclavonie, une partie de la Hongrie, etc.

8..

Ne connaît d'autres dieux que son glaive et sa lance.

Successeur de Theudon, ce monstre s'est promis
De ravager la France et de brûler Paris;
Toujours par le sarcasme il fait suivre le crime;
Il ne craint ni le ciel ni l'infernal abîme;
Célèbre en grands forfaits autant qu'en grands exploits,
Il veut bouleverser et la terre et ses lois,
Non par un beau désir d'ennoblir sa mémoire,
Mais par amour de sang plutôt qu'amour de gloire.

Du désert glacial que traverse l'Oder
Le Smeldinge et ses chefs accourent au Veser;
Leurs corps sont nus et peints de couleurs éclatantes,
Et de longs pieux ferrés sont dans leurs mains sanglantes.

Des Scythes * descendans, trente mille Slavons **
Ont réuni leurs camps à celui des Saxons,
Et de l'Elbe, à la hâte, ont quitté les rivages.
Leur costume et leurs traits ont des charmes sauvages;
Des plumes du vautour leurs fronts sont ombragés,
Et de longs traits aigus leurs carquois sont chargés;
Souvent l'excès du vin trouble leur âme altière,
Mais leur trouble est hardi, leur ivresse est guerrière.
Réveillant leur valeur, les suivant aux festins,
Toujours l'arc de Nemrod résonne entre leurs mains (6).

---

* On appelait jadis du nom général de Scythie toutes les contrées septen-
trionales.

** Les Slavons ou Slaves, anciens peuples russes qui, avec les Vénèdes,
s'établirent dans la Germanie, entre l'Elbe et la Vistule.

Leur chef Altès, armé d'une horrible massue,
Porte d'un sanglier la dépouille velue ;
Et son bouclier noir présente deux amours
Que sur un roc désert dévorent deux vautours.
  Mais aux champs où du Nord se rassemblent les braves,
Brillent au premier rang les peuples scandinaves ;
Des côtes de Bahus et des bords de l'Ora *
Ils ont joint Vitikin. Filles d'Hadémora ** !
En vain vous implorez au temple de *Slevice*
La fée aux larmes d'or ***, des amans protectrice ;
Hélas ! il en est peu, parmi ces fils d'Odin,
Qui reverront encor les plaines de *Lochlin* ****.
Non loin du lac Water (7) une forêt déserte
A vu naître leur roi, *Harald à la dent verte.*
Un jour, dit-on, ce chef, au désert de Smaldant *****,
Vit à travers les feux d'un météore ardent,
Sur le roc de *Surtur*, prince des noirs génies (8),
Descendre sur un char les douze Walkyries ****** ;
L'une d'elles soudain du rocher lui cria :
« Réunis tes guerriers au torrent d'Aslia.

---

* L'Ora, rivière scandinave.
** Ville située sur les bords de la Dala en Dalécarlie. Ses jardins étaient re-
nommés.
*** Surnom de Freya.
**** Nom de la Scandinavie.
***** Smaldant ou Smaland, province suédoise qui faisait partie des royaume
de Gothie.
****** Nymphes des combats. (*Voyez* la note 11 de ce chant.)

» Arme et guide au Veser leurs chefs, et la Victoire!

» Fils d'Hadestan, Héla respectera ta gloire. »

    Non loin du Scandinave, en bataillons sacrés,

S'avancent de Braga les Scaldes inspirés *,

Sur la harpe d'Odin ces rois de l'harmonie

Chantent les dieux, l'amour, la gloire et la patrie.

    Des Sarmates ** ici s'étend la légion;

Aux fiers Ostphaliens *** là commande Helsion;

Ils marchent agitant leurs piques renommées,

Qu'ils aiguisent sans cesse et qu'ils nomment *framées* ****

    Du duc de Bénévent là brille l'étendard;

Sous sa tente est Nobal, fameux guerrier lombard;

Son amante fidèle, Alzonde, sœur des Grâces,

Jusque dans Éresbour a volé sur ses traces,

Préférant mille fois, en suivant un héros,

La fatigue à l'absence et la mort au repos.

    Tel, quand la mer s'étend sur des champs qu'elle inonde

Le flot succède au flot, et l'onde pousse l'onde;

Tels des peuples du Nord les nombreux bataillons

Couvrent, à rangs pressés, les plaines des Saxons.

    Devançant en son vol l'agile Renommée,

---

* Chantres et poëtes renommés parmi les Scandinaves. (*Voyez* la note 13 de ce chant.)

** Les Sarmates occupaient une partie de la Pologne et de la Russie.

*** Ostphaliens, Saxons orientaux.

**** *Voyez*, sur les framées, Tacite, *de Mor. Germ.*

Déjà de Vitikin Charle arrête l'armée ;
Il mûrit ses projets, il règle ses travaux :
Il a peu de soldats, mais tous sont des héros ;
Et sur les ennemis, éblouis de sa gloire,
Le nom seul de Français commence la victoire.

Sur la plaine étebli, le camp des paladins,
D'un sombre étonnement a glacé les Germains ;
Les Francs s'offrent couverts d'armures éclatantes.
Le Saxon voit flotter leurs enseignes brillantes ;
Il voit leurs pavillons s'élever dans les airs ;
Il écoute, inquiet, leurs belliqueux concerts,
Et la crainte déjà germe au fond de son âme.

A la tête des preux a marché l'oriflamme :
Sur leurs boucliers lourds de dorures chargés,
Sur leurs casques luisans d'aigrettes ombragés,
Semble planer la gloire en nuée éclatante ;
Leur luxe est formidable et leur pompe est vaillante.

Charle assemble ses chefs : « — Amis ! dit le héros,
» Voici les mêmes champs où les mêmes rivaux
» Ont jadis de vos cœurs imploré la clémence ;
» Sur ces rives jadis, Charle, au nom de la France,
» Distribuant des prix à l'élite des preux,
» De surnoms immortels orna vos noms fameux ;
» Et du char de triomphe, avec lui la Victoire,

» Ici même signa les brevets de la gloire *.

» Honneur aux grands talens, auréoles des rois !

   » Chefs ! des mêmes héros j'attends mêmes exploits :

» Pour m'oser attaquer, quel est l'auxiliaire

» Qu'il faut à nos rivaux ?... l'Europe tout entière.

» Voyez, braves amis, sur les monts opposés

» Briller les pavillons des fiers coalisés ;

» A leurs rois, pour dompter les héros de l'empire,

» Tant de peuples armés ont-ils paru suffire ?

» Non : le Nord compte encor sur ses climats affreux ;

» Il lui faut l'univers, la nature et les cieux. »

   Il dit ; de l'éloquence en lui brille la flamme :

Le sublime est le son que rend une grande âme.

   « Vain espoir ! poursuit-il, les vainqueurs des Saxons,

» Ainsi que les autans, bravent les aquilons ;

» Et déjà devant nous, remparts d'un peuple traître,

» Fleuves, rocs et déserts, ont semblé disparaître.

   » Du côté du levant, et non loin de ces lieux,

» Une immense forêt, amis, s'offre à nos yeux ;

» Vers le nord Héristal, antique forteresse,

» Élève de ses tours la noble hardiesse ;

» Mais ses murs s'écroulant, sont à peine gardés ;

» Chefs ! que vingt d'entre vous, seuls, par l'honneur guidés

» Osent, en s'y rendant, côtoyer en silence

---

* Charlemagne, pour récompenser les services de ses grands guerriers, leur distribua en Allemagne, en Italie et en Espagne, des duchés, des comtés, des capitaineries, etc. *Voyez* tous les historiens.

» Le camp des ennemis; Héristal, sans défense,

» Attend un nouveau maître... Allez, braves Français !

» D'avance une entreprise est pour vous un succès. »

    Il dit; un péril s'offre... ah ! tous les preux l'appellent.

Les noms les plus fameux dans un casque se mêlent :

Charle en doit tirer vingt... O bonheur pour Bozon !

Le prince en souriant a prononcé son nom ;

Lancelot vient ensuite; en une douce ivresse,

Lancelot malgré lui pousse un cri d'allégresse.

Éginhard est élu, puis le vaillant Renau ;

Renau, jamais ton nom ne te parut si beau.

Salins, ton roi t'appelle; ô moment plein de charmes !

Le plaisir dans ses yeux roule au milieu des larmes.

Guy tressaille.... et son glaive est pressé sur son sein.

Quatorze autres guerriers bénissent leur destin ;

Et déjà sur leurs fronts chers à la renommée,

Les succès sont écrits et la gloire imprimée.

    Du céleste séjour de l'éternelle paix,

L'Archange protecteur de l'empire français

S'adresse en ce moment à sa troupe immortelle :

« Chœurs sacrés ! à son dieu comme à l'honneur fidèle,

» Charle a trompé l'espoir de l'enfer irrité ;

» Seul, en son propre piége Irmensul s'est jeté.

» Sur les bords du Veser aujourd'hui la druide

» Du héros des chrétiens est l'invincible égide.

» Puissance merveilleuse, être surnaturel,

» La vierge des forêts n'appartient plus qu'au ciel.

    » Anges! veillez sur Charle, et, consacrant sa gloire

» Marquez du sceau divin l'élu de la Victoire. »

    L'immortel a parlé. De la voûte des cieux

Par son ordre aussitôt un ange radieux,

Traçant en son passage un sillon de lumière,

D'un vol heureux et prompt s'abaisse vers la terre.

    Dans une île sauvage et sur des bords déserts

Est un vallon tranquille abrité des hivers,

Où, dans un roc creusée, une grotte profonde

S'ouvre encore inconnue aux habitans du monde.

A travers le rocher, de limpides ruisseaux

Sur un sable émaillé filtrent leurs douces eaux;

Des cyprès à l'entour étendent leur feuillage,

Jamais l'astre du jour n'en a percé l'ombrage;

Et sous l'antre où jamais ne luirent nuls flambeaux

Règnent l'épaisse nuit et l'éternel repos.

    C'est là que deux esprits de divine substance

Ont fixé leur séjour; l'un d'eux est le Silence,

Et l'autre est le Sommeil. Jamais rien en ces lieux

N'a troublé leurs penchans et n'a brisé leurs nœuds;

Étroitement unis, sur la terre ils commandent;

Sans jamais se parler les deux amis s'entendent;

Leur antre est protégé par l'Ange de la paix;

A leur porte est l'Oubli ; l'air froid, les yeux distraits,
Il ne connaît personne ; et silencieux garde,
Sans répondre il écoute, et sans voir il regarde.

Vers ces paisibles bords l'Archange lumineux
Invisible a guidé son vol majestueux ;
De sa route brillante on voit fuir les orages ;
L'air s'est purifié, le jour est sans nuages,
Et tout dans la nature, embelli, radieux,
Semble vouloir fêter l'ambassadeur des Cieux.
Bientôt l'Archange arrive à la grotte inconnue,
L'obscurité s'enfuit et se cache à sa vue ;
Troupe mobile, alors, sous l'antre caverneux,
Des Songes inconstans l'essaim tumultueux
Entourait le Sommeil, tandis que l'Espérance
Unissait à genoux la prière au Silence.
« — Esprits divins, dit l'Ange aux deux tendres amis,
» Vous qui sur l'univers régnez toujours unis,
» Venez servir les Francs, suivez-moi, Dieu l'ordonne! »
Le Sommeil, engourdi, se soulève, s'étonne,
Et cherchant à comprendre écoute vaguement ;
Ses yeux appesantis s'ouvrent languissamment ;
Il soupire accablé, fait un signe au Silence,
Et lentement suit l'Ange au camp du roi de France.

La nuit règne.... Les preux que le sort a choisis

Vers le fort d'Héristal portent leurs pas hardis ;
L'Ange veille autour d'eux : ils marchent ; le Silence
Commence à leur prêter sa paisible assistance,
Et le Sommeil, au loin devançant les héros,
Sur l'armée ennemie a versé ses pavots.

    Bozon et ses guerriers, couverts d'armures sombres,
Avancent entourés de l'épaisseur des ombres ;
La nuit les favorise et le ciel les conduit :
Du camp de Vitikin ils approchent sans bruit ;
A la clarté des feux allumés près des tentes
Bozon voit des Germains les forces imposantes,
Leurs brillans étendards et leurs nombreux soldats ;
Sur la route soudain s'offre devant ses pas,
Autour d'un grand foyer, une horde sauvage
Qui près de la forêt lui ferme le passage.
Sur le sol réchauffés, pêle-mêle étendus,
Les barbares du Nord de peaux d'ours revêtus,
Parmi des flots de vin ruisselant sur la terre,
Se livrent aux éclats de leur gaîté grossière ;
Leur brasier dévorant jette en ce lieu d'horreur
Sur leurs visages noirs sa rougeâtre lueur ;
Leurs corps sont demi-nus, et leurs mains désarmées
Ont à leurs pavillons suspendu leurs framées.

    Sur sa harpe appuyé, le Scalde aux chants divins,
Là, muet assistant, dédaigne leurs festins.
Des sauvages en chœur les seuls cris retentissent

De leurs concerts discords eux-mêmes s'étourdissent ;
Et pour rendre leurs sons plus rauques, ces guerriers
Sur leur bouche en criant lèvent leurs boucliers (9).

Mais bientôt le Sommeil, endormant leur ivresse,
Des barbares éteint la brutale allégresse ;
Tombés, ils semblent morts. Soudain, chantres sacrés,
Poëtes belliqueux, les Scaldes inspirés
Se lèvent le front ceint du laurier prophétique.
Telle à Morven, d'Oscar * la troupe fantastique
Apparaissait, croisant au milieu des éclairs
Ses lances de frimas scintillant dans les airs.

Bientôt des harpes d'or qui sous leurs doigts frémissent,
Les sons forts ou plaintifs, ou grondent ou gémissent,
Et des Scaldes au loin l'air porte les accens.

« Les sept voix de la guerre ont tonné sur nos champs (10) !
» Aux armes, fils d'Odin !... que le torrent rapide
» Tresse en ses flots le sang du lâche et du perfide.
» Marchons ! au Vahalla (11), loin du vallon des pleurs,
» La nymphe aux pieds d'albâtre offre aux guerriers vainqueurs,
» Parmi les rois, les dieux, les héros et les belles,
» Dans un crâne ennemi les boissons immortelles.

» Les sept voix de la guerre ont tonné sur nos champs ;

---

* Oscar, fils d'Ossian.

» Vos pleurs coulent en vain, ô vierges du printemps !
» Les chants mystérieux de l'amante timide
   » N'arrêtent plus le soldat intrépide.
   » L'amour, qu'est-il ? un orage cruel
      » Entrecoupé de l'arc-en-ciel (12).

   » Entends-tu les sept voix des enfans du tonnerre !
» O Scalde, lève-toi (13)!... Que ta harpe de guerre
» Célèbre la vaillance et la fidélité !
   » Au champ d'honneur, sur le bord de la tombe,
» Le Scalde voit la mort, sourit, s'élance et tombe.
      » Ouvre, Odin, ton temple enchanté !
      » Sa chute est l'immortalité.

   » Tonnez, voix de la guerre, appel de la victoire !
» Asgard couronnera les élus de la gloire ;
» Pourquoi craindre l'Amour et ses enchantemens ?
» Noble guerrier ! Freya protège les amans ;
      » Idunal aux héros fidèles
      » Promet ses pommes immortelles (14).
   » Tu reviendras des camps, plus tendre et plus heureux,
      » Vider la coupe des aveux *.

---

* C'était en buvant à la même coupe que deux amans scandinaves se déclaraient leur amour mutuel et leur désir d'être unis. En conséquence, avant
d'aller à l'autel, on leur présentait un vase d'or qu'on nommait *la coupe des
aveux*.

» De la guerre ont tonné les sept voix rugissantes :
» Noirs vautours, vous vivrez sur les traces sanglantes
   » Des héritiers du grand Odin.
» Quel nouvel astre brille à l'horizon lointain ?
» D'un Scandinave éteint c'est l'auréole ardente :
» Nastrong ! il brave en paix ta flamme dévorante (15).
» Des jugemens du glaive (16) arbitre dominant,
   » Il fut héros, il est dieu maintenant.
     » Le Scalde, illustrant sa mémoire,
     » A Lochlin chantera sa gloire;
     » Roi des concerts, Scaldes heureux !
     » L'harmonie est la voix des dieux (17). »

Des harpes à ces mots, sur la plage ennemie,
S'éloigne et par degrés se perd la mélodie;
Mais dans l'air vibre encore un murmure enchanteur,
Tel qu'un doux souvenir qui retentit au cœur.
   Tenant sa harpe d'or, le Scalde sur la terre
S'endort les doigts errans sur la corde guerrière.
Plus d'effroi pour les preux, plus d'obstacle fatal !
Bozon est parvenu sous les murs d'Héristal.

   Au pied du vieux rempart, près d'une tour antique,
En voûte s'élevait une porte gothique :
Déjà l'ont dû frapper les haches des soldats.
De leurs coups un dieu semble amortir le fracas.

Le Sommeil a vaincu la garnison lassée,
Et sur ses gonds massifs la porte est renversée.
  Au milieu des périls, indomptable guerrier,
Sous une longue voûte, Enguersang, le premier,
Déjà se précipite : une pâle lumière
D'abord lui montre un garde endormi sur la terre.
Hélas! l'infortuné meurt victime du sort,
Et des bras du sommeil passe aux bras de la mort.
Invisible soutien, le Silence fidèle
Étend sur les Français une égide immortelle;
Ils avancent.... partout les postes sont déserts,
Les gardes assoupis, lespassages ouverts;
Et le maître du fort, par ce désordre extrême,
Semble avoir tout réglé pour se perdre lui-même.
  Sous les pas de Bozon, d'Éginhard, d'Enguersang,
Déjà dans le château coulent des flots de sang.
Ils frappent.... et partout sur leur muette proie
De l'effroyable mort le drapeau se déploie.
Chef de la citadelle, Éril, en ce moment,
Au sommet d'une tour, dormait paisiblement.
Vieillard faible et courbé sous le fardeau de l'âge,
Éril croyait sa tête à l'abri de l'orage.
Il périt.... mais du moins le charme qui l'endort
Lui dérobe sa honte et lui cache sa mort.
  Les quatre fils d'Éril, comme lui sans alarmes,
Goûtaient un doux repos, étendus sur leurs armes;

L'un d'entre eux se réveille, il se lève, et ses cris
Arrachent au sommeil des restes d'ennemis.
Il est trop tard... les preux les frappent, les dispersent;
Semblables à leurs coups, leurs menaces renversent.
Sous le glaive des Francs, sans armes, demi-nus,
Tombent frappés de mort les Saxons éperdus;
Comme autour des faucheurs, au sein de la prairie,
Sous le tranchant du fer s'étend l'herbe fleurie.

L'épaisseur de la nuit, quelques pâles flambeaux,
Le désordre, les cris, le sang qui coule à flots,
Tout accroît le tumulte et la rage guerrière.
Les Saxons et leurs chefs roulent sur la poussière:
Devant Bozon vainqueur, dans le château soumis,
Il n'est plus de combats, il n'est plus d'ennemis;
Et Charle, quand du jour reparaît la lumière,
Sur les tours d'Héristal voit flotter sa bannière.

FIN DU CHANT VII.

NOTES DU CHANT VII.

(1)   Tels sur le sol d'Égypte on remarque à la fois.

Homère dit, en parlant du terroir d'Égypte : On y trouve à
la fois des déserts sauvages et des vallons rians ; les plantes mé-
dicinales, et les poisons funestes.

(2)   Vingt mille Bavarois guidés par Tassillon.

... , duc de Bavière, beau-frère de Charlemagne et son
... germain, fut un des premiers révoltés contre Charle, qui
l'avait comblé de bienfaits. Un historien l'a fait périr dans les
combats; mais tous les auteurs s'accordent à dire qu'il fut fait
prisonnier, puis rasé, et revêtu de l'habit des moines; il mourut
dans son monastère : j'ai suivi l'opinion la plus poétique.

(3)   En leurs rangs est Didier, ancien roi de Pavie.

Didier, vaincu, après avoir perdu son royaume, se rendit à
Charle sans condition : Charle le fit raser, et enfermer dans un
monastère, où il mourut. (*Voyez* tous les historiens.)

(4)   N'obtint que des revers pour prix de son courage.

Adalgise, fils de Didier, roi des Lombards, qui avait perdu
son trône pour s'être révolté contre Charlemagne, son gendre,
se forma d'abord un parti considérable en Italie; mais ses troupes
ayant été battues par les Français, il prit la fuite, se rendit à la
cour de Constantinople, où il reçut la dignité de patrice, rassembla plusieurs corps d'Abares et de Grecs, et se joignit aux
révoltés du Nord. Le malheureux Adalgise, toujours battu,
toujours trahi par la fortune, mourut les armes à la main

en 788, emportant les regrets de ses amis, l'admiration de ses ennemis, et l'estime de tous les partis. (*Voyez* tous les historiens.)

(5)   Lorsqu'aux champs d'Achaïe, en sa noire fureur,
          Diane déchaînait un monstre destructeur.

Ovide, dans ses *Métamorphoses*, après avoir fait l'énumération de tous les héros de la Grèce, réunis pour délivrer l'Achaïe d'un monstre dévastateur, la termine par le portrait d'Atalante, morceau plein de charme, qu'a traduit ainsi M. de Saintanges :

> Toi, l'honneur du Tigee, à leur troupe brillante
> Tu viens t'associer, jeune et belle Atalante :
> L'or d'une simple agrafe, un nœud sans ornemens,
> Relèvent tes cheveux et tes longs vêtemens.
> A ton dos attaché pend un carquois d'ivoire ;
> Et ta main tient un arc, instrument de ta gloire.

(6)   Toujours l'arc des Nemrod, résonne entre leurs mains.

« Les Scythes, dit Plutarque, en buvant et en ivrognant, font » sonner les cordes de leur arc, afin de rappeler et de réveiller » leur courage, assoupi par l'ivresse. » Selon Hérodote, Tacite, Strabon, Diodore, Tite-Live, Justin, et autres, les Scythes enlevaient au milieu des combats les têtes des guerriers vaincus, et pendaient par les cheveux ces horribles trophées à leurs ceintures de cuir et à la selle de leurs chevaux : les Turcs en font encore autant.

(7)   Non loin du lac Water.....

Le lac Water, situé dans le Gothland, en Suède, est un lac immense, dont on ne peut, dit-on, sonder la profondeur, et qui, la veille des tempêtes, fait entendre un bruit prophétique pareil à la foudre. (*Voyez* DELACROIX, *Géograp.*, t. II, p. 59.)

(8)   Sur le roc de Surtur, prince des noirs génies.

Surtur était le chef des noirs génies de Muspelheim, région
idéale, dont le nom est islandais, et que les commentateurs
expliquent diversement. (*Gaule poétique*, t. I, p. 260.)

« Quand la dernière heure de l'univers aura sonné, le noir
» Surtur, armé du glaive sur lequel flamboie un mobile soleil,
» viendra, précédé par un déluge de feu, exterminer et les
» hommes et les dieux. » (Voyez *les Scandinaves*, poëme de
Montbron, t. I, p. 22.)

(9)   Et pour rendre leurs sons plus rauques, ces guerriers
        Sur leur bouche en criant lèvent leurs boucliers.

« Les Germains ont des chants qu'ils nomment *bardits*, dont ils
» s'encouragent à la guerre ; car ils jugent par leurs cris de
» l'évènement de la bataille ; et selon qu'ils sont plus forts ou
» plus languissans, ils prennent de la terreur ou ils en donnent,
» comme si ce n'était pas tant un concert de voix que de valeur.
» Ils affectent principalement un son rude et farouche, qu'ils
» rendent encore plus effroyable en approchant leurs boucliers
» de la bouche, afin que la réverbération de la voix la rende
» plus forte. » (Tacite. Traduction par d'Ablancourt.)

Les peuples du Nord poussaient l'ivrognerie jusqu'à la démence : ils n'étaient en état de sortir des festins, le lendemain
matin, qu'en se faisant emporter. Quand les Grecs voulaient représenter une débauche, ils disaient : « On a bu à la Scythe. »
Les Gaulois donnaient un esclave pour une cruche de vin.

(10)   Les sept voix de la guerre ont tonné sur nos champs !

Sur le bouclier des chefs scandinaves s'élevaient sept bosses
qu'on appelait les voix de la guerre : chaque bosse avait un
son particulier, et annonçait un ordre différent. Quand le chef
frappait les sept bosses à la fois, c'était proclamer une guerre

d'extermination. Ce même usage était observé chez les Calédoniens : on connaît le fameux bouclier de Tremnor, bisaïeul d'Ossian. Celui de Cathmor, décrit dans le VIIe chant de la bataille de Témora, est aussi très remarquable. Chaque bosse représentait une étoile de la nuit. (Voyez *Poésies d'Ossian*, trad. de LE TOURNEUR, tom. II, p. 202.)

(11) .... Au Vahalla, loin du vallon des pleurs.

Le Vahalla est le paradis des Scandinaves. Les Valkyries l'habitent, ce sont les nymphes des combats; elles sont douze, et ces vierges y versent aux héros la bière dans le crâne de leurs ennemis. En outre, dans les batailles, elles désignent ceux que la mort doit frapper et dispensent la victoire à leurs protégés. Elles travaillent le destin des héros autour d'un métier tressé sur quatre lames. La trame est composée d'entrailles frémissantes : à chaque poids, une tête humaine et des cœurs encore palpitans sont suspendus. (*Voyez* les Edda. — Gray, ode 8, the fatal systers. — Gaule poétique.)

(12)   L'amour, qu'est-il? un orage cruel
         Entrecoupé de l'arc-en-ciel.

Cette idée est prise des *saga*, ou poésies scandinaves; l'amour y est appelé un *orage entrecoupé de l'arc-en-ciel*. (*Voyez* les Saga, recueillis par Snorron, Saxon le gram., Vérélius, Olavius, Petreïus, Bartholin, etc.)

(13) O scalde! lève-toi!...

Les scaldes, chantres célèbres, suivaient les héros au combat, afin de voir par leurs propres yeux ce qu'ils devaient raconter; ils transmettaient à la postérité les actions d'éclat, et leurs chants furent long-temps les seules chroniques de la Norwége, de la Suède et du Danemarck. On nommait les scaldes *le*

arbitres de la gloire : leurs voix animaient les guerriers le jour
de la bataille, et les enchantaient à la salle des banquets. Initiés
aux mystères de la religion, ils instruisaient la jeunesse, et leurs
chants ajoutaient à ses pompes. Les scaldes étaient quelquefois
tourmentés d'un esprit prophétique : l'un d'eux chantant un
jour devant un roi breton, devina où était le tombeau du grand
Arthur, qu'on n'avait point encore découvert. Les prodiges in-
nombrables opérés par leurs chants, seraient trop longs à
raconter.

La belle princesse Astride fut attirée sur le trône de Suède,
séduite par les accords d'un scalde, ambassadeur. Hiarn, ayant
enthousiasmé, par ses beaux vers, les peuples du Danemarck, fut
proclamé roi par eux. (*Voyez* Saxon le gram., et Pontanus.)
Le grand Alfred, sous l'habit d'un scalde, ayant pénétré dans le
camp de ses ennemis, pour observer leur position, fut reconnu
par les Danois pour un Saxon : n'importe, on le croit scalde, sa
personne est sacrée; il revient parmi les siens; son plan d'attaque
lui vaut la victoire, ou plutôt il la doit à la poésie. Par un semblable stratagème, Anlaff remonta sur son trône, usurpé par
Athelstan. Régner Lodbrog, roi danois, est aussi fameux comme
scalde que comme héros. Son ode de mort est immortelle. Occu-
pant toujours la place d'honneur à la table des rois, souvent les
simples scaldes épousaient leurs filles. L'admiration qu'ils inspiraient allait jusqu'à l'abus, car, non contens de leur prodiguer
leurs trésors, pour les attirer à leurs cours, les rois leur pardon-
naient les crimes qu'ils commettaient. Egill, par une ode, se fit
absoudre d'un meurtre, aussi cette pièce fut nommée *la rançon
d'Egill.* Il n'est rien enfin que la poésie des scaldes n'ait obtenu
des peuples du Nord : honneurs, trésors, autels et temples. On
a prétendu que c'était aux scaldes que nos troubadours et nos
trouvères ont dû le mécanisme et l'amour de la poésie, qu'ils
leur ont dû la rime et la mesure, et qu'ils ont pris d'eux leurs
premières leçons. (*Voyez* une Dissertation à ce sujet dans l'ouvrage italien de Ch. Grabert, sur les scaldes

On a vu combien la poésie était aimée des peuples du Nord.

Voici l'abrégé d'une fable tirée de l'*Edda*, qui explique d'une manière assez bizarre l'origine de cet art divin. — « Jadis les » dieux, ne trouvant plus la race humaine digne de sa noble ori-» gine, produisirent de leur souffle divin un homme, qu'ils en-» voyèrent chez toutes les nations, pour y porter le flambeau de » la sagesse. L'envie, monstre né de la poussière qui s'élève sous » les pas de la gloire, conjura la perte de Weiser (le plus sage) : » deux nains l'immolèrent par trahison, et de son sang, qu'ils » mêlèrent avec du miel, ils formèrent ce breuvage divin, » source de l'art des vers. Le géant Scioldar s'empara ensuite » par force du philtre inspirateur, et l'enferma sous sa caverne » inaccessible.

» Tous les dieux désiraient la possession de ce trésor..... Odin » quitte la délicieuse vallée d'Ida, et, sous l'apparence d'un » simple mortel, se rend auprès des géants : après divers dégui-» semens, après divers stratagèmes, sous la forme d'un serpent » il se glisse dans la grotte de Scioldar ; là, reprend sa beauté » divine, séduit la fille du géant, qui gardait le vase précieux, et » parvient à boire le céleste breuvage ; aussitôt il se change en » aigle, et s'envole vers Asgard. Instruit de la perte qu'il vient » de faire, Scioldar prend aussi la forme d'un aigle, et poursuit » Odin à tire d'ailes.

» Aux portes mêmes d'Asgard les deux aigles vont se combattre » les dieux, prévoyant que l'aigle ravisseur ne pourrait conserver » sa proie pendant le combat, exposent à la hâte tous les vases » de leur palais, pour recevoir la précieuse liqueur ; l'évènement » justifia leur crainte, et le remède remplit leur attente ; mais » la plus grande partie du breuvage s'échappa d'une source im-» monde, et fut impure comme elle ; aussi, tandis que l'une est » le partage de quelques mortels privilégiés, l'autre abreuve une » foule obscure. De là la rareté des poëtes divins, et le nombre » prodigieux des poëtes discords. »

(14)   Idunal, aux héros fidèles,
        Promet ses pommes immortelles.

Idunal est la femme de Braga, dieu de l'éloquence; elle garde dans une boîte des pommes, qui donnent l'immortalité qu'elle réserve aux héros, et dont les dieux goûtent pour se rajeunir quand ils se sentent vieillir.

(15)   Nastrong, il brave en paix ta flamme dévorante.

Nastrong, ou rivage de cadavres, est l'enfer scandinave. Là, s'élève une maison dont les cloisons sont tressées de serpens qui lancent des dards enflammés et distillent dans un lac verdâtre et brûlant, où sont jetés les assassins, les parjures, etc.; des monstres épouvantables y engloutissent et rejettent vivans les malheureux réprouvés. Non loin de Nastrong est le Niflhein ou séjour des brouillards, autre partie de l'enfer, destinée aux lâches. Là réside Héla ou la mort. (*Voyez* la Voluspa, strop. 36 et 37, et les Edda.)

(16)   Des jugemens du glaive.....

Autre mot pris dans les Saga; les scaldes nomment la guerre le *jugement du glaive.*

(17)   L'harmonie est la voix des dieux.

Les Scandinaves appelaient la poésie le nectar d'Odin : ils prétendaient que cet immortel savait des airs si tendres, que, pour mieux l'entendre, les montagnes s'entr'ouvraient, et que les ombres sortaient des tombeaux. (*Voyez* Snorron.—Torfæus. — Montbron, notes sur le *Poëme des Scandinaves.*)

FIN DES NOTES DU CHANT VII.

CHANT VIII.

D'un roi de l'Orient, un envoyé fameux,
Suivi de cent guerriers, arrive au camp des preux.
Des rives de l'Euphrate, en ce climat sauvage,
Vers Charle l'a conduit un important message ;
Le noble ambassadeur est admis près du roi :
« — Se peut-il! dit le prince ; ô Giafars! c'est toi!...
» — Seigneur! un dieu propice à mes destins préside;
» Au Veser, à tes pieds, tu revois Barmécide;
» Lui qui jadis en France, au comble de ses vœux,
» T'offrit de l'Orient les produits merveilleux (1).
    » Le calife Alraschid, ton allié fidèle,
» Se nomme ton vassal*, t'a choisi pour modèle;
» Et je viens en son nom, par des présens nouveaux,
» Rendre un nouvel hommage au plus grand des héros.»
    Alors se prosternant, l'illustre Barmécide (2)
Offre au roi trois clefs d'or. « — Voici, chef intrépide,
» Les clefs du Saint Sépulcre où reposa ton dieu!
» Qu'aujourd'hui des chrétiens soit exaucé le vœu,
» Règne à Jérusalem et sur la Terre-Sainte (3),

* *Voyez* la note 1 du chant I.

» Jusqu'aux bords du Jourdain dicte tes lois sans crainte,

» A Charle est la Judée. Oh! pourquoi tant d'états,

» Loin de toi, du calife arrêtent–ils les pas !

» Pourquoi Dieu plaça-t-il, par un arrêt sévère,

» Deux cœurs faits pour s'entendre, aux deux bouts de la ter

   » Du sceptre d'Occident, seigneur, viens t'emparer !

» Rome, nouveau César, t'attend pour te sacrer !

» Le Bosphore t'appelle, Alraschid te seconde,

» La France peut prétendre à l'empire du monde. »

   Il dit ; et Charle ému le presse sur son cœur.

« — Quant aux peuples saxons, poursuit l'ambassadeur,

» Pour les soumettre en vain tu combattrais sans cesse,

» Crois-moi, du sol natal que l'hydre disparaisse (4) !

   » Puis jette sur Bisance un regard protecteur,

» L'Orient opprimé cherche un libérateur ;

» C'est là qu'il faut un prince, un héros. »—Mais Irène*,

» Par un auguste hymen.... »—Connais-tu cette reine,

» Sémiramis nouvelle, et qu'un portrait flatteur

» T'offre belle, puissante, et digne de ton cœur ?

» Ah ! que jamais la gloire au crime ne s'allie ;

» Tu vas frémir.... apprends l'histoire de sa vie.

   » Au trône de Bisance était monté Chazar,

» En traversant Athène, un jour, ce vil César,

* *Voyez*, sur la vie de cette célèbre impératrice, THÉOP et CEDREN. — VITA
S. Plat. C. V. — THÉVENEAU, *plan d'un poëme sur Charlemagne*, p. 122
et 123, etc.

» Au temple des chrétiens, malgré ses lois sévères,
» Remarque une beauté qui, dans de saints mystères,
» Représentait la Vierge et charmait tous les yeux;
» Soudain l'iconoclaste (5), ennemi furieux
» De tout adorateur de tableaux et d'images,
» Lui-même est devenu sur ces lointains rivages
» D'une image vivante aveugle adorateur.
   » Irène est couronnée.... ô forfaits! ô fureur!
» De son premier amant elle tranche la vie;
» Puis reniant sa foi, la souveraine impie
» Empoisonne son père, égorge son époux,
» Sur son malheureux fils ose porter ses coups;
» Et quand le sceptre échappe à sa main sanguinaire,
» De sa puissance encor croit éblouir la terre. »
   Il dit. Que ces tableaux à Charle ont fait horreur!
Au camp des paladins le sage ambassadeur,
Par le prince est comblé de présens magnifiques.
A l'offre du sultan, à ses vœux politiques,
Charle en secret répond; et l'heureux Giafars
Quittera, satisfait, l'héritier des Césars.

   Mais au camp des Saxons, un guerrier homicide,
De meurtres dégouttant et de forfaits avide,
Alors d'immoler Charle a conçu le projet.
Il croit servir son prince, en sa rage il se plaît,
Il rampe dans le sang; et d'une voix impie

Nomme sa soif du crime amour de la patrie.

Aldin se signalant par ses noires fureurs,
Sans doute croit s'ouvrir la route des honneurs;
Mais l'assassin qu'un chef en secret favorise
N'est qu'un vil instrument qu'il emploie... et qu'il brise.

Sous les drapeaux lombards, Nobal, jeune héros,
Languissait accablé de regrets et de maux.
Nobal, accompagnant Didier en Germanie,
Quitta dans Éresbour une amante chérie;
Le ciel les sépara peut-être pour jamais;
Alzonde prisonnière est au camp des Français.
En son cœur cependant luit encor l'espérance,
Nobal cache aux regards sa secrète souffrance;
Tel se présente un fruit piqué d'un ver rongeur,
Son mal est invisible, et sa plaie est au cœur.

Abusant ses esprits, égarant sa tendresse,
De ses douleurs Aldin profite avec adresse;
Il répand le faux bruit qu'Alzonde, d'un vainqueur
Justement distinguée a su toucher le cœur;
Et qu'elle-même enfin, fière de sa puissance,
Affaiblit chaque jour sa molle résistance.

Le crédule Nobal, jaloux et furieux,
Voit Charle, en sa pensée, amant victorieux,
A sa maîtresse offrant la pourpre souveraine;
Sa rage, ses transports se contiennent à peine.
Ainsi l'eau bouillonnante au milieu des fourneaux,

S'échappe de l'airain qui comprime ses flots.

L'infortuné Nobal était seul en sa tente,
Quand l'hypocrite Aldin devant lui se présente :
« — Jeune insensé, dit-il, je connais tes malheurs!
» Mais il faut se venger et non verser des pleurs ;
» Apprends enfin ton sort. Le héros de la France
» D'une amante trop faible a trompé l'innocence ;
» Par force ou par amour, cédant aux vœux du roi,
» Ton Alzonde infidèle a cessé d'être à toi. »
Quel moment pour Nobal !... en son cœur trop sensible
L'excès du désespoir produit un calme horrible.

« — Guerrier! poursuit Aldin, cruellement trahi,
» Tu désires la mort.... mais, crois-en ton ami,
» Ne meurs pas lâchement ; et dans le sang d'un traître
» Venge à la fois l'amour, ta patrie et ton maître ;
» Que ton rival périsse à tes pieds abattu,
» Ton meurtre devient gloire, et ton crime est vertu.

» Quand le char de la nuit s'élèvera paisible,
» Dans le camp des Français seul pénètre invisible,
» Et que Charle en sa tente expire sous tes coups.
» Va, crois-moi, l'assassin condamné parmi nous
» Vaut souvent le héros que la gloire renomme,
» Et l'heureux téméraire est toujours le grand homme.
» Selon l'évènement, entre guerriers et rois,
» Les exploits sont forfaits, ou les forfaits exploits ;
» Ce qui rend vils les uns rend illustres les autres ;

» L'erreur a ses héros, le crime a ses apôtres.

» L'honneur n'est ici-bas qu'un mot vide de sens,

» Changeant selon les lois, les pays ou les temps;

» Éveille-toi, sois homme, et vole à la vengeance!

   » Charle mort, nous fondrons sur les preux sans défense

» Cernés à l'improviste, et glacés par l'effroi,

» Leurs chefs courront en foule à la tente du roi ;

» Quel spectacle !... il n'est plus, ce monarque indomptable

» Tandis qu'autour de lui la douleur les accable,

» A la lueur des feux nous leur apparaissons,

» A leur prince égorgé nous les réunissons.

» Leurs armes, leur butin, les trésors de la France,

» Tout à la fois saisi, tombe en notre puissance.

» La gloire t'en est due; et l'univers joyeux,

» Débarrassée du joug d'un tyran odieux,

» Fier d'immortaliser ton audace guerrière,

» Te saluera du nom de sauveur de la terre. »

   Il dit ; et ce discours d'un monstre audacieux

Achève d'égarer un amant furieux.

Les conseils d'un pervers deviennent ses seuls guides;

O politique infâme ! ô maximes perfides (6)!

Ainsi vous triomphiez lorsqu'à Rome jadis,

Le cruel Junius* fit massacrer ses fils;

Tels vous guidiez Brutus** quand sa main sanguinaire

---

* Junius-Brutus qui chassa les Tarquins de Rome.
** Marcus-Brutus, descendant de ce même Junius.

Immola son ami, son monarque et son père.

Alzonde cependant, fidèle à son amour,
Ne songeait qu'à Nobal et pleurait nuit et jour;
Le vaillant Isambard, sous sa tente guerrière,
Épris de sa beauté, la gardait prisonnière;
Hélas! l'espoir de fuir, espoir consolateur,
Seul, de son triste sort adoucissait l'horreur.
De la pâle Phœbé, courant sous des nuages,
Le disque de cristal argentait les rivages;
Seul', aux champs de l'azur, éclairant l'univers,
Son flambeau virginal purifiait les airs.
Rivale du soleil, de l'aurore ennemie,
Des amans en secret mystérieuse amie,
La déesse des nuits, immobile en fuyant,
Étendait sous les cieux un demi-jour brillant.

Tout dort autour d'Alzonde... inquiète et craintive,
Du pavillon français sort la jeune captive;
Elle jette au dehors un regard de terreur,
Partout règne le calme image du bonheur.
La fille des Lombards, pâle et demi-voilée,
Erre autour des soldats comme une ombre isolée;
Elle marche sans bruit; seule, elle espère fuir.
Mais sa tunique est blanche et pourrait la trahir.
Elle tombe à genoux. « — Dieu! sauve-moi! » dit-elle.

Puis soudain se levant : « — O puissance immortelle!
» Tu viens de m'inspirer et vas me secourir.
» De l'armure d'un preux je puis me revêtir;
» Ah! dans les rangs français que je passe inconnue!
» Doux astre de la nuit, cache-toi sous la nue! »
   Non loin, d'un vieux cyprès agité par le vent,
Sort, présage sinistre, un long gémissement;
Telles, au léger tact des ombres fantastiques,
Soupiraient d'Ossian les harpes prophétiques *.

L'amante de Nobal surmonte son effroi;
Auprès d'elle, à sa droite, est la tente du roi :
L'accès en est facile; elle entre, elle regarde :
Là, seul et désarmé, sans défense et sans garde,
Aux douceurs du sommeil Charle se livre en paix;
De son casque aussitôt elle couvre ses traits;
Elle prend son manteau, son bouclier, sa lance;
L'Amour la voit armée et sourit en silence.
Tel il riait jadis lorsqu'en un doux repos,
Alcide travesti, maniait des fuseaux.
   Des jours de Charlemagne Alzonde est la maîtresse,
Et son premier succès accroît sa hardiesse.
Une vengeance aisée, appât trop séducteur,

---

* On sait que lorsque le vent faisait résonner les harpes des bardes, ce son, produit selon eux par le tact léger des ombres errantes, prédisait la mort de quelque fils d'Ossian.

Avec tous ses attraits vient parler à son cœur.
Le facile pouvoir de servir sa patrie,
La gloire d'immoler l'audace et le génie,
Offrent à ses regards leur prestige brillant;
Du lit où dort le prince elle approche en tremblant.
    Non loin d'elle vacille une lampe expirante ;
Sa main, du meurtrier tient l'arme étincelante....
Qui l'arrête?... O surprise!... un éclair lumineux,
Un nuage de pourpre, une voûte de feux,
Ont du roi tout à coup illuminé la tente.
Une jeune inconnue, égide éblouissante,
Plus belle que la vierge aux premières amours,
Que l'adolescent rêve en ses premiers beaux jours,
Au sein du météore apparaît radieuse.
    Charlemagne s'éveille.... O clarté merveilleuse!
Quelle puissante main détourne le poignard?
Quel assassin perfide échappe à son regard?
Quelle jeune immortelle est vers lui descendue?...
Elle a sauvé ses jours; que son âme est émue!
Entre elle et lui, soudain, une gaze d'or pur,
Que colore la pourpre et nuance l'azur,
Jette un voile léger, dresse un mur fantastique.
Charle veut s'élancer, briser ce rets magique;
Mais un charme invincible, un pouvoir inconnu,
Maîtrisant ses efforts, captif l'ont retenu.
    « — Poursuis, ô roi des preux, ta brillante carrière!

10

» Je remplis mes sermens, dit l'Ange tutélaire :
» Devant moi du perfide est tombé le poignard.
» Je suis, pour ton salut, *partout et nulle part.* »
   Elle dit ; aux accens de sa voix solennelle
S'éteignent les clartés qui jaillissaient sur elle.
Une odeur d'ambroisie, en souffles caressans,
A parfumé les airs : des accords ravissans,
Des sons mélodieux, du ciel semblent descendre.
Le héros des Français écoute.... il croit entendre,
Au milieu des concerts et des enchantemens,
Sur un char radieux, parmi des flots d'encens,
De l'antre des forêts la prêtresse inspirée
S'élever lentement vers la voûte azurée.

   Le prince, malgré lui, s'endort au même instant.
O Charle ! à ton réveil quel trouble affreux t'attend !
Météore divin ! vision angélique !
N'auriez-vous donc offert qu'un tableau fantastique ?
Est-ce un songe trompeur ?... Ah ! ton cœur agité,
Demain croira plutôt à la réalité.

   En cette même nuit, tout entier à sa rage,
Nobal a du Veser côtoyé le rivage ;
Il sort des camps saxons. Du prince des Lombards
La tente magnifique a frappé ses regards ;
Il approche.... une voix, la douce voix d'Irzèle,

Chante l'amour heureux, chante l'amour fidèle.
Hélas! Nobal, en proie au plus cruel tourment,
Écoute l'odalisque, et s'arrête un moment.

« Rives de l'Hellespont! champs de la Romanie!
» Fêtes du Baïram! doux climats de Sestos!
» Bords de la Propontide, où je reçus la vie!
» Honneur, gloire à jamais! vous charmâtes les maux
    » Du plus vertueux des héros.
» Jeune et bel Adalgise, ah! partout ta présence,
» Orgueil de la nature, a paré l'univers.
» Miroir de la vertu, ton âme est la vaillance :
    » Ton souffle est le parfum des airs :
    » Ta noble taille a l'élégance
» De ces lotos en fleurs que le zéphir balance
    » Sur la fontaine des déserts.

    » Plus timide que la gazelle,
    » Je tressaille quand je te voi,
    » Adalgise! il n'est pour Irzèle
    » Qu'un seul bien, qu'un seul dieu.... C'est toi.
» J'en jure par Allah! quand le soir sur la plaine
    » Je puis respirer ton haleine,
» Douce comme les fleurs des coteaux de l'Hédrah ;
    » Lors, près de toi, plus heureuse est Irzèle
    » Que les houris de la voûte immortelle

» Sous les rameaux d'or du sidrah *.

» Des bazards, ô vierges craintives!

» Loin de vous j'ai fui pour toujours;

» Colombes du Harem, gémissantes captives,

» Que je vous plains! jamais d'amours!

» Pour moi, près d'Adalgise, errante et sans patrie,

» Tout est plaisir, tout est bonheur.

» Toi que j'adore, et pour la vie!

» Ah! l'amour au fond de mon cœur

» Pourrait-il ressembler à la tresse fleurie

» Que le faux derviche d'Alzour,

» Au milieu des danses légères,

» Au bocage, en riant, fait passer tour à tour

» Sur le front des jeunes bergères! »

Un cri sourd interrompt la vierge d'Islambal ** :

« — Fille de l'Orient! s'est écrié Nobal,

» Ton Adalgise est là.... nul ennemi barbare

» N'a troublé vos amours.... là, rien ne vous sépare;

» Et moi!...» S'abandonnant aux plus fougueux transports

De son cœur ulcéré bannissant le remords,

----

* Le sidrah est un arbre merveilleux que Mahomet a placé dans son paradis, et sous lequel il fait reposer ses houris.

** *Islambal*, c'est-à-dire *la plénitude du salut*, est un des noms que les Mahométans donnent à Constantinople.

L'infortuné Nobal que la vengeance appelle
S'éloigne furieux de la tente d'Irzèle.
    Tout à ses noirs desseins, dans l'ombre de la nuit,
Au camp du chef des preux Nobal s'est introduit.
L'astre d'Endymion brillait par intervalle;
Parvenu sans obstacle à la tente royale,
Il la voit s'entr'ouvrir; seul, et cachant ses traits,
Furtivement, dans l'ombre, il en sort un Français.
Sur lui Phœbé soudain lance sa clarté pure,
Nobal du roi de France a reconnu l'armure.
Charle des siens s'éloigne, il se livre.... ô bonheur!
Le Lombard suit ses pas, armé du fer vengeur;
Mais serait-ce bien Charle?... en sa course égarée,
Ciel! il laisse tomber une écharpe azurée.
Alzonde! c'est la tienne!... O Nobal! jour affreux!
Plus de doute, c'est lui! c'est ton rival heureux!
Qui peindrait son délire! il s'élance, il s'écrie :
« — Lâche! une mort honteuse est digne de ta vie;
» Vainqueur jadis si fier, tombe à mes pieds vaincu! »
    Hélas! de son rival il n'est pas entendu :
Les vents ont emporté ses cris et sa menace;
Chaque instant de Nobal a redoublé l'audace;
Il joint son adversaire.... il lui perce le cœur.
Dieu! quel cri lamentable a frappé le vainqueur!
Cette voix gémissante est celle d'une femme,
Et le son a vibré jusqu'au fond de son âme.

Ses cheveux sur son front se hérissent d'effroi ;
Il lève en frémissant la visière du roi ;
Il découvre ses traits.... mais, ô terreur profonde !
O désespoir !... Nobal est l'assassin d'Alzonde.

Sa fuite est expliquée.... épouvanté d'horreur,
Sur la terre Nobal se roule avec fureur ;
Alzonde avec effort lui tend sa main glacée,
Prononce un faible adieu d'une voix oppressée ;
Déjà ses yeux charmans se ferment à demi ;
L'infortunée encore appelle son ami....
Mais le son de sa voix s'est éteint au passage,
Comme un rayon du soir qui meurt sous le feuillage.
Nobal tombe à genoux. « — Par ma rage aveuglé,
» Alzonde, en te frappant, je me suis immolé.
» Tu volais vers Nobal, et Nobal t'assassine.
» Grand Dieu ! je reconnais ta vengeance divine ;
» Mon but était le meurtre.... hélas ! j'ai trop vécu ;
» Ce fer aura frappé le crime et la vertu. »
Il dit ; et dans son sein plongeant l'arme ennemie,
Nobal tombe expirant auprès de son amie ;
Et leurs âmes ensemble abandonnent leurs corps.
Alzonde, et toi Nobal, hôtes des sombres bords !
Ah ! tant que l'œil de Dieu veillera sur la terre (7),
Tant qu'au sommet des monts grondera le tonnerre,
Tant que souffrira l'homme...amans ! sur vos malheurs,

1 L'indulgente pitié viendra verser des pleurs.

   Du ciel l'astre des nuits venait de disparaître
1 Lorsqu'Irmensul, vêtu des habits d'un grand-prêtre,
 Se rend auprès d'Aldin et lui parle en ces mots :
 « — Noble fils de la Saxe! Aldin, vaillant héros!
 » Lève-toi!... des chrétiens viens embraser les tentes,
 » Viens leur porter l'enfer en tes mains flamboyantes,
 » Au comble des honneurs ainsi tu parviendras.
 » Les dieux l'ont ordonné, chef du Nord, suis mes pas! »
   Il a parlé; tous deux descendent sur la plaine:
 Un nuage de feux les guide, les entraîne,
 Et le dieu de l'abîme est reconnu d'Aldin;
 Le Saxon en tremblant tient sa torche à la main;
 Le char fatal s'arrête.... Irmensul, à sa vue,
 En noir serpent ailé disparaît sous la nue.
   Vers l'horizon s'élève un vent impétueux;
 Aldin marche à grands pas autour du camp des preux,
 L'incendie à l'instant de toutes parts s'allume;
 Armes, tentes, drapeaux, tout brûle et se consume;
 Partout la flamme augmente, et sur les pavillons
 Glisse, serpente, monte et rampe en tourbillons;
 Tout s'écroule englouti sous une voûte ardente;
 L'air retentit au loin des cris de l'épouvante;
 Le tumulte s'accroît avec l'embrasement;
 Bientôt le camp n'est plus qu'un sépulcre fumant;

Et parmi les charbons, la cendre et la fumée,
Le feu paraît sanglant et la mort enflammée.

Étranger aux complots d'Aldin et de Nobal,
Vitikin voit du camp le désastre fatal :
« — Amis! dit le héros, sur les preux de Lutèce,
» Voyez pleuvoir du ciel la flamme vengeresse;
» Douterez-vous encor du secours de nos dieux !
» Ah! courons au Veser à la clarté des feux,
» Forts de notre courage et de l'appui céleste,
» D'une insolente armée anéantir le reste.
» Déjà Charle vaincu devrait être en nos fers;
» Des succès trop tardifs sont presque des revers;
» Nos dieux nous ont frayé le chemin de la gloire,
» Amis! en votre nom je jure la victoire. »
Il dit; et sur la plaine il guide ses soldats.
A la lueur des feux dont s'éclairent leurs pas ,
Ils volent.... Dieu puissant, protecteur de la France,
A tes guerriers chéris prête ton assistance !
Irmensul, Vitikin, cent peuples furieux,
L'enfer, les élémens, tout s'est armé contre eux.

FIN DU CHANT VIII.

NOTES DU CHANT VIII.

(1)   T'offrit de l'Orient les produits merveilleux.

Parmi les riches présens envoyés à Charlemagne par Haroun-Alraschid, on eût remarqué des sabres et des épées dont la poignée était enrichie des pierres les plus précieuses, et dont la lame, fabriquée à Bagdad, coupait le fer le plus dur, sans les merveilles qui vinrent absorber tous les regards. — Une masse énorme, s'avançant par degrés jusqu'auprès de Charlemagne, offrit tout à coup, aux spectateurs effrayés, le premier éléphant qu'eussent encore vu les Français. Les historiens du temps nous ont conservé jusqu'à son nom : *Aboulaba*. Sur la plaine voisine on vit se déployer une tente tissue du lin le plus délié : cette tente renfermait autant d'appartemens que le plus vaste palais ; et sa hauteur était telle qu'un trait, lancé par l'archer le plus vigoureux, n'en pouvait atteindre le sommet. Mais un don plus surprenant encore, est la clepsydre. La foule émerveillée se presse autour de l'horloge que vient d'envoyer le calife : douze petites portes autour du cadran représentaient les douze heures : chaque porte s'ouvrait à l'heure qu'elle devait indiquer ; et de petites boules, s'en échappant aussitôt, tombaient l'une après l'autre sur un tambour d'airain : l'œil jugeait l'heure par le nombre des portes ouvertes, et l'oreille par les coups que frappaient les boules. A la douzième heure, douze petits cavaliers, sortant tous à la fois, refermaient toutes les portes en faisant le tour du cadran. (Voy. Mézeray, Daniel, Velly, Cordemoy, Eginhard, — *Annal. Metens.* — *Monach. S. Gal. de Reb. Carol. Mag.*)

(2)   . . . . L'illustre Barmécide.

Giafars Barmécide épousa la sœur d'Haroun-Alraschid, dont il fut l'ami le plus cher. Il éleva sa famille au plus haut degré de gloire ; mais sa disgrâce est une des plus terribles que puisse offrir l'histoire des cours. (Voyez, sur la fin tragique des Bar—mécides, *Elm., hist.* SARRACEN, — D'HERBELOT, *Bibl. Orient.*)

(3) . . . . Voici, chef intrépide,
Les clefs du Saint-Sépulcre où reposa ton Dieu.
Qu'aujourd'hui des chrétiens soit exaucé le vœu ;
Règne à Jérusalem.....

Hàroun-Alraschid , le héros de l'Asie , avait conçu une si haute idée de Charlemagne que , pour obtenir son amitié, il lui sacrifia la souveraineté de Jérusalem , et lui envoya les clefs du tombeau de Jésus-Christ (Voy. EGINH., *Vit. Carol. Mag.*)

(4) Crois-moi, du sol natal que l'hydre disparaisse!

On sait que les guerres de Charle contre les Saxons ne furent terminées que par la transplantation de ce peuple en Suisse et en Flandres : le héros français donna leur pays aux Abodrites, qui lui avaient toujours été soumis.

(5) Soudain l'iconoclaste.

Chazar , fils de Copronyme, et petit-fils de l'empereur Léon, fut un zélé persécuteur des adorateurs d'images. Après avoir versé des flots de sang, il mourut assassiné par son épouse Irène, qu'il avait élevée au trône. Bien différente de toutes les autres sectes qui sont nées dans la poussière scolastique, celle des iconoclastes naquit sur le trône le jour même où l'empereur Léon monta sur celui de Bysance. Issu de la condition la plus abjecte , il avait, dit-on, appris son élévation future de la bouche d'un Israélite, qui, pour prix de sa prédiction, avait exigé de lui la destruction du culte des images, en horreur aux Hébreux ; et Léon, plus fidèle à la foi d'un serment qu'à la foi de ses pères, proscrivit ce culte jusque dans Rome et l'Italie. Mais Rome et l'Italie, malgré ses ordres souverains, conservèrent avec respect les images de Dieu, de Jésus-Christ, de la Vierge et des saints, et détruisirent à l'envi celles de l'empereur Léon. Ce monarque, qui renversait les images du Créateur, fut indigné qu'on ne respectât pas les siennes. Pour châtier l'Italie, il envoya contre elle une armée navale; mais elle trouva son tombeau dans la mer Adriatique, et Léon fut obligé de borner ses persécutions à l'Orient. A sa mort, Copronyme, son fils, monta sur le trône, et, nouveau Néron, épouvanta l'Orient de ses crimes. Chazar lui succéda, et Bysance vit régner trois monstres de suite. Cependant la dispute relative au culte des images, fut agitée dans le midi avec chaleur : la nouvelle secte fut attaquée et soutenue par de grands talens. Irène, après s'être rangée du côté des iconoclastes, se déclara contre eux. Le concile de Nicée consacra le culte des images, et livra aux flammes les écrits des adversaires de cette doctrine. (Voy. MAIMBOURG, *Hist. des Iconoclast.* — *Les livres* CAROLINS, PLEFFEL, HÉGÉWISCH, EGINHARD.)

(6) O politique infâme ! ô maximes perfides !

Je ne sais pourquoi on a toujours élevé les jeunes gens (surtout autrefois) à admirer avec enthousiasme, comme actions sublimes, les atrocités des grands hommes romains. Quel singulier système que de donner à la jeunesse, comme exemples et modèles de vertu, des pères faisant tuer leurs enfans, des fils immolant leurs pères, des frères assassinant leurs sœurs, des sages s'égorgeant eux-mêmes, et des sujets poignardant leur prince, le tout pour conserver la prétendue liberté des Romains, qui, se croyant maîtres de leurs chefs, n'en étaient pour la plupart que les serviles instrumens !

(7) Ah ! tant que l'œil de Dieu veillera sur la terre.

Dans ces vers, l'auteur a tâché d'imiter ce beau mouvement de Virgile, à la fin de l'épisode de Nisus et d'Euriale,

Fortunati ambo, si quid mea carmina possunt,

traduit ainsi par M. Delille :

> Couple heureux! si mes vers vivent dans la mémoire,
> Tant qu'à son roc divin enchaînant la victoire,
> L'immortel Capitole asservira les rois;
> Tant que le sang d'Énée y prescrira des lois;
> A ce touchant récit on trouvera des charmes,
> Et le monde attendri vous donnera des larmes.

FIN DES NOTES DU CHANT VIII.

CHANT IX.

Par les vents secondés, des feux étincelans
Aux rives du Veser roulaient en flots brûlans,
Quand sur le roi des preux fond l'armée ennemie.
    Aux sinistres lueurs que répand l'incendie,
Du nocturne combat les chocs tumultueux
N'offrent qu'un long massacre en un chaos affreux;
Et devant tant d'horreurs, reculant révoltée,
L'aube sous l'horizon s'arrête épouvantée.
    Enfin le jour paraît. Jour de sang et de deuil!
Que de braves tombés en un même cercueil!...
Odoart et Géfand combattaient sur la plaine,
Ils ne se quittaient point. Une fidèle chaîne (1),
Selon l'antique loi des Sicambres guerriers,
L'un à l'autre attachait ces jeunes chevaliers.
Près de tirer le glaive, à son compagnon d'armes :
« — Ami! dit Odoart, liés au champ d'alarmes,
» Ensemble nous vaincrons ; la gloire et le danger,
» Tout nous sera commun : Si ce bord étranger
» A l'un de nous un jour ouvre une sépulture,
» Je mourrai de ta mort, ou toi de ma blessure. »

Mais Vitikin le frappe, il chancelle.... Géfand
D'une main le soutient, de l'autre le défend;
Ses forces par degrés s'épuisent.... il succombe :
Ainsi que par le cœur, réunis par la tombe,
Les deux nobles amis meurent en s'embrassant.

    Vers ces funestes lieux Charle accourt menaçant;
Les plus brillans succès ont marqué son passage;
Il renverse Targut, il immole Barnage,
Et perçant de son fer la gorge de Blanir,
Ouvre une double issue à son dernier soupir.
Osant lui résister, vieillard glacé par l'âge,
Riaxour à la force oppose le courage :
Vain espoir! il n'est plus. Affrontant le danger,
Almanzine, sa fille, ardente à le venger,
Seule arrête le roi, l'insulte et le menace;
Mais il la reconnaît, sourit de son audace;
Et ménageant son sexe, oubliant son courroux,
Sans frapper la guerrière il évite ses coups.
Almanzine se croit par Charle dédaignée,
Sa fureur est au comble.... Ennemie acharnée,
Vingt fois au fer du prince elle expose son sein;
Sa force est impuissante et son courroux est vain;
Désespérée alors de combattre sans gloire,
Elle fuit, et son bras cherche ailleurs la victoire.
Ses frères cependant, accourus à sa voix,
Attaquent le vainqueur et succombent tous trois.

Ils nagent dans leur sang près du corps de leur père.
Almanzine revient. « — O fléau de la terre !
» Chef-barbare ! dit-elle en s'adressant au roi,
» De ma famille entière il ne reste que moi ;
» Tous ont été frappés par ta main sanguinaire ;
» Daigne me joindre encore à mon malheureux père.
» Frappe, voilà mon sein !... Ah ! pour moi désormais
» Tes dernières fureurs deviendront des bienfaits. »
 Sans lui répondre, ému de sa douleur mortelle,
Charle s'est éloigné. « — Perfide, reprend-elle !
» Me laissant exister pour me laisser souffrir,
» Tu m'épargnes en vain, regarde-moi mourir. »
 A ce triste discours, qu'avec peine elle achève,
L'amazone en fureur se perce de son glaive ;
Ses yeux demi-fermés perdent leur vif éclat ;
De ses beaux traits la mort efface l'incarnat ;
Elle chancelle, tombe... et, plaintive guerrière,
Près de ses frères morts appelle encor son père.
Pendant l'orage ainsi, la rose du printemps
Enlevée à sa tige, errante au gré des vents,
Du lieu de sa naissance à jamais exilée,
Aux pieds du voyageur vient tomber effeuillée.

 Cependant Charlemagne animant ses guerriers,
Sur son front magnanime entasse les lauriers ;
Du premier des Césars le glaive prophétique,

Présent mystérieux d'une vierge angélique,
Étincelle en ses mains, triomphe sans effort;
Charlemagne est la foudre, et *Joyeuse* est la mort.

    Trois chefs l'ont provoqué, trois chefs tombent sans vie;
Vainement l'environne une foule ennemie,
Il résiste, terrible, aux plus fiers escadrons.
Tel un arbre élevé, seul au sommet des monts,
Quand les vents déchaînés attaquent son feuillage,
Sur son tronc immobile affronte en paix l'orage.

    Le vaillant Olivier, auprès du roi des preux,
Signalait par son zèle un nom déjà fameux;
O du cruel amour perfidie imprévue!
Almanzine aux combats avait frappé sa vue;
Soudainement épris de ses divins appas,
Long-temps le chevalier avait suivi ses pas.
Grand dieu! qu'aperçoit-il?... Almanzine expirante!...
Oubliant son devoir, et saisi d'épouvante,
Il descend.... la soulève, et la presse en ses bras.
Le preux ne voit plus qu'elle, il l'arrache au trépas,
Et quittant ses drapeaux, son poste, Charlemagne,
Il emporte Almanzine et fuit dans la campagne.

    L'aurore, belle et pure, éclairait l'horizon;
Sous des bosquets fleuris, sur un lit de gazon,
Le sensible Olivier dépose son amante.
Là, parmi des cailloux, un doux ruisseau serpente;
Et, brisée en son cours, l'onde se partageant

] D'un roc, à gros bouillons, tombe en nappes d'argent.

Dans son casque Olivier puise une eau salutaire,

] La verse sur le front de la jeune guerrière ;

] Légère est sa blessure, il la panse.... O bonheur !

Almanzine tressaille, il sent battre son cœur ;

Sa tête lentement se soulève.... « — O mon père ! »

Ces mots sont les premiers. Sa timide paupière

Se referme.... et sa voix, doux accent de l'amour,

Meurt comme le zéphir à la fin d'un beau jour.

Ivre de joie, au bord du ruisseau solitaire,

Olivier en ses bras soutenait l'étrangère :

« — Almanzine ! Almanzine ! ô toi, qu'avec transport

» Inspiré par l'Amour, j'ai ravie à la mort !

» Vois ton libérateur ! Amant tendre et fidèle,

» Il est à tes genoux, il t'implore, il t'appelle ;

» Sa vie est dans tes mains. Almanzine, en ce jour,

» Quand l'Amour t'a sauvée, ah ! renais pour l'Amour. »

A ces tendres accens, la guerrière troublée

Entr'ouvre lentement sa paupière accablée.

Elle a repris ses sens. « — Inconnu généreux !

» Quel est ton nom, dit-elle, et sur quels bords heureux

» A la clarté du jour tes soins m'ont-ils rendue ? »

Du paladin l'armure alors frappe sa vue,

Olivier sous le fer ressemblait à son roi ;

Elle frémit, se lève, et pousse un cri d'effroi :

Almanzine a cru voir l'assassin de son père.

« — Retire-toi, dit-elle, ô monstre sanguinaire !

» Bourreau de tous les miens ! Fuis, tu me fais horreur !

» — Moi ! s'écrie Olivier ; moi, féroce vainqueur,

» J'aurais frappé les tiens à la rive ennemie !

» Non, sur toi je veillais, j'ai conservé ta vie ;

» Olivier n'aspirant qu'à mériter ta foi,

» Ne veut plus exister s'il n'existe pour toi. »

 Il dit, et dans ses yeux se peint toute son âme ;

Les grâces du guerrier, les transports de sa flamme,

Sa beauté, ses discours, son accent, sa douleur,

Prêtent à sa jeunesse un charme séducteur ;

Le bocage fleuri, l'onde et son doux murmure,

Le chant des rossignols, les zéphirs, la verdure,

L'aurore, tout paraît vouloir en ce moment

Attendrir Almanzine en faveur d'un amant.

 « — Je te crois, a repris la sauvage guerrière,

» Je ne vois plus en toi l'assassin de mon père,

» Mais tu sers le tyran qui ravage ces lieux ;

» Porte ailleurs ton amour, chef, tu m'es odieux :

» Je jure à tout Français une haine éternelle. »

 Elle dit, et retrouve une force nouvelle :

N'osant tourner les yeux vers son libérateur,

Retenant un soupir qui pèse sur son cœur,

« — Gardez-vous de me suivre, Olivier ! reprend-elle ;

» Ou craignez ma colère ! » Et l'amante cruelle,

S'éloignant du guerrier, n'a laissé dans son cœur

(Que les regrets, l'amour, la honte et la douleur.

Cependant, attaqué par le fer et la flamme,
Charle à l'espoir de vaincre ouvrait encor son âme.
Sur la plaine, au milieu des débris tout sanglans,
De bataillons détruits, de pavillons brûlans,
Pendant la sombre horreur d'une nuit enflammée,
Le héros surpassait jusqu'à sa renommée.
Sous des toits embrasés, tel, non moins valeureux (2),
Dion, dans Syracuse, à la lueur des feux,
Au centre du carnage, à travers l'incendie,
Combattait les tyrans et sauvait sa patrie.

Mondragant a paru sur le champ des combats;
Sa lance gigantesque est la faux du trépas.
Ce souverain des Huns, effroyable colosse,
Barbare enorgueilli de sa valeur féroce,
Partout marche en vainqueur. Son casque éblouissant
Agite à flots pressés des crins couleur de sang.
Son regard fait frémir : sa voix seule terrasse :
D'un énorme dragon l'écaille est sa cuirasse.
Le glaive de ce monstre, en ses coups meurtriers,
Ouvre autant de tombeaux qu'il frappe de guerriers.
Il vole au sein des rangs, des dards, de la poussière,
Actif comme le feu, prompt comme le tonnerre,
Ou tel que l'Océan, quand d'un cours orageux

11..

Il roule en mugissant ses flots tumultueux.

Egbert* qu'au trône anglais appelle sa naissance,
Proscrit par sa patrie, accueilli par la France,
Là s'immortalisait parmi les fils des preux.
Traversant, invincible, un long rideau de feux,
Il fond sur un des chefs de l'armée ennemie,
Titan par sa stature, et dont la main impie
Brandissait d'Irmensul l'étendard menaçant (3).
Alors dans la mêlée une vapeur de sang
Paraissait, s'élevant de la terre tremblante,
Du combat infernal l'exhalaison brûlante.
Le géant frappe Egbert et l'ose défier;
L'insulaire en deux parts fend ce colosse altier.
La moitié du cadavre est tombé dans l'arène (4);
L'autre tient au coursier qui s'enfuit sur la plaine;
Et dans ses rangs surpris un escadron entier
Fait place en frémissant au reste du guerrier.

Né pour de hauts destins, et fier de sa victoire,
D'avance respirant son avenir de gloire,
Egbert poursuit sa marche, offrant aux ennemis
L'étendard d'Irmensul au champ d'honneur conquis.

Loin du funeste bord où s'illustrent les braves,
Sur un mont écarté, le chef des Scandinaves,

* Voyez sur Egbert les notes 1 et 2 du chant XI.

Fait retentir les airs du clairon des combats.

Harald, environné de ses vaillans soldats,

Leur crie : « Enfans d'Odin! aux armes! sur la plaine

» Des cris se font entendre.... une flamme lointaine

» S'élève étincelante et colore les cieux.

» Sans doute ouvrant d'Asgard le palais radieux,

» Thor, monté sur le char des filles de la guerre,

» A déployé d'Odin la sanglante bannière.

» Marchons!... » A ce discours vers le camp des Saxons

S'élancent de Harald les nombreux bataillons.

Le FIALAR sacré, palladium des braves (5),

S'avance, précédant les drapeaux scandinaves;

Et sur un pal doré s'élève au milieu d'eux

Le sanglier *Schrimner*, roi du festin des dieux (6).

Le frère de Harald, Asler aux blanches armes (7),

Pour la première fois volait au champ d'alarmes.

Héros adolescent, Asler ne porte encor

Que le *fer de l'attente*. Aux rives du Glamor*,

Hazilré, jour et nuit, pleure sur son absence.

Hélas! près de quitter les lieux de son enfance,

La veille il veut revoir un objet adoré.

Près le torrent du Dahn habitait Hazilré;

Mais il fallait d'Herkal passer le pont de glace.

Seul, couvert de frimas, plein d'espoir et d'audace,

---

* Fleuve qui prend sa source dans les montagnes de la Norwége, et se jette dans le Catégat.

Sur une mer de neige, Asler, qu'Amour conduit,
Marche aux sombres lueurs du *soleil de minuit*★.
Par les soins d'Hazilré le phare du mystère,
Chaque nuit s'allumait sur la tour solitaire.
Asler approche.... Un roc, en ce moment fatal,
Croulé du haut d'un pic, détruit le pont d'Herkal.
Un abîme l'arrête.... Ah! quittant sa patrie,
Faut-il, lorsque l'honneur l'appelle en Germanie,
Que, sans lui dire adieu, l'amant désespéré
Peut-être pour toujours s'éloigne d'Hazilré!

Asler marche rêveur. « — Eh quoi! lui dit son frère,
» La trompette résonne, et l'arme de la guerre,
» Sans force à tes côtés tombe négligemment!
» Descendant de héros, n'es-tu donc qu'un amant?
» Vois cette épée!... A peine au sortir de l'enfance,
» Je l'obtins aux combats pour prix de ma vaillance.
» A notre aïeul Odin, par l'illustre Mimer,
» Mithridate expirant fit remettre ce fer (8).
» Présent de la valeur! talisman de la gloire!
» Depuis que je te porte aux champs de la victoire,
» L'attrait des voluptés, le charme des amours,
» D'aucun voile jamais n'ont obscurci mes jours.

★ *Soleil de minuit*, ou aurore boréale. Ce météore apparaît assez fréquem-
ment en Scandinavie. (Voyez, sur ce phénomène du soleil de minuit,
SKJOLDBRAND, *Voyage pittoresque au Cap-Nord. Acerbi*, t. II, p. 137. —
Gaule poétique, t. IV, p. 89.)

« » Asler, imite-moi ! songe qu'hier ton frère

« » Du glaive des vaillans arma ta main guerrière.

« » L'amour est une fleur qu'un héros en secret

« » Respire sans ivresse et jette sans regret.

« » Pourrions-nous, fils du Nord, oublier qui nous sommes !

« » Notre patrie, Asler, seule est celle des hommes (9).

     » — Non, Harald, lui répond Asler en rougissant,

» Non, jamais de l'amour le charme attendrissant

» N'avilira ton frère : un funeste présage

» A seul causé mon trouble : à travers un nuage,

» Au–dessus de ma tête une faux à l'instant

» A paru s'abaisser.... Harald ! Héla m'attend.

» Plus de doute, sur moi planent les Walkyries

» Peut-être ce soir même aux rives ennemies

» J'aurai cessé de vivre, et mes restes glacés

» Au torrent du désert rouleront dispersés.

» Point d'urne pour ma cendre ! et sur ma tombe errante

» Jamais ne couleront les larmes d'une amante !

     » Mon frère ! ah ! que du moins le juge des héros,

» Le Scalde sur sa harpe illustrant tes travaux,

» Un jour puisse chanter aux fêtes d'Helsingie*

» Mes premiers faits brillans, les derniers de ma vie. »

     Il dit. Harald à peine entend ces mots plaintifs ;

---

* Plusieurs *saga*, ou chants scaldes, parlent de cette province et de ces fêtes.
(Voy. *l'Ode de* Regner Lodbrog , dans le Recueil de M. Biorner ; dans
Wormius , *Litterat. runica*, pag. 197; et dans M. Mallet , *Int. à l'Hist.
du Danem.*, t. II.)

Le chef est tout entier à ses travaux actifs.
Il marche à pas pressés. Une flamme éclatante
S'élève de la plaine, et sa lueur brûlante
Éclaire d'Héristal les rougeâtres créneaux.
Les morts livrés au fleuve ont arrêté ses eaux;
Et leurs flots lumineux débordés sur la plage,
Convulsifs et sanglans, couvrent l'affreux rivage,
Tandis qu'au-dessus d'eux, le vaste champ des airs
Représente, embrasé, la voûte des enfers.

A travers la mêlée Asler se précipite ;
Au livre des destins il croit sa perte écrite,
Et se jette au hasard au-devant du danger.
Charle atteint de son fer le sauvage étranger.
Asler résiste encor.... Sa beauté, sa vaillance,
Ont ému de pitié le héros de la France :
Il interrompt ses coups.... Mais confus, indigné :
« — Non, je ne reçois point l'affront d'être épargné! »
S'écrie avec fureur le jeune Scandinave.
Et plus fier que jamais, aussi constant que brave,
Percé de coups il tombe.... Un souris de dédain
Sur sa bouche erre encore; et l'héritier d'Odin
Entonne en expirant, d'une voix affaiblie,
L'hymne triste et plaintif des adieux à la vie*.

---

* Un vrai successeur d'Odin devait en mourant rire et chanter, sinon il mourait lâchement. On sait combien ces chants de mort étaient renommés.

Non loin le fier Milèse attaquait Mondragant.

« — Que fais-tu, malheureux ! dit le chef arrogant;

» Pour oser m'attaquer es-tu donc las de vivre? »

Il l'immole. A ses yeux se présente Malivre :

» — Viens! dit le Hun; Milèse, aux bords de l'Achéron,

» Pour passer aux enfers attend un compagnon.

» J'ai daigné te choisir pour consoler son ombre. »

Et Malivre est déjà sur le rivage sombre.

Rien ne résiste au Hun. Des périls se riant,

Plus il est attaqué, plus il est foudroyant;

Et son bras valeureux, protégé par la gloire,

Paraît avoir fixé la flottante victoire.

La sanglante lueur des feux qui couvrent l'air

A sur lui reflété les couleurs de l'enfer.

Sous son glaive a péri l'élite de la France.

Trop heureux qui mourant d'un premier coup de lance

D'une lente agonie évite les horreurs.

L'abîme a déchaîné ses monstres destructeurs :

Où rallier les Francs ! où sauver l'oriflamme !

Là, le fer des vainqueurs ; ici, l'onde et la flamme ;

Entre ces trois trépas la gloire combattait.....

Hélas ! sur la valeur le nombre l'emportait;

Charle résiste en vain ; son armée est cernée;

Partout est l'ennemi, la fuite est enchaînée ;

Plus d'espoir !.... O prodige ! ô secours merveilleux !

Du côté d'Héristal s'élève vers les cieux

En des flots de poussière une clameur lointaine.
Ce tourbillon vengeur a traversé la plaine :
Dieu! c'est Bozon!... Sa vue au loin jette l'effroi;
D'Héristal accourant au secours de son roi,
Le chef semble couvert d'une nue enflammée;
Les Saxons à sa suite ont cru voir une armée :
Leurs bataillons pressés se rompent devant lui ,
La terreur les égare!... en désordre ils ont fui.
Dans leurs rangs confondus Bozon s'ouvre un passage.
Le ciel, guidant ses preux, inspire son courage ;
Au fort de la tempête il s'élance vainqueur :
C'est l'ancre du salut! c'est le phare sauveur!

D'une moisson de fer les plages se hérissent,
Sous les coups redoublés les boucliers gémissent,
Mille dards à la fois se croisant dans les airs ,
Tracent, voûte fuyante , un long sillon d'éclairs;
L'heureux Bozon triomphe, et Charle sur la plaine,
Voit revenir à lui la victoire incertaine.
Moins grand s'offrit aux Grecs le vainqueur d'Ilion ;
Achille était Hector si Troie eût eu Bozon.

Mais tandis qu'à ses chefs chaque preux se rallie,
En cent lieux à la fois Charle se multiplie.
Ce n'est plus un mortel, un prince, un chevalier,
C'est l'ange des destins sous les traits d'un guerrier.
Tel l'océan reçoit et fleuves et rivières,

? Sans que son sein gonflé monte en vagues plus fières,
' Tel le prince, modeste au milieu des succès,
¡ N'enfle point dans son cœur l'orgueil de ses hauts faits.

Altès, roi des Slavons, dont la force indomptable
Soulève des rochers la masse inébranlable,
A voulu, dans leur fuite, arrêter ses soldats,
Le torrent malgré lui l'entraîne sur leurs pas.
Mais frappant l'ennemi qui vole à sa poursuite,
Du moins, par mille exploits, il honore sa fuite.
Tel un tigre, à pas lents, s'éloignant du chasseur,
Se retirant sans fuir, fait trembler son vainqueur.
Ralliant les Germains, honteux de leur défaite,
Vitikia vers son camp dirige sa retraite;
Il y rentre en bon ordre, et voit avec transport,
Ses plus fameux guerriers échappés à la mort,
Tandis que les Français, malheureux avec gloire,
Ont acheté bien cher leur fatale victoire.

FIN DU CHANT IX.

NOTES DU CHANT IX.

(1) . . . . Une fidèle chaîne.

Cette antique coutume du Sicambre s'est conservée long-temps parmi les compagnons d'armes. (*Voyez* Lacurne Sainte-Palaye, *Mémoires sur la chevalerie.*) Les jeunes guerriers amis échangeaient leurs armes, mêlaient leur sang dans une coupe, et, le jour du combat, s'attachant l'un à l'autre par une chaîne, marchaient ensemble pour partager le triomphe ou la mort. (*Voyez* SAINTE-PALAYE. — D. MARTIN, *Histoire des Gaulois.* — CHATEAUBRIAND, *Poëme des Martyrs.* — *La Chronique* d'ALBERIC DES TROIS-FONTAINES. — *Hist. de Miles et Amys, Bibl. des Romans.*)

(2) Sous des toits embrasés, tel, non moins valeureux,
Dion dans Syracuse, à la lueur des feux.

Dion, ayant chassé du trône Denys le tyran, fut forcé, pour récompense, de s'exiler lui-même de Syracuse; mais quelque temps après, les Syracusains, se voyant au moment de retomber au pouvoir du tyran, envoyèrent un ambassadeur à Dion pour implorer son secours. Dion accourut : les ennemis, apprenant son retour, mirent le feu aux quatre coins de la ville, la pillèrent, et massacrèrent dans les rues ses malheureux habitans, voulant enterrer la tyrannie sous les ruines de Syracuse. Dion, à travers l'incendie, pénétra dans la ville au milieu des cris de joie du peu d'habitans échappés à la mort; et là, parmi les flammes et les ruines, sur des murs écroulés et sanglans, Dion victorieux extermina les cohortes du tyran.

(3) Brandissait d'Irmensul l'étendard menaçant.

Cet étendard représentait Irmensul armé de toutes pièces, te-

« nant en main des balances : sur son bouclier se voyait un lion,
« et sur sa poitrine un ours. (*Voyez* Eginhard.)

(4)   La moitié du cadavre est tombé sur l'arène.

Ce fait, qui paraît si invraisemblable, est pourtant arrivé lors
des croisades, s'il faut en croire les auteurs du temps. C'est
Godefroi de Bouillon dont le glaive fendit en deux le colosse
d'un musulman ; et c'est Antioche assiégée qui vit rentrer dans
ses murs la moitié d'un guerrier se tenant encore sur un coursier fuyant épouvanté. (*Voyez* Tudébod, l. III. — Will., Tyr.,
t. VII, c. VI. — Robert, *Monach.*, l. IV.)

(5)   Le fialar sacré, palladium des braves.

Dans le palais d'Asgard, le fialar, ou coq rouge, perché sur
un palmier d'or, fait entendre son chant matinal : c'est le signal
des jeux guerriers. Aussitôt les fils d'Odin se lèvent, s'arment,
sortent de leurs pavillons, traversent les cent quarante-quatre
portes resplendissantes du Vahalla, et se rendent dans la lice, où
ils s'attaquent, se font de larges blessures, se tuent, et ressus-
citent ensuite au son de la lyre harmonieuse de Braga. De là
vient la coutume des guerriers scandinaves de se faire pré-
céder au combat par ce fialar sacré, image du coq rouge, qui,
tous les matins, appelle au combat les habitans d'Asgard.
(*Voyez* l'Edda.)

(6)   Le sanglier Scrimner, roi du festin des dieux.

Lorsque les sons de la harpe de Braga ont ressuscité les dieux
d'Asgard, ils se rendent à la salle du banquet : là, leur sont ser-
vies par les valkyries, les chairs brûlantes du sanglier Scrimner,
sur les disques des boucliers ; mais, à mesure qu'ils dévorent
ce sanglier, qu'ils nomment le *roi des festins*, il renaît sous le
couteau qui le divise. Ce festin est le plaisir des fils d'Odin, à
la suite des combats : et de là vient encore la coutume des guer-

riers scandinaves, de faire porter à la suite de leurs bataillons le
sanglier Scrimner, image qui leur rappelle qu'après les combats
les réjouissances du banquet les attendent. (*Voyez* l'Edda.)

> (7)   Le frère de Harald, Asler, aux blanches armes,
>   Pour la première fois volait au champ d'alarmes,
>   Héros adolescent, Asler ne porte encor
>   Que le fer de l'attente.

Le jeune Scandinave, marchant au combat pour la première
fois, ne portait que des armes blanches : son bouclier blanc se
nommait *le fer de l'attente*. Quand il s'était distingué, il obte-
nait l'insigne honneur d'y faire graver les marques de sa bravoure. Il en était de même des Goths et des Cimbres. (*Voyez*
POMPONIUS MELE, *De situ orbis*, l. II. — PROCOP., *Hist. Goth.*,
l. II.) La plus douce occupation d'un Scandinave était de
peindre son bouclier, et d'y graver ses exploits. (*Voyez* NORTH.,
Antiq. v. I, p. 242.

> (8)   A notre aïeul Odin, par l'illustre Mimer,
>   Mithridate expirant fit remettre ce fer.

L'univers asservi se taisait devant Rome : Mithridate seul luttait encore. Prêt à succomber, il jette les yeux jusque vers les
pôles glacés, pour y susciter des ennemis aux Romains. Mimer,
conseiller et ami d'Odin, voyageant à l'exemple des Scythes
Zamolxis et Anacharsis, arrive à Byzance : il entretient Mithridate de son roi Odin, et de la belle reine Frigga, son épouse :
Mithridate charge Mimer d'aller engager les Scandinaves à venir
le rejoindre sur les rives du Bosphore.

Mimer retourne à Asgard, capitale du royaume des Ases : le
belliqueux Odin voit s'ouvrir à ses yeux une immense carrière
de gloire, de conquêtes et d'aventures : il assemble ses armées,
il part; mais, à l'embouchure du Tanaïs, il apprend que Mithridate, vaincu et trahi, s'était donné la mort.

Mimer avait devancé Odin, pour annoncer à Mithridate l'arrivée de ses auxiliaires : il revient portant une épée sanglante, que, dit-il, Mithridate expirant lui a confiée, pour remettre à Odin, qui devra, avec ce fer, accomplir la volonté des dieux, punir les Romains, et leur arracher l'univers. Ce Mimer devint amoureux de Frigga ; il voyagea pour la fuir, et lui cacha son amour. Déjà âgé, revenu près d'Odin, il supplia son ami de le sauver de l'ignominie d'une mort obscure, en ordonnant à la prêtresse de ses autels de lui percer le cœur. Odin hésite entre la douleur de perdre un ami, et le désir d'accréditer ses préceptes par le trépas volontaire d'un personnage révéré : l'ambition l'emporte, et Frigga frappe celui qui l'adore. Odin fit embaumer et enchâsser dans l'or la tête de Mimer, la porta comme un talisman, et prétendit qu'il en recevait des oracles. (*Voyez* MARCHANGY, *Gaule poét.*, t. IV.)

(9)   Notre patrie, Asler, seule est celle des hommes.

Les Scandinaves, venant du Nord, disaient avec orgueil : *Nous venons de la patrie des hommes.* Le nom le plus ancien donné à la Scandinavie, est celui de *Mannaheim,* c'est à-dire *patrie des hommes.* (*Voyez* EGVIND SKALDASPILLER, *apud snor.* — HEIMSKRINGLA, t. I, c. IX, p. 10.)

FIN DES NOTES DU CHANT IX.

CHANT X.

Pour un cœur embrasé par l'amour de la gloire,
Qu'elle est douce la nuit qui suit une victoire !
Qui dort sur ses lauriers goûte un divin repos ;
L'heureux champ du triomphe est le lit d'un héros.
Près du Veser, suivi de ses guerriers célèbres,
Charle ordonne des morts les obsèques funèbres.
Angilbert à Guérin* s'adresse tristement :
« —Vois ! lui dit-il ; ainsi plus ou moins promptement,
» Les générations s'écoulent comme l'onde :
» A peine en son passage entrevoyant le monde,
» Tel que ces tendres fleurs qu'un souffle anéantit,
» L'homme brille un matin et le soir se flétrit.
» A la gloire, aux combats, s'il consacre son être,
» Éclair étincelant il luit pour disparaître ;
» L'âge, s'il vit en paix, l'atteint des mêmes coups ;
» Le présent qui s'enfuit est déjà loin de nous.
» Le temps entraîne tout, et seul reste immobile.
» L'enfant que chaque pas mène au dernier asile,

* Guérin de Montglave, tant chanté par nos romanciers.

‹ » Naissant parmi des morts, sur leur tombe est bercé;
‹ » La terre est dans l'espace un cercueil balancé.

   » O comble de tourmens! l'homme que tout enivre,
» Au moment de sa mort commence à savoir vivre;
» Et de son existence ayant hâté le cours,
» L'été de sa raison est l'hiver de ses jours.

   » Chef! heureux qui toujours des vertus s'est fait suivre!
» Laisser un nom fameux, c'est mourir pour mieux vivre;
» Imitons l'œil du jour qui, disparu des cieux,
» Laisse encore après lui l'empreinte de ses feux. »

Compagnons du monarque, amis de sa jeunesse,
Odoard et Gefand ne verront plus Lutèce!
Oh! quels regrets pour Charle!.. Auprès du camp français,
Il fait porter leurs corps au fond d'un bois épais;
De ces infortunés les vaillans frères d'armes
Escortent la dépouille; et l'œil baigné de larmes,
Couvrant leur bouclier du crêpe ténébreux,
Autour du char fatal, selon la loi des preux,
En l'honneur des guerriers dont la mort fut célèbre,
Tous, en chœur, de Roland chantent l'hymne funèbre (1).

   « Il est tombé le vainqueur d'Agramand;
» Mais Dieu lui seul a pu vaincre Roland.
» Il est tombé l'orgueil de la patrie;
» Mais nul mortel ne lui trancha la vie.

» Lorsque Roland, du trône heureux appui,
» Frappait le Maure ou le Saxon rebelle,
» Chacun fuyait en s'écriant : « *C'est lui !* »
» Lorsqu'on citait un preux, amant fidèle :
« — *Oh, c'est bien lui !* » se disait chaque belle.
« — *C'est encor lui ! toujours lui !* » s'écriait
» L'infortuné sauvé par un bienfait.

  » Déjà Roland, du fond de l'Ibérie,
» Revient vainqueur au sein de sa patrie ;
» Entre deux monts dont le front touche aux cieux,
» Il veut passer... Leur sommet sourcilleux
» De Sarrasins tout à coup se hérisse.
» Route funeste ! au bord du précipice,
» Rocs et sapins, par les brigands lancés,
» Autour du chef s'écroulent fracassés ;
» L'abîme attend l'avalanche tonnante ;
» L'onde égarée écume mugissante ;
» Sous le torrent, des gouffres ténébreux
» Ouvrent leurs flancs d'où jaillissent des feux
» Que suit la mort. Un dieu tonne, invisible :
» Il semblerait, en ce désordre horrible,
» Que l'univers dût périr écroulé,
» Pour qu'il soit dit : « *Roland fut ébranlé.* »

  » Ses compagnons ont roulé dans l'abîme.

» Roland, lui seul, Roland, l'effroi du crime,
» Quand l'onde obscure engloutit ses héros,
» Debout encor, plane sur le chaos.
» Seul, menaçant une horde parjure *,
» Le paladin lutte avec la nature.
» L'éboulement des arbres renversés,
» Les pics tombans et les rocs entassés,
» Sont les degrés que le guerrier terrible
» En immortel escalade invincible.

  » Il touche enfin la cime... et devant lui,
» Épouvantés, les Sarrasins ont fui.
» O jour fatal ! les ruines mouvantes
» Qui l'élevaient, s'éboulent mugissantes.
» La force en vain roidit ses bras nerveux.
» Le désespoir hérisse ses cheveux.
» Si près de vaincre, effroyable supplice !
» Roland retombe au fond du précipice.

  » Oh ! de Roland qui peindrait la fureur !
» En insensé, tirant son fer vengeur,
» Il fend les rocs **, et le sol qu'il divise

* Charlemagne ne s'attendait pas à l'infâme trahison de *Roncevaux*. Les troupes *parjures* qui y attaquèrent Roland, depuis long-temps vaincues et soumises, lui avaient prêté serment de fidélité.
** On montre encore dans les Pyrénées un rocher immense, fendu en deux, que le peuple appelle *le rocher de Roland*. Ce paladin l'entr'ouvrit ainsi, dit-on, d'un coup d'épée.

» A retenti sous les arbres qu'il brise.

» La cataracte, au milieu du torrent,

» Tombe à grand bruit ; l'illustre et noble Franc

» S'y jette ; il veut s'opposer à sa course,

» Et repousser les ondes vers leur source.

» Sur sa poitrine un cor est suspendu ;

» Il le saisit, il en tire, éperdu,

» Des sons roulans semblables au tonnerre :

» L'air en frémit, au loin tremble la terre.

» Monstres sanglans et reptiles impurs

» Rentrent troublés dans leurs antres obscurs ;

» Et le pasteur du vallon solitaire

» Croit avoir ouï la trompette dernière.

     » L'armée au loin écoutait en tremblant.

» Hélas ! tandis qu'elle accourt vers Roland,

» Le son faiblit... et meurt... profond silence !

» Roland n'est plus. Qui le pleure ? la France.

     » Il est tombé le vainqueur d'Agramand * ;

» Mais nul mortel ne lui trancha la vie.

» Il est tombé l'orgueil de la patrie ;

» Mais Dieu lui seul a pu vaincre Roland. »

     * Charle fit bâtir l'hôpital de Roncevaux au lieu même où périt Roland, la fleur de ses chevaliers.

1

Un simple monument aux deux amis s'élève :
Là brillent suspendus leur armure et leur glaive ;
L'arbre des morts l'entoure ; et le roi des héros
Sur le marbre glacé lui-même inscrit ces mots :
« — Ici de l'amitié reposent les victimes ;
» La mort interrompit leurs travaux magnanimes.
» Guerriers vaillans, tombés sous le glaive ennemi,
» Vos noms surnageront sur la mer de l'oubli. »

Les premiers feux du jour avaient charmé le monde ;
Les coursiers du soleil sortaient du sein de l'onde,
Et chassant devant eux les astres du matin,
Déjà nuançaient d'or l'azur d'un ciel serein.
Telle de rocs déserts s'offre une longue chaîne,
Tels les Français en ligne au loin couvrent la plaine.
Mais pendant l'incendie, ô funestes destins !
Les Saxons ont pillé le camp des paladins.
Magasins et trésors, tout est en leur puissance.
Que deviendront les preux !.. sans armes, sans défense,
En fuite, poursuivis, et d'opprobre couverts,
Vont-ils de leur désastre effrayer l'univers ?
« — Ah ! s'est écrié Charle, un ami véritable,
» Enulphe avait prédit le malheur qui m'accable. »
Un bruit sourd l'interrompt... en croira-t-il ses yeux ?
Enulphe est devant lui. — « Se peut-il ! justes cieux !
» C'est toi ! dit le monarque, ah ! mon cœur se ranime.

» Tu remplis ta promesse, Enulphe, ami sublime !

» Seul, je te vois toujours, conseiller vertueux,

» Près quand j'ai des chagrins, loin quand je suis heureux

» — Ambitieux guerrier ! dit le vieillard sensible,

» Voyez, loin de la France, en quel abîme horrible

» A su vous entraîner la soif de conquérir !

» Si Dieu n'avait ici daigné vous secourir,

» Aux champs du Nord, ces preux que l'univers renomme

» Succombaient immolés au fol orgueil d'un homme :

» Tout périssait... L'honneur d'un peuple de héros

» Sans tache eût resté seul debout sur les tombeaux.

   » Ne rien voir d'impossible à l'audace guerrière,

» Ne parler que de paix en ravageant la terre,

» Voilà le conquérant !.. S'érigeant un autel,

» Il doute de son être, il se croit immortel ;

» Et pense qu'à genoux les peuples, ses victimes,

» Doivent bénir sa rage, et lui vanter ses crimes.

   » Mais où m'emporte, prince, un trop juste courroux !

» Le ciel, je le répète, a pris pitié de vous.

» Un ange, cette nuit, a daigné m'apparaître.

« — Enulphe ! m'a-t-il dit, vole auprès de ton maître.

» Du côté du couchant, à l'enfer consacré,

» S'ouvre un roc souterrain des Saxons révéré :

» Là les farouches dieux de la Scandinavie,

» Insultant l'Éternel, tiennent leur cour impie (2),

» Si follement célèbre aux rives de Lochlin :

« » Cette immense caverne est le temple d'Odin.

« » Que Charle y vole, armé contre ses vains prodiges,

« » Qu'il brise ses autels entourés de prestiges;

  » Et les trésors sans nombre, amassés en ces lieux,

  » Que les prêtres d'Odin cachent à tous les yeux,

  » Rendront au camp français le calme et l'abondance.

    » Dans le vague des airs l'ange à ces mots s'élance,

  » Et disparaît semblable aux vapeurs du printemps

  » Que dissipe l'aurore ou que chassent les vents. »

    Sa mission remplie, Énulphe se retire.

Rassemblant ses guerriers, le héros de l'empire

Choisit quinze d'entre eux; et seul, avant la nuit,

Au temple ténébreux lui-même les conduit.

    Ils parviennent bientôt à la roche terrible :

Nulle porte à l'entour, nulle trappe visible ;

Leur espoir est trompé... Mais à leurs pieds soudain

Quels accens douloureux partent du souterrain !

Le roi prête l'oreille... une empreinte inconnue,

Des signes sur la pierre, ont attiré sa vue ;

Il se courbe... il observe... et sa main s'arrêtant

Sur un ressort caché, le roc s'ouvre à l'instant :

Un précipice obscur devant lui se présente.

    Dans ce gouffre profond, demeure menaçante,

De noirs degrés à pic conduisent en tournant.

Charle, ardent à braver un péril éminent,

S'empresse de descendre... Une voix sépulcrale,
Sortant des longs caveaux de la grotte infernale,
Crie au roi : — « Téméraire! un horrible trépas
» Attend l'être insensé qui porte ici ses pas.
» Fuis, ou tremble! » A ces mots, le héros de la France,
Suivi des siens, déjà, sous une voûte immense,
Est au pied des degrés. Une pâle lueur
Des ténèbres au loin vient percer l'épaisseur.
Charle, que rien n'étonne, et que le ciel seconde,
Vers la clarté s'avance... Une vaste rotonde,
Que des lampes d'argent éclairent à demi,
Présente à ses regards l'assemblage ennemi
Des simulacres vains que le Germain révère.
Odin est le premier. En sa main sanguinaire
Brille resplendissant le glaive des héros.
Là, le frêne Idrasil étend ses long rameaux (3);
Un serpent l'environne. Autour du dieu celtique
Se rangent des premiers Baldèr le pacifique (4),
Thor l'exterminateur (5), Thir, le chef des vaillans (6),
Surtur*, prince des feux, Nior, maître des vents (7),
Braga, chantre des cieux (8), et Var, dieu du silence (9):
Par neuf vierges conçu, là, fier de sa naissance,
Au pont des trois couleurs, s'offre Heimdall aux dents d'or (1!
Là paraissent enfin tous les enfans de Bor.

     * Surtur (*Voyez* la note 8 du chant VII.)

Des instrumens, des voix, chœurs sacrés des druides,
Ont fait retentir l'air sous ces voûtes perfides ;
C'est l'hymne scandinave (11). A ces accords nouveaux,
Charle écoute attentif ; le chœur chante ces mots :

» — Silence, fils de l'homme! et vous, errantes sphères,
» Paix ! Des dieux immortels je chante les mystères.

» Dans le chaos dormaient le monde et les humains ,
» Quand naquirent soudain les Géans et les Nains;
» Alors rugit la guerre : au bord du vaste abîme
» Les héritiers de Bor ont traîné leur victime (12);
» C'est Ymer : de son crâne ils ont formé les cieux ,
» La mer de ses sueurs , l'herbe de ses cheveux ,
» Les rochers de ses dents, de son cerveau les nues ,
» Tous les monts de ses os, et de ses chairs velues
» La terre , ses forêts, et le fort de Midgard.

» Le chaos a mugi... Les divins rois d'Asgard
» Ont condensé les airs , ont épuré la flamme ,
» Et de deux bois flottans ont fait l'homme et la femme ;
» C'est Asque, c'est Emla... Mais quel déluge affreux !
» Bergelmer seul échappe aux flots impétueux;
» Le monde se repeuple... Hélas ! le dieu du crime
» De nouveau, contre l'homme, a déchaîné l'abîme.

» Le ciel s'irrite enfin... le globe est délivré :
» Lock, sur un mont désert, aux vautours est livré (13) ;
» Les poisons d'un serpent, seuls, forment son breuvage
» Et de l'un de ses fils, égorgé sur la plage
» Par un frère abhorré, les intestins brûlans,
» Lui servent de liens et l'entourent sanglans *.

　» Héla triomphe!... Il luit l'affreux jour des ravages.
» La terre, ce vaisseau qui flotte sur les âges **,
» S'ébranle... la mer s'enfle... En fureur, sous les eaux,
» Le grand serpent se roule et soulève les flots.
» Des étoiles s'éteint la brillante lumière ;
» Le soleil se noircit ; la mer couvre la terre ;
» Et la trompe sonnant, l'univers enflammé,
» Dans l'espace à jamais s'engloutit consumé ***.

　» Alors des flots s'élève une terre nouvelle (14) ;
» L'onde a fui, le feu cesse, et la vie immortelle
» Enfin a commencé pour le vrai fils des dieux :
» Homme ! sois juste et pur, tu t'ouvriras les cieux. »

　Là les chants ont cessé. Suivi du jeune Guise,

---

* (*Edda*. Mith. de MALLET, 31e fable.)

** Les Sandinaves donnaient ce nom à la terre.

*** (Voyez la description de la fin du monde dans l'*Edda*. Mith. de MAL-
LET, 32e fable du *Crépuscule des Dieux*.)

Charle aux autels s'élance, et le premier les brise.
Sur lui fond à l'instant un dragon colossal,
Un long serpent ailé : du gardien infernal
Nul fer n'entamerait l'écaille impénétrable ;
Joyeuse frappe en vain le monstre invulnérable.
Aux champs de la Phocide, aux bords du Céphisus,
Tel le dragon de Mars se jeta sur Cadmus ;
En cercles replié, triplant sa force extrême,
Déchaîné par les dieux, et presque dieu lui-même.
  Terrible, il se redresse ; aussi prompt que l'éclair,
Il veut enlacer Charle en ses griffes de fer,
Quand sous les feux vomis par sa geule sanglante,
Le prince se détourne, et dans sa gorge ardente
Plonge son glaive entier... Le monstre menaçant
Chancelle, tombe, roule, et meurt en mugissant.
  Nouveau fils d'Agénor, le héros de la France,
Au fond de la caverne à pas pressés s'avance.
Une porte d'airain se présente à ses yeux ;
Elle arrête ses pas... Des sons mélodieux,
Mariés à des voix de vierges, de prêtresses,
Maintenant de Vingolf* célèbrent les déesses.

  « Reine des cieux, Friggis, écoute nos accens ! (15)
    » Vara **, préside à nos sermens.

* *Vingolf* ou *céleste séjour de l'amour et de l'amitié*, est le palais des
déesses. Il est bâti sur une plaine nommée *Ida*. (*Voy*. les Edda.)
** Vara déesse de la vérité et des sermens (*Voy*. les Edda.)

» Oder aimait Fréya * : la gloire au loin l'appelle ;
   » Il fuit une épouse fidèle.
   » Hélas ! la mère de Nora,
   » Cherchant l'époux qui l'adora,
» Chaque matin se rend sur le mont solitaire,
» Et de ses larmes d'or ** arrose la bruyère.
   « Revient-il ? non. Parmi les dieux puissans,
   » Il est aussi des inconstans.

   » Toi qui rends l'homme à l'existence,
» Salut, divine Égra ***, seconde providence !
» Accueille aussi nos chants, aimable Sinaïs !
   » Au mont Ida, quand les fils de Friggis
   » Ont des combats déployé la bannière (16),
   » Tu viens présider à leurs jeux ;
» Et toi seule, calmant leur fureur sanguinaire,
   » Ramènes aux banquets des dieux
   » Les athlètes victorieux.
   » Au ciel, ainsi que sur la terre,
   » Par l'amour le brave est dompté :
   » Partout aux pieds de la beauté
   » Tombent les lauriers de la guerre.

---

* (*Voyez*, sur Fréya, Oder et Nora, la note 9 du chant II.)
** De là vient qu'on appelle Fréya *la fée aux larmes d'or.*
*** Égra, déesse de Vingolf, est l'Esculape scandinave.

» Déesse de la chasteté !

» O Géfione ! en vain un dieu perfide

) Osa certifier qu'un jeune et beau druide

» Te fit présent d'un voile , et qu'épiant tes pas,

» Il le surprit un jour endormi dans tes bras *;

    » Maudit fut Lock. Chaste déesse,

    » Nul ne douta de ta sagesse ;

» A sa cour cependant, Odin, depuis ce jour,

» Te regarde et sourit dès qu'on parle d'amour.

» Homme! ose encor te plaindre, au vallon des misères,

    » Des impostures de tes frères :

    » La calomnie au front audacieux

    » Se glisse aussi parmi les dieux.

    » Et vous , célestes Walkyries ,

    » Qui des héros réglez le sort!

» O nymphes des combats ! sur les champs de la mort

» Sauvez les cœurs sans tache, et frappez les impies.»

A ces derniers accords, Charle et ses combattans

De la porte, à grand bruit, ébranlent les battans :

Elle est prête à céder... ô spectacle! ô féeries !

Dix prêtresses en pleurs, des souterrains sorties,

Tombent à leurs genoux. Leurs grâces, leurs attraits,

(Voyez les Edda.)

Déjà troublent le cœur des chevaliers français.
Sur leur sein demi-nu coule un torrent de larmes ;
Leur vêtement léger cache à peine leurs charmes.
Qui n'eût été ravi de ce tableau divin !
L'œil s'arrête ébloui sur les vierges d'Odin :
Les posséder sans doute est le bonheur suprême ;
Leur regard langoureux est la volupté même ;
Leur teint l'albâtre pur ; et sur leurs fronts voilés
Flottent au gré du vent leurs longs cheveux bouclés.

    « — Paladins, arrêtez ! dit une des prêtresses,
» Ne portez point sur nous vos fureurs vengeresses.
» Nous sommes sans défense. Ah ! pourriez-vous, cruels
» Insulter à nos pleurs, et briser nos autels !
» Eh ! qu'y gagneriez-vous ?... La reine des déesses
» N'a jamais ici-bas enrichi ses prêtresses.
» Laissez-vous attendrir, abjurez vos projets.
» Vous êtes vertueux... N'êtes-vous pas Français ? »

    La jeune enchanteresse, à ces plaintes perfides,
Sur Charle et ses guerriers lève ses yeux humides.
Sa grâce, sa beauté , son organe enchanteur,
Ont embrasé leurs sens , ont attendri leur cœur.
Des compagnons du roi la fureur adoucie
Déjà ne tonne plus contre le roc impie.
Hélas ! ils vont promettre à ces jeunes beautés
De respecter leur temple et leurs solennités ,
Lorsque Charle s'écrie : « — Amis ! qu'allez-vous faire !

» Vous ! des monstres du Nord épargner le repaire !...

» Ici, nous a-t-on dit, les dangers sont affreux :

» Triomphez des plus grands, ils sont devant vos yeux.

» Les idoles de sang, que nous venons détruire,

» N'ont pu vous effrayer, elles vont vous séduire.

» Mais leurs enchantemens pourraient-ils nous troubler !

» Le ciel guide nos pas, l'enfer seul doit trembler. »

Il dit, et le fer nu repousse les prêtresses :

Elles ont fui. Déjà du temple des déesses

Il a brisé la porte.... ô prodige éclatant !

Un tourbillon de feux en jaillit à l'instant.

« — Guerriers ! un vain prestige ici nous environne,

» Poursuit le roi des preux. Suivez-moi, Dieu l'ordonne.

» Enchantemens, cessez ! » Dans la flamme, à ces mots,

A peine s'est jeté l'intrépide héros,

Qu'autour de lui soudain s'éteint le feu magique.

Alors s'offre à sa vue un temple magnifique :

Un millier de flambeaux l'éclaire... et vers les dieux

Des cassolettes d'or l'encens s'élève aux cieux.

C'est là l'*upsal* divin, la demeure sacrée (17),

Dont l'enfer défendait la redoutable entrée.

Charlemagne a vaincu tous les enchantemens.

Ces lampes, ces tableaux, ces pompeux ornemens,

Ces marbres, ces tapis, ce luxe qu'il contemple,

Ces chefs-d'œuvre de l'art appartiennent au temple.

O destin ! voilà donc de cent peuples fameux,
Tour à tour triomphans, tour à tour malheureux,
L'héritage immortel ! L'Égypte, l'Assyrie,
Et Carthage et la Grèce, et Tyr et l'Italie,
En furent tour à tour les heureux possesseurs;
Et les voilà pourtant, ces trésors voyageurs,
Loin des champs embaumés de leur douce patrie,
Enfouis dans le Nord au fond d'un gouffre impie(18) !

    D'où viennent ces trépieds, ces vases, ces tapis?
Des palais de Diane ou des grottes d'Isis ?
Paraient-ils l'antre obscur de quelque oracle antique?
Ou du fils de David le temple magnifique?
Virent-ils la vestale autour du feu sacré ?
Ou sur l'autel d'Ammon, Alexandre adoré ?
Brillaient-ils en Élide aux fêtes olympiques?
D'Amathonte ornaient-ils les odorans portiques?
Suivirent-ils César sous des arcs triomphaux ?
Des princes de Memphis couvraient-ils les tombeaux?
Enfin, cédés au juste, ou livrés à l'impie,
Ont-ils payé la gloire ou soldé l'infamie?

    Sur le vaste contour du palais merveilleux
Charle jette en silence un regard curieux.
Sous un dais, à l'autel, sculpture précieuse,
S'élève de Friggis la statue orgueilleuse :
Un long voile la couvre et dérobe ses traits.

Jusqu'au parvis sacré s'avancent les Français.
Dieu sauveur des chrétiens ! tu remplis tes promesses.
Charle en dix urnes d'or voit d'immenses richesses :
Sa troupe s'en empare, et sort du souterrain.
Hélas !.. tous à leur tête ont vu leur souverain ;
Et ce n'est, devant eux, qu'une ombre qui les guide.
Charle est demeuré seul : un prestige perfide
Autour de sa personne a figuré ses preux.
Quand le bandeau funeste est tombé de ses yeux,
La porte est refermée, et le prince intrépide,
Seul, reste sans secours en un temple homicide.

Ministres d'Irmensul, des prêtres assassins
Apparaissaient, armés, au chef des paladins.
On l'entoure... ô fureur !... la cohorte ennemie
A tous momens s'accroît, des souterrains vomie.
Tel des dents d'un serpent, sur la poudre semés,
Jason voyait sortir des bataillons armés.

Les traîtres ont fondu sur le roi sans défense
Plus de salut !... la mort est sa seule espérance.
Charle en guerrier du moins attend le coup fatal :
Lorsqu'à l'autel sacré du repaire infernal
Il croit voir de Friggis s'ébranler la statue :
Les longs voiles épais, qui dérobaient sa vue,
Se lèvent à moitié.. . De la main de Friggis

Se déroule une toile offrant ces mots écrits :

« — A mes yeux ce guerrier n'est point un sacrilége.

» Prêtres ! retirez-vous.... Alfader * le protège. »

   Les druides ont fui consternés et tremblans.

De la reine des dieux tombent les voiles blancs.

O Charle ! est-ce ton œil ou ton cœur qui t'égare ?

La statue est vivante, et Friggis est Ulnare.

Dieu ! quels divins accens ! « —Charle, reconnais-moi !

» Je me jette, invincible, entre la mort et toi.

» De ce temple l'accès est ouvert aux druides ;

» J'ai trompé de Friggis les prêtres homicides ;

» De leurs vils enchanteurs j'ai su confondre l'art ;

» Et suis pour ton salut *partout et nulle part.* »

   La vierge disparaît à ces mots prophétiques.

Soudain un bruit confus tonne en ces murs magiques ;

Et le héros français, à l'autel de Friggis,

Revoit autour de lui ses guerriers réunis.

   Leur guide fantastique avait fui de leur vue.

Contre un temple odieux leur fureur s'est accrue :

Renversés des autels sur les marbres rompus,

Ses simulacres vains périssent confondus ;

L'Upsal est dévasté, rien n'échappe à leur rage :

---

* Alfader est le père universel des dieux scandinaves.

Ce qu'épargne le fer, la flamme le ravage.
Ils ne laissent, quittant ces caveaux ennemis,
Que des murs dépouillés et de fumans débris.

Chargés de trésors, Charle et sa troupe guerrière
S'arrêtent fatigués hors du roc funéraire.
Mais, ô nouvel effroi!.. le temps s'est obscurci ;
La tempête a grondé, l'aquilon a mugi,
L'éclair ouvre la nue.... ô prodige céleste !
Tombant avec fracas sur le caveau funeste,
La foudre anéantit le palais écrasé;
Le sol tremble, s'entr'ouvre, et l'air s'est embrasé.
Sur le temple d'Odin Dieu tonne.... Plus de grâce !
Le rocher disparaît, un lac a pris sa place.

Cet antre foudroyé, ces ténèbres, ces feux,
De l'infernale rive offrent l'aspect hideux ;
La nature se tait.... l'onde lourde et stagnante,
En infectant les airs, porte au loin l'épouvante.
Aux lueurs des éclairs, de sinistres oiseaux
Poussant des cris plaintifs, voltigent sur les eaux.
De ce brûlant désert, effroi de la nature,
Un souffle sulfureux a séché la verdure.
Arbres, plantes, gazons, arbrisseaux, tout est mort :
L'effroi, le désespoir, règnent seuls sur ce bord.

Hélas! auprès du lac, Charle appelant Ulnare,

Redemande une amante à l'Averne barbare :
La vierge a dû périr en ce gouffre d'horreurs.
En vain, autour de lui, ses nobles défenseurs
Cherchent à l'arracher au trouble qui l'égare.
L'écho triste et plaintif appelle encore Ulnare.

FIN DU CHANT X.

NOTES DU CHANT X.

(1) Tous, en chœur, de Roland chantent l'hymne funèbre.

L'hymne de Roland fut si long-temps chanté dans toute la France, que nos historiens littéraires ont cru pouvoir en retrouver quelques restes. Le fait est cependant qu'elle s'est tout-à-fait perdue, et je n'ai prétendu en donner qu'une imitation. Les anciens preux, marchant aux combats, chantaient l'hymne de Roland, comme les Saxons l'hymne d'Arminius. Le jour de la bataille de Poitiers, le roi Jean, entendant des soldats chanter la chanson de Roland, leur dit avec humeur : « Il y a long-temps qu'on ne voit plus de Roland parmi les Français. » Un vieux soldat, blessé de ce reproche, répondit fièrement : « C'est qu'il n'y a plus de Charlemagne pour les conduire. »

(2) . . . . Tiennent leur cour impie,
Si follement célèbre aux rives de Lochlin.

Lochlin est le nom que les anciens donnaient à la Scandinavie. Dans les poésies erses il est souvent fait mention d'Odin, nommé fréquemment Loda, comme du dieu de Lochlin, c'est-à-dire de la Scandinavie. (*Voyez* MACPHERSON, *Poésies erses,* ou l'*Edda.*)

La Scandinavie se composait de tous les peuples compris sous le nom de Suiones (Suédois), et de Sitones (Norwégiens). Le roi Alfred comprenait, dans sa Géographie, la Suède, la Norwége, le Danemarck, la Gothie, la Biarmie, le Queenland, la Finlande.

Qu'on ne me reproche point de m'être plu à parler des Scandinaves! Ces anciens guerriers du Nord, connus sous le nom de Normands, séduits par nos rives fertiles, établis dans nos pro-

vinces (une d'elles porte encore leur nom), agréés par la patrie, vinrent se naturaliser Français. Par une alliance éternelle,
ils ont réuni à notre histoire tout ce que la leur avait de curieux ; et au moyen de cette adoption, les fastes du Nord ne
nous sont point étrangers. Il me semble donc, en quelque sorte,
chanter nos ancêtres, en célébrant les Scandinaves ; et ma
prédilection pour ces peuples vaillans est encore un penchant
national.

Nul peuple de l'antiquité ne fut plus épris de gloire que le
Scandinave : sa religion était faite pour exalter son courage naturel : « Cette belle mythologie, dit un de nos auteurs, a un
» ensemble régulier : les révolutions du monde intellectuel et
» matériel se succèdent comme les épisodes d'un grand poëme,
» qui commence à la naissance du monde et se termine à sa
» destruction. Ce serait une grande erreur de ne voir dans cette
» religion que les rêves incohérens et inexplicables d'une ima-
» gination sauvage : la lutte continuelle des dieux de la lumière
» contre les dieux des ténèbres explique d'une manière sublime
» le contraste du bien et du mal qui se fait remarquer trop sou-
» vent dans la nature... On y voit la nature aveugle, organisée
» par l'intelligence ; le trouble introduit par l'avarice ; l'har-
» monie du céleste séjour détruite par la mort du dieu de la
» paix ; le désordre moral amenant la fin des siècles ; les dieux
» bienfaiteurs victimes d'un destin inflexible, qu'ils connaissent,
» et que cependant ils bravent ; la mort assise sur l'univers en
» deuil ; le plus grand des dieux renaissant des cendres de cet
» univers incendié, etc.

» Les Scandinaves (dit M. de MARCHANGY, *Gaule poétique*) je-
» tèrent les fondemens de l'empire russe, abordèrent en con-
» quérans l'Écosse, l'Irlande, les Orcades, les Hébrides : au
» neuvième siècle, leurs navigateurs visitèrent l'Islande, et
» découvrirent le Groënland... Enfin, au dixième siècle, ils dé-
» couvrirent l'Amérique. »

Certes, un peuple aussi brave était digne de devenir Français ; et la gloire aime à s'allier à la gloire. Non contens d'être

e les plus fiers guerriers du Nord, les Scandinaves voulurent
ti aussi en être les premiers poëtes; et leurs scaldes sont aussi
i immortels que leurs héros. (*Voyez* sur les scaldes, la note 13
il du VIIe chant.)

(3)   Là, le frêne Idrasil étend ses long rameaux.

« C'est sous le frêne Idrasil que les dieux s'assemblent chaque
» jour, et rendent la justice... Ce frêne est le plus grand et le
» meilleur de tous les arbres : ses branches s'étendent sur tout le
» monde, et s'élèvent au-dessus des cieux. Il a trois racines extrê-
» mement éloignées les unes des autres; l'une est chez les dieux,
» l'autre chez les géans, là où était autrefois l'abîme; la troi-
» sième couvre les enfers, et c'est sous cette racine qu'est la
» source des fleuves qui y coulent. Un serpent ronge cette
» racine par dessous. » (*Voyez* M. MALLET, *Edda myth.*
Fable VIII.)

(4)   Se rangent des premiers Balder le pacifique.

Le dieu Balder est le second fils d'Odin : Apollon des Scandinaves, il est beau comme l'astre du matin; son regard éblouissant lance des rayons, et rien n'égale sa bonté. Sur les colonnes
de son palais, où n'entre rien d'impur, sont gravées des runes
propres à évoquer les morts. « —Pour vous faire comprendre la
» beauté de ses cheveux (est-il dit dans l'*Edda*), vous devez
» savoir que l'on appelle la plus blanche de toutes les herbes *le*
» *sourcil de Balder*.» Ce dieu est en outre très éloquent; il aime
les honneurs, il veut la paix; et les jugemens qu'il prononce
sont irrévocables. Balder fut tué par l'aveugle Hæder, armé
d'une branche de gui, ainsi que je le rapporte dans la note 3 du
XVe chant. (*Voyez* l'*Edda myth.*) Les dieux, et surtout Odin,
furent inconsolables de sa perte; ils lui dressèrent un bûcher
sur son vaisseau, le plus beau vaisseau du monde; et Nanna, sa
femme, morte de douleur, y fut brûlée avec lui, ainsi que son
cheval et son nain.

(5)   » Thor l'exterminateur. . . . .

Thor, fils aîné d'Odin, est le plus fort et le plus illustre des
dieux; il habite un palais magnifique; car il est dit dans le
poëme de GRIMMIS : — « Il y a cinq cent quarante salles dans
» le palais tortueux du dieu Thor; et je crois qu'il n'y a pas de
» plus grande maison que celle de cet aîné des fils. » Le char de
Thor est tiré par deux boucs, quand il va dans le pays des
géans. Ses voyages, rapportés dans l'*Edda*, sont d'une extrava-
gance sans exemple. Ce dieu possède trois choses merveilleuses:
une massue, la terreur *des géans de la gelée*; un baudrier, qui
double ses forces lorsqu'il le ceint; et des gants de fer, dont il
ne peut se passer lorsqu'il veut prendre le manche de sa massue.
(*Voyez* la note 1re du chant XVI.)

(6)   . . . . Thir, le chef des vaillans.

Thir est le dieu de la valeur téméraire, le Mars des Scandinaves. Qui dit *brave comme Thir*, dit un homme qui surpasse
tous les autres en valeur. Voici une preuve de son intrépidité :
— « Un jour les dieux voulurent persuader au loup Fenris,
» leur ennemi, de se laisser attacher; mais celui-ci craignit
» que les dieux ne voulussent plus le délier ensuite, et il refusa
» constamment de se laisser enchaîner, jusqu'à ce que Thir eût
» mis sa main en gage dans la gueule de ce monstre. Les dieux
» n'ayant pas jugé à propos de retirer ce gage, le loup emporta
» la main du dieu, la coupant dans l'endroit qu'on nomme, à
» cause de cela, *l'articulation du loup*. Depuis ce temps-là, ce
» dieu n'a plus qu'une main. Sa grande prudence a donné lieu à
» cette façon de parler : *Il est prudent comme Thir ;* mais on
» ne croit pas que ce dieu de la valeur aime à voir les hommes
» vivre en paix. » (MALLET, *Edda myth.*)

(7)   . . . . Nior, maître des vents.

Nior, Neptune scandinave, est le maître des vents, des feux

et des ondes : il est l'époux de Skada, fille du géant Thiasse. Leurs chants et leurs amours sont vraiment curieux. Ils habitent ensemble au bord de la mer un lieu nommé Noatum. Immensément riche, il est le dieu de la chasse, de la pêche et de la navigation; il est père de Frey et de Fréya : son trône est une vaste et brillante conque.

(8)   Braga, chantre des dieux . . . .

Braga, célèbre par sa sagesse et son éloquence, est le dieu de la poésie. Sa femme Idunal garde dans une boîte les pommes de l'immortalité, dont les dieux mangent pour se rajeunir. (*Voyez* l'*Edda.* — MALLET, *Introd. à l'Hist. de Danemarck,* t. I et II.)

(9)   . . . . Et Var, dieu du silence.

Le taciturne Var ou Vidar porte des souliers si épais et si merveilleux, qu'avec leur secours il vole dans les airs, et court sur les eaux, sans faire le plus léger bruit.

(10)   . . . . Heimdall, aux dents d'or.

Fils de neuf vierges, qui sont sœurs, Heimdall, est surnommé *aux dents d'or,* parce que ses dents sont de ce métal. Il demeure au bout de l'arc-en-ciel, nommé *pont tricolor,* ou pont de Bifrost, dans un château dit *le fort céleste.* Ce portier des dieux a ordre de se tenir à l'entrée du ciel, pour empêcher les géans de forcer le passage du pont : il a une trompette qui se fait entendre par tous les mondes. (*Voyez* l'*Edda.*) Ce Mercure scandinave porte l'étendard des dieux. Il est parfois le juge des combats, et on le représente avec une crête et quelquefois avec une tête de coq.

(11)   C'est l'hymme scandinave. . . . .

Mon hymne scandinave n'est autre chose qu'une traduction abrégée, ou plutôt une imitation de la fameuse Voluspa, poëme

sacré des Scandinaves, espèce d'Apocalypse, dont l'*Edda* n'est
que le commentaire. Voluspa signifie l'*oracle* ou *la prophétie
de Vola*. Ce poëme attribué à la sibylle du Nord, contient dans
deux à trois cents vers tout le système de la mythologie scandinave : ce laconisme et l'ancienneté du langage le rendent infi-
niment difficile à comprendre. Il débute ainsi : « Silence! intel-
» ligences sacrées, grandes et petites! paix, fils des hommes! je
» suis la fille de Heimdall, et je vais chanter les antiques pro-
» phéties. » Après ce début, digne d'une inspirée, la prophétesse
raconte la création de l'homme, le déluge, les perfidies de
Lock, ennemi du ciel et des hommes, la fin du monde et le
jugement dernier. J'ai fidèlement imité les récits extravagans
de cette Voluspa, dont le style, les grandes images, le défaut
de liaison, la force et le désordre prouvent la plus haute antiquité. Le lecteur remarquera facilement, et sans doute avec
surprise, les rapports qui existent entre la religion chrétienne et
l'odinisme. Les principaux faits y sont absolument les mêmes;
tels sont le chaos, la création, le déluge, l'arbre de vie, le serpent ennemi des hommes et des dieux, l'embrasement prédit
de la terre, et la nouvelle Jérusalem descendue des cieux. Au
reste, dans toutes les religions on retrouve ainsi les vérités de
l'Écriture et l'Histoire-Sainte plus ou moins défigurée. Même
parmi les Indiens, les principaux faits de la Bible sont des articles de foi; et leurs fables ne vous entretiennent sous d'autres
noms que de Noé échappant au déluge, de Moïse sauvé des eaux,
de Job, de Samson, d'Abraham et de Sara, de l'arbre de vie,
du grand serpent, et enfin d'un rédempteur du monde. (*Voyez*
à ce sujet la lettre du Père Bouchet à l'évêque d'Avranches, sur
le culte des Indiens.)

(12)   Les héritiers de Bor ont traîné leur victime.

Lorsqu'au milieu du chaos, les feux et les glaces, poussés par
les tourbillons des tempêtes, roulaient confondus dans l'espace,
tout à coup vers le nord, un souffle de chaleur s'étant répandu

sur des vapeurs gelées, elles se fondirent en gouttes, et de ces gouttes fut formé un homme par la volonté du Père universel : cet homme fut appelé Ymer. Un jour, comme il dormait, il eut une sueur, et un de ses pieds engendra avec l'autre un fils, père de tous les géans, qui depuis (vu leur origine) se nomment *géans de la gelée.*

Les mêmes gouttes qui engendrèrent Ymer, formèrent aussi une vache ; quatre fleuves coulaient de ses mamelles, et elle nourrissait Ymer. La vache se nourrissait à son tour en léchant les pierres couvertes de sel et de blanche gelée. Le premier jour qu'elle lécha ces pierres, il en sortit vers le soir des cheveux d'homme ; le second jour une tête, et le troisième un homme entier, qui fut nommé Bure, et qui fut père de Bor ou Bore, lequel épousa Beyzla, fille du géant Baldorn : de ce mariage naquit Odin, le roi des dieux : et de là vient qu'on nomme les enfans d'Odin *fils de Bore.* (*Voyez* la Voluspa. — Les *Edda.* — M. Mallet.)

(13)   Lock, sur un mont désert, aux vautours est livré.

Lock, fils du géant Farbante et de Laufeya, est le satan des Scandinaves. Époux d'Angerboth (messagère de la douleur), il est père du loup Fenris, du serpent de Midgard, et de Héla (la mort), qui doivent dévorer le monde. Les dieux furieux l'ont saisi et garrotté ; mille supplices l'environnent ; il ne doit être déchaîné que vers la fin du monde. (*Voyez* Mallet, *Edda myth.*) Lock est d'une parfaite beauté : « En quoi (dit Mont- » bron, auteur déjà cité) les Scandinaves ont eu plus d'esprit » que nous, qui avons fait le tentateur laid comme un singe et » armé de cornes. » Lié sur son roc par les intestins sanglans d'un de ses fils, ce Prométhée scandinave se débat tellement, que la terre en est ébranlée ; et *c'est, dit l'Edda, ce qu'on appelle, parmi les hommes, tremblemens de terre.*

(14)   Alors des flots s'élève une terre nouvelle.

Le gimle, c'est-à-dire le ciel, recevra tous les justes, et là

chacun sera récompensé de ses vertus. Odin, Thor, et toutes
les divinités scandinaves, doivent périr lors de l'embrasement
du monde, ainsi que les mortels : Alfader, le père universel,
les jugera tous. Ce dieu puissant a douze noms : celui d'Alfader
est le plus connu.

(15)   . . . . Friggis, écoute nos accens!

Friggis ou Frigga (la terre), fille du géant Fiorgun, était
l'épouse d'Odin : c'est la même qu'adoraient les Germains sous
le nom de Herta, et dont parle Tacite. (*De Mor. Germ.*)
Quant aux autres déesses dont je fais mention dans mon chant
des prêtresses, je renvoie le lecteur curieux à l'*Edda myth.*
Friggis est mère de Thor : Odin, Frigga et Thor, adorés ensemble, étaient pour les Scandinaves une sorte de trinité.

(16)   . . . . Quand les fils de Friggis
          Ont des combats déployé la bannière.

« Tous les jours, lorsque les dieux sont habillés, ils pren-
» nent les armes, entrent en lice et se mettent en pièces les uns
» les autres; c'est leur divertissement, ce sont les plaisirs du
» Vahalla; mais aussitôt que l'heure du repas approche, Sinaïs
» vient séparer les guerriers, ils remontent tous à cheval, et
» s'en retournent boire au palais d'Odin. »

(17)   C'est là l'*Upsal* divin.

L'Upsal était le temple le plus renommé du pays des Scandinaves : ce temple d'Upsal était (selon les anciens auteurs) d'une
magnificence inconcevable : une chaîne d'or, dont chaque anneau (selon Magnus) pesait plusieurs livres, environnait ses
vastes murs : cette chaîne était un don de Freyer, roi de Suède,
qui régnait du temps d'Hérode. Adam de Brème, qui vivait peu
de temps après sa destruction, dit en effet que le temple était
tout brillant d'or. « — Quatre tours couronnent son faîte éclatant :

» trois furent dédiées au sublime Odin, à son épouse, à son
» fils; la quatrième, consacrée à ces trois divinités ensemble,
» s'élève au-dessus des autres. » (*Voyez* MONTBRON, *Poëme des*
Scandinaves.) C'est là que demeurait le grand-prêtre d'Odin.
L'Upsal était la métropole scandinave; les peuples de la contrée s'y rassemblaient pour faire faire des sacrifices solennels
tous les neuf ans.

(18)   Enfouis dans le Nord, au fond d'un gouffre impie.

Tous les historiens parlent du butin immense et des trésors
précieux que les Huns avaient entassés dans leurs repaires, et
qui tombèrent au pouvoir de Charlemagne. — « C'est dans leurs
» repaires que ces Scythes barbares (les Huns), dit un de nos
» meilleurs auteurs, avaient caché les restes des royaumes qu'ils
» avaient dévorés; c'est là que s'étaient entassées, sous leurs
» mains sanglantes, les dépouilles des Grecs et des Romains,
» qui, eux-mêmes, avaient dépouillé l'univers. — Il se rendit
» maître, dit MÉZERAI en parlant de Charlemagne, des trésors
» immenses que ces brigands avaient amassés. » Une grande
partie de ces trésors antiques et précieux a été donnée depuis
par nos rois au clergé de France. (*Voyez* EGINH. , *In Annal.*
fuldens. — *Poetæ Saxon. , ann.* l. III. v. 286. — *Adonis*
Chron. an. 795. — *Ann. Franc. metens.* — *Grandes chroniq.*
de S. Denys, t. V *du Recueil des Histoires de France,* de
D. BOUSQUET.)

FIN DES NOTES DU CHANT X.

CHANT XI.

—◆—

Fatale volupté! perfide enchanteresse!
Fausse sœur de l'Amour! fille de la mollesse!
Malheur à l'insensé qui, perdu pour l'honneur,
Dans ta coupe à longs traits croit boire le bonheur!
Avec toi, près de toi, pour toute âme sensible,
Si le présent est doux, l'avenir est horrible.
Heureux qui te connut, pour apprendre à te fuir!

Mais de l'antre où parfois dévoilant l'avenir,
L'enfer, par ses agens, inspire une sibylle,
Hæder * s'est élancé : sa fureur inutile
Jusqu'alors contre Charle a peu servi l'enfer;
Il vole vers Fréya. «— Reine! aux bords du Veser,
» Charle en notre pouvoir va tomber sans défense;
» C'est l'arrêt du destin : c'en est fait de la France.
» Il n'est qu'un seul guerrier dont le génie actif
» Pourrait sauver le camp du monarque captif;

* *Voyez* sur Hæder la note 8 du chant II, la note 5 du XVe, et la note 3
du XVIIe.

» Et ce guerrier, c'est Guise. » A ces mots, la déesse
Adoucissant encor sa voix enchanteresse,
Et d'un divin sourire embellissant ses traits,
Lui répond : « — O Hæder! si mes faibles attraits
» Ont parmi les humains conservé leur puissance,
» Guise abandonnera Charlemagne et la France;
» Une jeune beauté, qu'idolâtre son cœur,
» Va ravir aux chrétiens leur dernier défenseur. »
Et soudain vers un lieu de délices, d'ivresse,
Le char des voluptés transporte la déesse.

Des premiers rois anglais le vaillant successeur,
Egbert, que proscrivit un chef usurpateur (1),
Vers la tente de Charle à pas pressés s'avance.
Seul auprès du monarque : « — O héros de la France!
» Dit le noble exilé, vous qui, dans les combats,
» Formâtes ma jeunesse, et guidâtes mon bras!
» Du ciel enfin sur moi tombe un rayon prospère.
» Dix guerriers, députés au nom de l'Angleterre,
» Des bords de la Tamise, ici viennent m'offrir
» Le sceptre que Wessex m'osa jadis ravir.
» Mais les plus beaux jours même ont encor leurs nuages;
» Lorsque j'arrive au port après de longs orages,
» Il me faut quitter Charle!... — Egbert! que tes sujets
» Apprennent de leur prince à chérir les Français,
» Lui répond Charle. Au Nord, j'ose te le prédire,

» De Carthage à ta voix va renaître l'empire.

   » Puissent nos descendans, tes peuples et les miens,

» Entre eux de l'amitié resserrant les liens,

» Dignes de s'estimer, se répéter sans cesse :

» *Le grand Egbert sous Charle instruisit sa jeunesse;*

» *Ami du fondateur de l'empire français,*

» *Il fut le premier roi des sept États anglais!*

   » En ton île immortelle Alcuin * reçut la vie :

» Jeune prince! je dois à ta belle patrie

» Un savant, deux amis...— Vous lui donnez un roi;

» Noble Albion! Egbert sera digne de toi.

» Grâce au fils adoptif du dieu de la victoire,

» Tu devras aux Français l'aurore de ta gloire. »

Il dit, et s'est jeté dans les bras du héros.

Charle tirant son fer, lui répond en ces mots :

« — Ami cher et vaillant! accepte cette épée ** (2).

» Dans le sang ennemi souvent je l'ai trempée.

» Qu'avec elle jamais Egbert ne frappe en vain !

» — Hélas! répond le prince, elle a changé de main. »

Cependant des Français la perte est réparée;

Aux magasins du roi l'abondance est rentrée.

Appelant le péril, s'irritant du repos,

Guise, du nouveau camp, dirige les travaux.

---

* *(Voyez* sur le savant Alcuin la note 9 du chant I.

** Ce n'était point *joyeuse.*

Mais à ce chef illustre une lettre est remise ;
Elle contient ces mots : « —Noble et célèbre Guise !
» Une jeune étrangère implore ton secours :
» Toi seul es son espoir, viens conserver ses jours ;
» Ainsi que son bonheur, en tes mains est sa vie. »
Tout aux rigides lois de la chevalerie,
Le preux sans hésiter éloigne ses soldats:
Un messager secret doit diriger ses pas :
Seul, à l'aube du jour, il le suit en silence.

Traversant à la hâte une forêt immense,
En un vallon lointain d'un rocher il descend.
Quel aspect enchanteur ! quel site ravissant !
A ses yeux un château de superbe structure
S'élève, orgueil de l'art, amour de la nature.
S'étendant à l'entour, un vaste et long canal,
Sur des gazons fleuris, roule en flots de cristal ;
Puis tombant d'un rocher en nappes écumeuses,
Ses ondes dans les bois s'enfoncent ténébreuses.

Le jour paraît : déjà sur le toit des pasteurs
S'élève la fumée en légères vapeurs ;
Le chant de Philomèle a salué l'Aurore.
A travers les bosquets de Pomone et de Flore
L'œil se promène au loin sur de rians coteaux,
Dont un zéphyr léger courbe les arbrisseaux ;
De leur feuillage vert, sur la terre arrosée,
S'épanche en gouttes d'or une humide rosée ;

14

Et, trésors de la rive, en rubis, en saphir,
Les fleurs semblent pleuvoir, et les boutons s'ouvrir.

   Du hameau, sur le pré, folâtrent les bergères;
Tout est jeux dans les champs, amour dans les chaumières
Le printemps, sous les cieux, roule en feux créateurs; :
Le plaisir avec l'air se glisse au fond des cœurs;
L'astre aux rayons divins semble au vallon sourire;
Le sol paraît sensible, et la plante respire.

   Guise arrive au castel... O merveille! A grands frais
Le luxe à la mollesse éleva ce palais:
Tout enflamme les sens, tout éblouit la vue,
L'art surpasse en ces lieux la nature vaincue;
De parfums et de fleurs les tapis sont couverts;
Le feu des voluptés circule dans les airs:
Déserteurs de Paphos, là les amours volages
Semblent se balancer sur de légers nuages;
Du luxe oriental là resplendit l'orgueil;
Des palais immortels ces murs semblent le seuil.
Soit vision, magie, erreur ou stratagème,
Tout enchante en ces lieux, jusqu'au mystère même.

   Sur les lambris dorés du palais somptueux
Quels prodiges de l'art! quels tableaux merveilleux!
Aux pieds d'Omphale, ici, l'Amour, aveugle guide,
De fuseaux, en riant, arme le grand Alcide.
Là, Diane, au milieu d'un nuage épaissi,
Des plus tendres baisers couvre un amant chéri.

Plus loin, dans une grotte, au milieu d'un orage,
Énée ose entraîner la reine de Carthage ;
Et sur le lit de fleurs où l'Amour les conduit,
La Volupté triomphe, et la Pudeur s'enfuit.

Guise est seul : du palais cherchant la souveraine,
Tout entier il se livre au charme qui l'entraîne :
Un doux ravissement transporte ses esprits
Dans les cieux, vers l'olympe, en des bosquets fleuris ;
Chaque objet le séduit, chaque image l'enivre :
Les tableaux vont parler, et les murs semblent vivre.
Bientôt, dans le lointain, les plus divins concerts,
Les plus brillans accords, font retentir les airs.
Guise s'élance au fond de ce temple de Gnide ;
La Volupté sourit, le devance et le guide.
Une porte d'albâtre a frappé son regard ;
Elle arrête ses pas.... Là, groupés avec art,
En bataillons légers, les enfans de Cythère
Paraissent de Cypris garder le sanctuaire.
Il ouvre... Dieu puissant ! en croira-t-il ses yeux ?
La mère des Amours, le chef-d'œuvre des cieux,
Par la chaleur du jour mollement abattue,
Sous un dôme de fleurs repose demi-nue.
Aux Champs Élyséens Guise se croit entré ;
De tous les feux d'amour il se sent dévoré ;
Il approche.... ô transports plus ravissans encore !

14.

Guise vient de tomber aux pieds de Léonore.

L'étrangère sur lui, jetant un doux regard,
Rougit de son désordre, et l'augmente avec art.
Étincelans d'amour, les yeux du jeune Guise
En silence, sur elle, erraient avec surprise.
« — Guise ! » dit la perfide : et tremblante est sa voix ;
« Vous qu'il m'a fallu fuir, enfin je vous revois !
» La raison m'ordonnait d'éviter votre vue;
» Mais l'amour parle en maître, et la raison s'est tue. »
O trop doux aveu ! Guise, ébloui, transporté,
N'ose croire à l'excès de sa félicité :
Tout en lui, de son cœur peint la brûlante ivresse :
Quand elle veut sa perte, il croit à sa tendresse.
« — Écoutez ma prière, illustre et noble Franc !
» A repris Léonore. Ici, malgré mon rang,
» Il se peut qu'aux autels le Destin nous unisse.
» Mais avant cet hymen j'exige un sacrifice.
» — Qui, vous? une prière ! Ah ! dictez-moi des lois.
» Faut-il verser mon sang, assujettir vingt rois,
» Vaincre mille guerriers, bouleverser la terre?
» L'Amour peut tout vouloir, la valeur peut tout faire;
» Dussiez-vous m'ordonner les plus affreux travaux,
» Le prix est assez grand pour payer tous les maux.
» — Cher Guise, a répondu l'adroite Léonore,
» Je n'attendais pas moins du héros que j'adore.
» Mais, dois-je l'avouer !... par un tendre lien,

« » Il me tarde déjà d'unir mon sort au tien.

« » Je ne le sens que trop, un cœur aimant sans feinte

« » Ne connaît point l'amour sans connaître la crainte. »

    Tel se glisse un serpent sous les fleurs du vallon.

« — Guise ! tu vois en moi la sœur du roi saxon,

» Poursuit-elle ; ton nom balance une couronne ;

» Un héros vaut un roi, la gloire vaut le trône.

» Du lointain avenir pénétrant les secrets,

» Je vois tes descendans, idoles des Français *,

» S'élever souverains du char de la victoire.

» A ton nom immortel s'attachera la gloire.

» Pourquoi cet air surpris, humble, silencieux?

» Ce n'est point ton respect, c'est ton cœur que je veux.

» Vitikin est instruit de notre ardeur fidèle ;

» Aux autels de l'hymen lui-même il nous appelle ;

» Et pour mieux aujourd'hui t'élever jusqu'à moi,

» Il t'accepte pour frère, et des Wulz ** te fait roi.

» La seule loi qu'il dicte à ta reconnaissance,

» C'est de quitter pour moi ton monarque et la France.

» Si tu m'aimas jamais, cher Guise, suis mes pas;

» Viens régner ! le bonheur t'appelle entre mes bras ;

» Viens! et qu'au dais royal, loin des champs de Bellone,

» Par les mains de l'Amour, la Gloire te couronne. »

---

* Les fameux ducs de Guise, au XVIᵉ siècle.

** Les Wulz on Wulzes, ou Vilzs, peuples Slaves, au-delà de l'Oder.

Elle s'interrompt... Guise a le regard baissé ;
Son ardeur s'est éteinte, et le charme a cessé.
Déserter ses drapeaux ! abandonner son maître !
Au moment du danger quitter l'armée en traître !
Cette idée est horrible, et Guise a dû frémir.
Sombre et silencieux, il se lève et veut fuir ;
Mais craignant d'un refus le trop honteux outrage,
Léonore l'arrête ; et, contenant sa rage,
Soit dépit, soit orgueil, soit ruse, soit détour,
Son désespoir ressemble à l'excès de l'amour.

    Plaintive, elle s'écrie : « — Ingrat ! âme insensible !
» Va, pars ! j'ai trop vécu... Sur mon tombeau paisible,
» Du moins viens dire un jour, plaignant mon triste sort,
» *Pour prix de son amour, je lui donnai la mort.* »

    Sa voix ne s'entend plus, sa vue est obscurcie,
Ses pleurs baignent son sein ; pâle, et comme sans vie,
Elle tombe.... L'honneur veut en vain résister :
Léonore expirante est près de l'emporter.
Ses charmes, qu'à former le ciel sembla se plaire,
Charmes que voile à peine une gaze légère,
Brillent éblouissans, et sur eux, à loisir,
Laissent avec ivresse errer l'œil du désir.
Guise n'est plus à lui ; sa fermeté chancelle ;
Il détourne les yeux. « — Qu'exigez-vous, cruelle !
» Non, je ne puis trahir mon devoir et l'honneur :
» Vous m'en estimez plus au fond de votre cœur.

» J'aurais pu vous donner et mon sang et ma vie ;

» Je sacrifîrais tout.... excepté ma patrie.

» Léonore, ah! faut-il qu'en ce funeste jour,

» Guise, en vous adorant, maudisse son amour! »

    Il s'éloignait... Soudain, comme au fond d'un nuage,

Un tableau, descendu, lui ferme le passage ;

Il s'y voit couronné par la fille des rois,

Qui, belle de sa gloire, et fière de son choix,

Près de lui, sur le trône, entre ses bras le presse.

    Le paladin ravi succombe à sa faiblesse ;

Il demeure immobile, il ne se combat plus.

Pour fixer mieux encor ses vœux irrésolus,

Des guirlandes de fleurs s'abaissent sur sa tête :

C'est l'art qui le retient, c'est l'amour qui l'arrête.

Guise a baissé les yeux... quel moment pour son cœur!

Léonore à ses pieds expire de douleur.

Elle tient un poignard, elle offre une couronne :

S'il la refuse encor, c'est sa mort qu'il ordonne.

Ah! c'en est trop enfin! il cède, il est vaincu.

Soudain s'offre une idée à son cœur éperdu.

« — Léonore, à tes pieds vois tomber ton esclave!

» Que m'importent les maux quand pour toi je les brave!

» Chère amante, partons! Glorieux de tes fers,

» Je vole, s'il le faut, au bout de l'univers.

» Mais pourquoi me charger du poids de la couronne!

» C'est toi, c'est ton cœur seul que Guise ambitionne.

» Sur un doute cruel, sans feinte, éclaire-moi :

» Vitikin veut qu'ici j'abandonne mon roi ;

» Mais prétend-il aussi que, prenant sa défense,

» Je tourne, dans son camp, mon bras contre la France?

» — Oui, répond Léonore. » A ce mot, dans son cœur,

Le fier Guise à l'amour sent succéder l'horreur.

« — Perfide! et vous osiez m'engager à ce crime!

» S'écrie avec transport le guerrier magnanime :

» Me l'avoir proposé, c'est m'avoir avili :

» Qu'à jamais cet affront périsse dans l'oubli.

» Votre amour était feint, votre plan est infâme ;

» Qui veut me dégrader, me hait au fond de l'âme.

» Adieu, je ne crains plus votre art ni vos discours :

» Guise a le cœur français, Guise l'aura toujours. »

Il dit ; avec dédain repoussant Léonore,

Il arrache les fleurs qui l'entourent encore :

Et s'ouvrant un passage, à pas précipités,

Applaudi par l'honneur, il fuit les voluptés.

FIN DU CHANT XI.

NOTES DU CHANT XI.

(1)   Egbert , que proscrivit un chef usurpateur.

Charlemagne régnant sur l'Europe entière , sa cour était de-
venue l'asile de tous les princes malheureux , et le rendez-vous
de tous les opprimés qui venaient implorer son secours. En 804,
Egbert , chassé de son pays par Brithric , prince de Wessex, dut sa grandeur à son exil. C'est en vivant près de Charlemagne , c'est en servant dans ses armées qu'il apprit l'art
de former de sages résolutions , et celui de les exécuter avec
vigueur.

Rappelé en 828 au trône de ses ancêtres par le vœu de ses
concitoyens , Egbert , le Charlemagne de l'Angleterre , réunit,
par sa prudence et par sa valeur , les sept royaumes de l'heptar-
chie sous une seule domination , et fut le premier roi de la
Grande-Bretagne. Noble imitateur et fidèle ami du fondateur de
l'empire français , il jeta les fondemens du royaume qui
devait un jour gouverner les mers. L'Angleterre lui dut l'aurore de sa gloire, ou plutôt la dut à Charlemagne , qui lui
avait façonné le premier roi dont s'enorgueillit son histoire ; celui qui , la tirant presque du néant , sut le premier lui donner un rang parmi les nations de l'Europe.
(Voyez *Biblioth. brit.*, t. XXXVIII, p. 72. — Eginh., *Vit.
Car.*)

(2)   . . . . Accepte cette épée !

Lorsqu'Egbert, retournant dans sa patrie, où le sceptre lui était

offert, prit congé de son généreux bienfaiteur, Charlemagne lui
fit don d'une épée, en lui disant : « Elle a vaincu mes ennemis,
» j'espère qu'elle vaincra les vôtres. » — « Mais elle n'est plus
» dans la même main, répondit le modeste Egbert; néanmoins
» votre disciple tâchera de mettre à profit les grandes et utiles
» leçons qu'il a reçues. » (Voyez *Biblioth. brit.*, t. XXXVIII,
p. 72 et 73. — Gaillard, *Hist. de Charlem.*, et autres.)

FIN DES NOTES DU CHANT XI.

...autre Part et Partout.

CHANT XII.

LA trompette résonne.... Au camp des paladins
Se présente un héraut, député des Germains;
Il se rend près de Charle.... Admis en sa présence,
Il adresse ces mots au héros de la France :
« — Charle, en ton propre camp, seul entré sans effroi,
» J'ai voulu librement conférer avec toi;
» Je me livre, il est vrai; mais j'ai su te connaître;
» Qui combat en héros, ne peut agir en traître.
» Je t'admire guerrier, te maudis souverain;
» Je t'estime et te hais.... Mon nom est Vitikin. »
Charle a paru surpris; l'assemblée est émue;
Et le chef des Saxons en ces mots continue :
« — Prince! pourquoi viens-tu ravager nos climats?
» Laisse aux peuples leurs dieux, laisse aux rois leurs états.
» As-tu donc pu penser, conquérant téméraire!
» Que le ciel pour toi seul voulut créer la terre?
» Qu'avec toi partageant leur empire, les dieux,
» Te livrant l'univers, n'ont gardé que les cieux?
» Et que seul tu dois être, idole couronnée,
» Notre religion et notre destinée ?

» Monarque audacieux! abjure ton espoir;

» Tes desseins sont plus grands que ne l'est ton pouvoir.

» A ton ambition égalant ta puissance,

» Si les dieux soumettaient l'univers à la France,

» Auraient-ils satisfait ton orgueil inhumain?

» Non, la satiété produit chez toi la faim.

» Mais, vois le chêne altier, si fier de son empire:

» A croître il fut un siècle, un jour peut le détruire.

» Tu vantes ton pouvoir, tes forces, tes soutiens:

» Convenons, j'y consens, qu'ils surpassent les miens;

» Mais, tout vainqueur qu'il fut, en sa caverne obscure,

» Le lion de l'insecte est souvent la pâture.

» Déjà de tous côtés, dans l'empire français,

» Le fardeau de ta gloire accable tes sujets.

   » *Être libre ou mourir!* est notre cri de guerre:

» A haïr les tyrans nous instruisons la terre.

» Arbres, huttes, rochers, tout va, dans nos climats,

» Te coûter plus d'assauts que tu n'as de soldats.

» La Gaule et ses guerriers, Clovis et tes ancêtres,

» Pour ravager la Saxe et lui donner des maîtres,

» Vingt fois prirent vers nous leur belliqueux essor;

» Et pourtant, tu le vois, la Saxe est libre encor!

   » Tu peux piller nos biens, tu peux vaincre nos princes,

» Te baigner dans le sang, dévaster nos provinces;

» Mais jamais sous tes lois ne pliront les Germains.

» Ah! loin de couronner tes orgueilleux desseins,

» Tu nous verras plutôt, sur ces bords indociles,
» Égorger nos enfans, incendier nos villes :
» Nos cadavres alors restant seuls dans tes fers,
» Que gouverneras-tu?... des morts et des déserts.

» Que dis-je! crains encor que sur ces champs arides,
» Du fond du cercueil même, attaquant des perfides,
» En tourbillons vengeurs, nos cendres, contre vous,
» Infectes s'élevant, ne vous dévorent tous.

» Mais qu'osé-je prévoir! Ardent à se défendre,
» Aux succès, comme toi, mon peuple peut prétendre;
» Notre camp vaut le tien.... Songe au sort de Varus;
» La Saxe peut trouver un autre Arminius (1).
» Tremble de voir un jour, armés contre un seul homme,
» De nouveaux Attila, maîtres d'une autre Rome !
» Le despotisme altier du conquérant hardi,
» Toujours apprit au Nord la route du Midi.

» La fortune est volage, et ses lois sont cruelles;
» Elle rampe à tes pieds, mais en gardant ses ailes :
» Amante d'un instant, quand ses feux sont passés,
» Elle étouffe en ses bras ceux qu'elle a caressés.

» Qu'on ne nous vante plus ta bravoure importune;
» A l'homme, aux animaux, la valeur est commune;
» Mais l'honneur, l'équité, du ciel divins flambeaux,
» Distinguent l'homme seul, et font le vrai héros.

» Charle, je suis loyal, ton âme est généreuse;
» Je viens te proposer une paix glorieuse :

» Renonce à l'Allemagne ; et , comptant sur ta foi,

» Des Lombards aussitôt je te reconnais roi.

» Commande aux Sarrasins, gouverne l'Italie,

» A la Bavière même ajoute l'Illirie.

» Didier et Tassillon, privés de leurs états,

» Régneront, par mes soins , sur de nouveaux climats.

» Nul prince du malheur ne traînera les chaînes ;

» L'univers alarmé verra finir ses peines.

» Charle, voilà l'espoir qui m'a guidé vers toi.

     » Sois l'ami des Saxons au lieu d'être leur roi :

» Les Germains et moi-même avouons ton génie.

» Maintenant que ta gloire illustre assez ta vie,

» Par un libre traité, par un durable accord,

» Renonce à gouverner les royaumes du Nord ;

» Et, seuls nous laissant vivre en une paix profonde,

» Daigne te contenter de la moitié du monde. »

     « — Saxon, qu'ai-je entendu ! répond le roi des preux ;

» Toi, te plaindre de Charle !... Agresseur furieux !

» Qui leva le premier l'étendard de la guerre (2) ?

» Quel chef contre un seul peuple arma toute la terre ?

» Des provinces du Nord qui troubla le repos ?

» Tu n'agis qu'en barbare, et parles en héros.

     » Rebelle, sanguinaire, osant tout entreprendre,

» Tu n'as su qu'attaquer, sache donc te défendre.

» Trois fois vaincu , trois fois tu perdis tes états ;

» Cesse les trahisons, je cesse les combats.

  » Avec moi la Victoire a parcouru le monde.

» Il fut une contrée en prodiges féconde,

» Souveraine des rois, leur perte ou leur appui ;

» Charle y fut appelé... Rome est France aujourd'hui.

» Semblables aux guerriers qu'arme ici l'Allemagne,

» Il fut des Sarrasins qui, maîtres de l'Espagne,

» Crurent de l'univers pouvoir troubler la paix;

» Charle fondit sur eux... L'Èbre est fleuve français.

  » Germain, qu'espère donc ta farouche vaillance !

» A conquérir le Nord toi seul forces la France.

» Héros de la discorde ! avant d'offrir la paix,

» Il eût fallu du moins t'honorer d'un succès.

» Et que viens-tu m'offrir avec tant d'arrogance ?

» Quelques peuples déjà soumis à ma puissance.

» Ne puis-je plus, vainqueur, régner en souverain

» Sans ton consentement ? Et de quel droit enfin

» Sur ces champs désolés que mon armée inonde,

» T'offres-tu devant moi comme arbitre du monde ?

  » Des traités !.. Eh, quel chef peut compter sur ta foi !

» Un pacte et des sermens sont de vains noms pour toi.

» Vitikin ! tout parjure, élevé par l'audace,

» De la liste des rois lui-même un jour s'efface.

  » Qu'as-tu fait pour les tiens ? Tes peuples aguerris

» Déjà t'ont vu trois fois déserter leur pays :

» Leurs trésors, tu les perds ; leurs fils, tu les moissonnes;

» Roi, tu les compromets; chef, tu les abandonnes.

   » Héritier des fureurs du vainqueur de Varus !

» Tu te crois, sur ces bords, un autre Arminius !

» Trop ami des Saxons, crédule et magnanime,

» De sa bonté pour eux Varus mourut victime (3):

» La leçon, contre vous, vient parler à mon cœur.

» La pitié, chez les rois, n'est souvent qu'une erreur.

» D'Arminius imite et l'adresse et la rage !

» Mais souviens-toi du prix qu'à ce héros sauvage

» Réservaient tes Saxons.... un lâche assassinat.

   » Souverain insensé de ce royaume ingrat,

» Change en déserts affreux tes provinces esclaves;

» Tu le peux : je saurai les repeupler de braves.

» Accompagnés des arts, mille peuples joyeux

» Viendront fertiliser le sol de tes aïeux.

» Les enfers étaient seuls du parti de tes armes :

» A tout régénérer je trouverai des charmes;

» Et l'éternel mépris de la postérité

» Condamnera ton nom à l'immortalité.

   » Vitikin ! pensais-tu, fort d'astuce et d'audace,

» M'alarmer aujourd'hui par ta sombre menace?

» Ah ! quand du monde entier les essaims belliqueux,

» Précipités sur Charle, immoleraient ses preux;

» Évoquant le passé, de la France guerrière

» L'ombre encor suffirait pour effrayer la terre.

   » Renonce à tes faux dieux, prince aveugle et cruel !

» Le chevalier chrétien, protégé par le ciel,

» Pour son prince et son dieu, tirant ici son glaive,

» Même en mourant, triomphe; en tombant, il s'élève.

    » Chef, ton cœur m'est connu; j'estime tes exploits;

» Ordonne à tes Saxons d'obéir à mes lois:

» Sur eux, des peuples francs rejaillira la gloire;

» Je leur ferai bénir leur joug et ma victoire;

» Et roi de leurs états, je joindrai, dans les miens,

» De la gloire à ta gloire, et des biens à tes biens. »

    Il dit; mais Vitikin l'interrompt avec rage.

« — Je ne m'attendais pas à ce sanglant outrage.

» Bien que seul en ton camp, sans les lois de l'honneur,

» Mon javelot déjà t'aurait percé le cœur.

» Tu m'estimes, dis-tu; tu prétends me connaître;

» Et tu veux m'acheter comme on achète un traître!

» Moi, vendre mes sujets! trahir mes alliés!

» Moi, tomber dans l'opprobre, en tombant à tes pieds!

» Suis-je plus Vitikin?... J'avais cru que ma vie

» Peignait assez mon cœur. Charle! dans ma patrie,

» Comme toi, de l'honneur nous connaissons le [...]

» Par moi je te jugeais, m'as-tu jugé par toi?

    » Le monde pour seul chef doit donc te reconnaître?

» Mais ravager la terre, est-ce s'en rendre maître?

» Non: toujours entreprendre est toujours hasarder;

» Qui bouleverse tout, ne saura rien fonder.

» C'en est assez! Adieu. Ton châtiment s'apprête ;

» Tes lauriers tant vantés sécheront sur ta tête.

» Quoi! brisant nos autels, à notre nation

» Un roi vient enseigner une religion !

» Eh! les grands de la terre en gardent-ils aucune !

» Est-il un dieu pour toi, si ce n'est la Fortune !

» Va! de ton fol orgueil, justement offensé,

» L'avenir, tôt ou tard, vengera le passé. »

Il dit ; et s'éloignant, la visière fermée,

Dérobant sa fureur aux regards de l'armée,

Il retourne à son camp. De Charle, à ses guerriers,

Transmettant les discours, il peint les vœux altiers ;

Et, général adroit, le despote sauvage

A tous les fils du Nord communique sa rage.

« — Compagnons! leur dit-il, le monarque français,

» Aujourd'hui, non content de refuser la paix,

» Vient d'insulter en moi l'armée et la patrie.

» Je ne vous dirai point que la rive ennemie

» N'offre qu'un vil amas de brigands policés,

» Avides de pillage, et de combats lassés;

» Non : des fiers paladins plus la troupe est vaillante,

» Du triomphe, pour nous, plus la palme est brillante.

» Germains! si parmi vous quelque traître s'armait,

» Qu'il déserte nos camps; Vitikin le permet :

» Qu'il vole aux preux! Leur chef dote la perfidie,

Marchande l'esclavage, et titre l'infamie.

» Charle, par sa présence, ayant souillé ces lieux,
» Nous n'avons plus de lois, plus d'honneur, plus de dieux;
» La patrie, en pleurant, ouvre déjà sa tombe;
» Mais sous le fer vengeur qu'ici Charle succombe:
» C'est alors que nos lois, nos dieux, notre pays,
» Seront vraiment à nous...Nous les aurons conquis. »

A ce mâle discours, au loin, sur le rivage,
Mille applaudissemens partent en cris de rage.
Des barbares du Nord qui peindrait les fureurs!
Charle écoute, étonné, leurs sauvages clameurs:
D'où provient ce tumulte?... Il a quitté sa tente;
Il redoute, des siens, une attaque imprudente.
Sur un mont élevé, par ses preux défendu,
A quelque pas du camp le prince s'est rendu.
Là souvent, en secret, son œil fixant la plaine,
Observe l'ennemi; mais la vapeur lointaine
Des marais du Veser, alors de toutes parts,
A l'horizon s'élève et borne ses regards.

Bientôt l'épaisse brume a couvert la campagne;
Charle, triste et pensif, redescend la montagne.
Un doux calme régnait dans les champs de l'azur.
La fille du Chaos, guidant son char obscur,
Déjà sur l'univers jetait ses voiles sombres,
Et des vastes forêts épaississait les ombres;

Le temps était serein : des jeunes arbrisseaux
Nul zéphir n'agitait les flexibles rameaux ;
Quelques nocturnes fleurs, entr'ouvrant leurs calices,
Respiraient d'un soir pur les paisibles délices.
Rappelant la chaleur d'une ardente saison,
Des éclairs vacillans sillonnaient l'horizon ;
Et sur le sol mouillé par un cristal limpide,
La végétation levait sa tête humide.
    Dans un vallon désert, loin du champ des héros,
Le fracas d'un torrent fatiguait les échos ;
Mais ce bruit éloigné n'était plus qu'un murmure,
Dont la douce harmonie animait la nature.
A travers le feuillage, en son nid s'endormant,
L'oiseau, déjà couché, gazouillait tendrement.
Tout disposait le cœur à la mélancolie :
Tout rappelle au monarque une amante chérie.
Un arbuste blanchâtre, agité par les vents,
A-t-il semblé d'un voile offrir les plis mouvans ?
O Charle ! à tes regards ainsi parut voilée,
Sur un tertre, jadis, Ulnare agenouillée.
Un rocher solitaire, entouré de cyprès,
Entr'ouvre-t-il ses flancs ? Noble guerrier français !
Quand d'Éresbour périt le souverain perfide,
De même t'apparut l'antre de la druide.
Voit-il d'un monument quelques débris épars ?
Ulnare disparut sous l'arche des Césars.

Regarde-t-il son glaive? il le tient encor d'elle;
Sa bague? elle est le don de la vierge fidèle.
« — Ulnare ! tu n'es plus, s'est écrié le preux.
» Forêts, voilez le jour! roulez, torrens fougueux !
» Mon cœur est ici, seul à ses douleurs profondes,
» Triste comme vos nuits, troublé comme vos ondes.
       » Oiseaux, chantez l'amour! astres, parez les cieux !
» En vain vous étalez vos charmes à mes yeux :
» Pour une âme où domine une peine trop forte,
» Le ciel est sans beautés, et la nature est morte. »
       Le jour a fui... De loin suivi par ses soldats,
Au tombeau d'Odoard il a porté ses pas.
Les astres de la nuit parcourant leur carrière,
Rois du dôme céleste, éclairaient seuls la terre;
Et peignant du Très-Haut le pouvoir merveilleux,
S'entouraient de sa gloire, et nageaient dans ses feux.

       O Charle ! roi savant, dont l'immortel génie,
En France, le premier créa l'Astronomie !
Non content d'imposer aux nations tes lois,
Toi qui classas les vents, donnas des noms aux mois !
Sur la terre, à tes vœux qui n'eût voulu souscrire ?
Même au dôme étoilé tu te fis un empire.
Étudiant des nuits les globes radieux,
Élevant ton génie à la hauteur des cieux,
C'est toi qui des premiers, sur la tour solitaire.

Ouvris le firmament aux savans de la terre ;
Et jusque dans l'espace étendant tes succès,
Fus chercher au ciel même un trône et des sujets *.

Au tombeau d'Odoard à genoux il s'écrie :
« — Guerriers ! à votre sort combien je porte envie !
» Élus de l'Éternel ! pour vous plus de tourment !
» Ici-bas qu'est la vie ?... Un long gémissement.
   » Nobles amis ! des cieux veillez encor sur Charle !
» Si jamais de l'honneur la voix en vain lui parle,
» Qu'avant son premier crime ait lui son dernier jour !
   » Et toi qui dans mon cœur allumas trop d'amour,
» O vierge des forêts ! que ne peux-tu m'entendre !
» Je t'ai paru barbare, et n'étais que trop tendre. »
   A ces mots, inspirés par un chagrin profond,
Charle pousse une plainte ; un soupir lui répond :
L'accent part de la tombe... Est-ce erreur ou merveille ?
Il tressaille... Attentif, il prête encor l'oreille.
Vain espoir ! partout règne un silence cruel.
   « — Grand Dieu ! dit le héros levant les mains au ciel,
» Pour augmenter encor le trouble qui m'oppresse,
» Quel est ce son plaintif qu'une tombe m'adresse ?
» Ah ! sans doute, Odoard, tes mânes ont gémi
» Sur les tourmens amers de ton ancien ami.

* (Voyez Eginhard, in Vita Car. Mag. — Alcuin, Épist.)

» Odoard! pour m'aimer le ciel t'avait fait naître.

» Tu ne me réponds pas, mais tu m'entends peut-être.»

Il dit; et s'appuyant sur ce tombeau chéri,

Charle reste immobile, et semble anéanti.

Demeurés à l'écart, respectant sa souffrance,

Les preux qui le suivaient l'observent en silence;

Et n'osent, sans son ordre, approcher du tombeau.

O du lâche Irmensul artifice nouveau!

Son baudrier funeste élevé sur la plage;

Autour du monument roule un épais nuage,

Qui, tandis que les vents ébranlent les forêts,

Dérobe un instant Charle aux yeux de ses sujets.

Dix Saxons, protégés par la race infernale,

Fondent sur le monarque en cette heure fatale.

Il appelle ses preux.... Mais le vent des déserts

Emporte au loin ses cris dans le vague des airs.

Hélas! il combat seul.... et les suppôts du crime,

Revêtus d'un acier que leur forgea l'abîme,

Opposent en vainqueurs, à son bras indompté,

Leur bouclier magique et leur fer enchanté.

Déjà les dix brigands ont rompu son armure;

Son sang coule à grands flots d'une large blessure:

Contre un arbre il s'appuie... il cède... il va périr.

Le dessus du tombeau semble alors s'entr'ouvrir:

Au bruit sourd de la foudre, une ombre échevelée

Se lève, en son linceul, calme, pâle et voilée.

Des astres de la nuit la tremblante lueur,
Perçant l'épaisse nue, éclairait sa blancheur;
Et ses longs vêtemens, parure solennelle,
Flottans, aériens, se drapaient autour d'elle.
« — Fuyez, monstres! fuyez! a dit l'esprit sauveur,
» Ou sur vous, à l'instant, tonne le ciel vengeur. »
   A ce lugubre cri, les assassins frémissent;
De terreur, sur leurs fronts, leurs cheveux se hérissent;
Tous ont fui : le fantôme a paru leur offrir
Mille gouffres brûlans prêts à les engloutir.
   Sur l'ombre protectrice, aux brigands apparue,
Charle, les yeux fixés, n'en peut croire sa vue :
Elle sort en entier du sombre monument,
Descend, et vers le roi s'avance lentement;
Ses pas, hors du tombeau, sur les degrés vacillent;
L'air s'épure à l'entour : les astres des nuits brillent;
L'ombre semble, attirant leurs rayons bienfaiteurs,
Prête à s'évanouir en légères vapeurs.
Charle de ses regards tout entière la couvre;
Il attend, inquiet, que son linceul s'entr'ouvre.
Le fantôme s'approche.... il pousse un long soupir,
Même son du tombeau déjà parut sortir;
Le voile tombe.... ô ciel ! ô changement rapide!
L'ombre libératrice est la belle druide.
   Levant ses bras vers elle, et de l'œil l'implorant,
Le monarque français, pâle, faible, expirant,

S'écrie : « — Esprit céleste ! ombre de mon amie !
» Oh ! ne fuis point ! arrête ! ou c'est fait de ma vie !
» — J'accomplis mes sermens, dit la prêtresse au roi,
» Je me jette, invincible, entre la mort et toi.
» Un Dieu juste et puissant, pour l'amant que j'adore,
» M'a daigné conserver ; Ulnare existe encore :
» Mais eût-elle péri, des cieux forçant la loi,
» Elle eût su des tombeaux sortir encor pour toi.
» Fille des Velléda, de ma retraite obscure,
» Je commande aux destins, et dompte la nature.
» Adieu ! rejoins des preux l'immortel étendart !
» Je suis, pour ton salut, *partout et nulle part.* »
    Mais, hélas ! le héros n'entend plus son amante.
Sa force l'abandonne, et sa vue expirante,
A la clarté des cieux semble éteinte à jamais.
    Au fatal mausolée accourent les Français.
En reprenant ses sens, ô nouvelle surprise !
Charle se voit couché dans la tente de Guise.
En vain de tous côtés il cherche avec regret
Le monument funèbre, Ulnare et la forêt ;
Il ne les trouve plus... reconnaît sa blessure ;
Et n'aperçoit qu'un lit, la tente et son armure.
Il apprend qu'au tombeau portant vers lui leurs pas,
Ses guerriers, inquiets, l'ont sauvé du trépas ;
Mais ils l'ont trouvé seul ; et, dans la forêt sombre,
Leurs yeux, au monument, n'ont point aperçu d'ombre.

Pour Charle, ô douce joie !.. en son cœur quel espoir!
Certain qu'Ulnare existe, il pourra la revoir :
Il croit entendre encor le fantôme céleste.
La vierge a disparu, mais son souvenir reste.
Hélas! pénible et doux, ce cruel souvenir
Donne un charme aux douleurs, et des maux au plaisir.

FIN DU CHANT XII.

NOTES DU CHANT XII.

(1)   La Saxe peut trouver un autre Arminius.

Tout le monde sait comment Arminius triompha des légions romaines. Tibère partit de Rome, pour venger l'affront fait à Varus ; il passa le Rhin, mais n'osa s'avancer plus loin, et se contentant d'avoir provoqué Arminius, sans l'avoir combattu, il s'en retourna à Rome.

Germanicus, plus heureux, se rendit en Germanie, remporta de grandes victoires, mit en fuite Arminius blessé, et ramena sa femme et son fils au nombre de ses prisonniers. Arminius mourut ensuite assassiné par les siens et par ses parens mêmes, à l'âge de trente-sept ans, après douze années de gloire et de puissance. Ainsi que tous les grands hommes, Arminius, pendant sa vie, fut en butte à tous les traits de l'envie et de la jalousie ; il n'eut d'autels et de statues qu'après sa mort. (*Voyez* les *Annales* de Tacite, et autres.)

(2)   Qui leva le premier l'étendard de la guerre?

On sait que Charlemagne, dans ses guerres en Saxe, ne fut jamais l'agresseur ; les éternelles irruptions des Saxons sur les frontières françaises, où Vitikin mettait tout à feu et à sang, forcèrent constamment Charle à fondre sur le Nord. Cette guerre dura près de vingt ans. A peine Charle vainqueur avait-il repassé le Rhin, qu'une nouvelle révolte avait lieu, et qu'une nouvelle coalition se reformait dans le Nord, à la voix de Vitikin. Charle retournait en Saxe, triomphait encore, repartait, et les Saxons reprenaient les armes. Cette lutte opiniâtre ne fut terminée que par la mesure vigoureuse que prit Charle, d'enlever les Saxons de leurs contrées, et de les disperser dans

d'autres climats. Cette transplantation eut lieu en 793 ; les Abodrites repeuplèrent la Saxe déserte.

(5)   Trop ami des Saxons, crédule et magnanime,
        De sa bonté pour eux Varus mourut victime.

Varus Quintilius, vainqueur et maître des Saxons, fut la victime de sa confiance en eux, et de l'intérêt que ce peuple lui
avait inspiré. Il regardait Arminius comme son ami. Arminius
avait été fait citoyen romain par Auguste, et élevé même à la
dignité de chevalier. Varus refusa de croire aux trames qui se
préparaient en silence ; tout acte de sévérité contre les Saxons
coûtait à son cœur ; et quand l'orage eut éclaté, quand ses légions furent vaincues, lorsqu'il vit à quel point ceux qu'il
croyait ses fidèles amis l'avaient trompé, il se tua de désespoir.
Les vainqueurs firent toutes sortes d'outrages à leurs prisonniers,
et même aux morts. Les Romains, qui avaient coutume dans
leurs tribunaux, établis par Varus, de juger les Germains,
furent les plus maltraités. On les nommait *avocats*. Un barbare,
ayant arraché la langue à un de ces avocats, lui cria : *Enfin ,
vipère , cesse de siffler.* (*Voyez* TACITE, et autres.)

FIN DES NOTES DU CHANT XII.

CHANT XIII.

Depuis l'affreux complot d'un monstre incendiaire,
Huit fois l'astre du jour avait lui sur la terre.
Nuls travaux, en leur camp, n'occupaient les Français;
Entre les chefs rivaux semblait régner la paix.
Du héros des chrétiens la blessure est guérie.
« — Amis! dit le monarque à sa troupe aguerrie,
» Préparons une attaque : Olivier, fils d'Aymon (1),
» Ce soir, secrètement, porte au vaillant Bozon
» Cet écrit important que ma main te confie;
» Qu'il fonde, avant trois jours, sur l'armée ennemie!
» Et, comme appel guerrier, la veille, pour signal,
» Qu'il plante un drapeau blanc sur la tour d'Héristal! »

Fier de sa mission, Olivier, le soir même,
Vole où l'honneur l'appelle. Appui du diadème,
Renommé dans les camps par ses exploits hardis,
C'est le terrible Hector sous les traits de Pâris.
Mais jeune, irréfléchi, léger et sans prudence,
Où son esprit l'entraîne, au hasard il s'élance.

Seul, dans l'ombre des nuits, déjà le fils d'Aymon
A côtoyé le camp du monarque saxon;
Il suit les longs détours d'une route inconnue,
Et bientôt Héristal se présente à sa vue.
Poursuivant, plein d'espoir, son périlleux trajet,
Il a pressé ses pas; quand près de la forêt,
Sous un bosquet sauvage, ô surprise! ô merveille!
Des accords enchanteurs ont frappé son oreille.
Tout entier à l'objet qui captive ses sens,
Il accourt vers l'endroit d'où partent ces accens;
Que voit-il? Almanzine au tombeau de son père.
En gazon, là s'élève un tertre solitaire (2);
Elle y jette des fleurs; et sa touchante voix,
De ces chants douloureux fait retentir les bois.

« Toi que j'adorais, ô mon père!
» Ta fille maintenant est seule sur la terre.
» Hélas! du moins pour toi la mort, cher Riaxour,
» Ne fut que la fin d'un beau jour.
» De deuil mon âme enveloppée
» Renonce au monde entier, vil séjour des pervers.
» Oui, sous le coup qui m'a frappée,
» Tombe aussi pour moi l'univers.

» De ton corps, ton âme captive,
» Brillante, s'élança tel que l'heureux convive,

» Qui, paré, sort joyeux du banquet des héros,
    » Quand meurent les derniers flambeaux.
        » A tes biens, à ton héritage,
» Pour toujours je renonce ; il ne faut à mon cœur
        » Que tes vertus, ta douce image,
        » Ton nom, ta cendre et ma douleur. »

Ainsi chante Almanzine, orpheline plaintive.
En un calme profond, la nature attentive
Écoute la guerrière avec ravissement.
L'onde, au fond du vallon, coule plus doucement ;
Le zéphir étonné s'arrête dans la plaine ;
Et des paisibles nuits la pâle souveraine,
Vers Almanzine en pleurs paraissant s'abaisser,
De ses tendres rayons descend la caresser.
Du jeune Endimion, telle, adorant l'image,
Diane se glissait à travers le feuillage.
    Au-dessus du tombeau, sur des gazons naissans,
Un vieux saule courbait ses rameaux languissans,
Qui, brillans de rosée, en ce lieu solitaire,
Semblaient pleurer aussi sur l'urne funéraire.
« — Saule, ami du rivage ! arbre cher et sacré !
» Pleure sur le cercueil d'un vieillard vénéré,
» Dit la vierge ; son ombre, en vapeurs invisibles,
» Erre peut-être ici sur tes branches flexibles :
» Ton feuillage léger, qu'agitent les zéphirs,

» Balance ses accens, m'apporte ses soupirs.

» O mon père! à tes pieds vois ta fille éplorée!

» Bénis, bénis ta fille! » Alors, désespérée,

Almanzine du saule embrasse les rameaux;

Telle chez le Natché, qui suspend ses tombeaux (3)

Aux arbres des forêts, une mère égarée,

Seule, appelant encore une fille adorée,

Pour tromper sa douleur, pour se cacher son deuil,

Vient balancer la mort en berçant un cercueil.

Aux attraits d'Almaznine, Olivier, trop sensible,

A l'entendre, à la voir, goûte un charme pénible.

Il s'élance vers elle…. Imprudent Olivier!

Bozon, Charle, Héristal, tu vas tout oublier.

Il tombe à ses genoux. « — Défends-toi, téméraire!

» Ta seule approche insulte aux mânes de mon père!

» Dit-elle au fils d'Aymon : ton amour odieux

» Indigne sa grande ombre, et courrouce les cieux.

» Si tu sauvas mes jours, ennemi que j'abhorre!

» C'est un malheur de plus que je te dois encore :

» Tout m'est horrible en toi. Mais seul, et dans la nuit,

» Où portes-tu tes pas? quel dessein te conduit?

» Ah! sans doute ton roi, dont la fureur te guide,

» Dispose, par tes soins, quelque trame perfide;

» Mais je la déjoûrai : je t'apporte en ces lieux

» Le trépas ou la honte, et peut-être tous deux. »

Hélas ! se rappelant son devoir et la France,
Olivier, mais trop tard, connaît son imprudence.
« — Cruelle ! lui dit-il, à tes pieds, en ce jour,
» Pour seul crime, Olivier se reproche l'amour ;
» Devrais-tu m'en punir ?.. Quoi, barbare ennemie !
» Tu veux plus que ma mort, tu veux flétrir ma vie !
» Ah ! le ciel a-t-il pu, trop fatale beauté,
» Unir à tant d'attraits autant de cruauté ! »
Il dit ; mais sa douleur en vain se fait entendre :
Le malheureux amant, forcé de se défendre,
Combat ce qu'il adore... et son cœur agité
Frémit du moindre coup que son glaive a porté.
    L'ennemi se réveille au cliquetis des armes ;
Déjà trente Saxons, jetant des cris d'alarmes,
De la plage voisine ont fondu sur le preux :
Seul, Olivier résiste ; et déjà six d'entre eux,
A ses pieds renversés, ont vu s'ouvrir leur tombe...
Hélas ! il s'affaiblit... son sang coule... il succombe...
« — Adieu, chère Almanzine ! Olivier expirant
» Te pardonne ta haine, et meurt en t'adorant. »
Il dit. De l'héroïsme étonnante puissance !
Pendant tout le combat, immobile, en silence,
La farouche Almanzine admirait Olivier ;
La beauté, la valeur, les discours du guerrier,
Ses larmes, son pardon, sa généreuse flamme,
Font naître et le remords et l'amour dans son âme.

16

Arrêtant des Saxons les transports furieux ,
La guerrière soudain se jette au milieu d'eux:
« — Illustre est ce captif, conservez-lui la vie :
» Venez en faire hommage au chef de la patrie.
» La récompense, amis ! surpassera vos vœux. »
    Tous l'approuvent: au camp ils transportent le preux;
Et la triste Almanzine, à ses remords livrée ,
Toujours sur lui veillant , inquiète , éplorée,
Comprime sa douleur, et maudit le moment
Où son fatal orgueil a perdu son amant.

    Au prince des Saxons bientôt on le présente.
L'illustre Vitikin était seul sous sa tente.
« — Parle ! dit le monarque au jeune prisonnier;
» Quel est ton maître?—Charle.—Et ton nom?—Olivier.
» — Sans doute, cette nuit, quelque projet perfide
» Attirait en ces lieux ta jeunesse intrépide?
» Réponds! près de nos camps où portais-tu tes pas?
» Dévoile tout, ou meurs.— Tu m'offres deux trépas.
» Qui trahit sa patrie est soudain mort pour elle.
» Prince ! de ces deux fins je choisis la plus belle :
» Qu'on me mène au supplice !—Olivier! que fais-tu?
» —Mon devoir.—Mais ta mort?..—Me rend à la vertu.
» De fatales erreurs avaient souillé ma vie;
» Je redeviens par toi digne de ma patrie.
» Oui, tu me fais goûter des plaisirs inconnus :

» Cesse d'interroger, je ne répondrai plus. »
Il dit ; et conservant un silence farouche,
Calme et fier, aucun mot ne sort plus de sa bouche.
Menaces et bontés, prières et fureur,
Du captif imprudent rien n'émeut le grand cœur.
A l'arrêt de sa mort, que Vitikin prononce,
Un dédaigneux sourire a servi de réponse.

Le plus cruel supplice attend le fils d'Aymon.
Près d'un vieux monument, non loin du camp saxon,
Du côté du levant, au fond des bois cachée,
S'ouvrait une citerne antique et desséchée.
Quand s'armèrent du Nord les peuples belliqueux,
La citerne, changée en un cachot affreux,
Devint l'effroi public, et, menaçant abîme,
Recéla les vertus plus souvent que le crime.
Ainsi qu'Aristomène, à Sparte redouté (4),
Au fond du Céada se vit précipité ;
Dans le gouffre, Olivier, jeté presque sans vie,
Va subir les horreurs d'une longue agonie.
De la nuit des tombeaux malheureux habitant !
Quelle douleur t'accable ! et quelle mort t'attend !
Pleure, au comble des maux, l'affront de l'esclavage :
Ton bourreau fut l'Amour, ta honte est ton ouvrage.

Mais tandis qu'Olivier, triste jouet du sort,

16..

Par sa mâle vigueur imposait à la mort,
Vitikin, sous sa tente, à ses guerriers s'adresse :
« — Amis ! je connais Charle et sa perfide adresse :
» Quelque dessein secret, je dois m'en défier,
» Vers nos retranchemens attirait Olivier.
» Le dieu des paladins seconde leur furie :
» Nous avons leur valeur, mais non leur industrie.
» Imitons-les ; dressons des piéges sous leurs pas :
» Pour les combattre mieux, évitons les combats.
» Feignons de fuir saisis d'une terreur soudaine ;
» Les Français aussitôt descendront sur la plaine :
» Toujours impétueux, toujours irréfléchis,
» Avant d'être vainqueurs, ils nous croiront soumis.
» Nous, dans les défilés des montagnes voisines,
» Dont seuls nous connaissons les gorges, les ravines,
» Nous irons par la ruse, illustrant nos travaux,
» Préparer aux Français un autre Roncevaux.
     » Croyez-moi, désormais contre leur chef suprême,
» Point de coups décisifs, toujours le stratagème !
» Armée inattaquable, errantes légions,
» Évitons pour surprendre, et pour vaincre fuyons.
     » D'un joug avilissant, ah ! sauvons la patrie !
» Et libre, sur ces bords, que le Germain s'écrie :
» De tant d'états conquis, de tant d'heureux travaux,
» Que reste-t-il aux Francs ? pas même leurs tombeaux ! »

Il dit; mais Mondragant, insolent et farouche,
L'interrompt. « — Quel discours est sorti de ta bouche!
» Devant tes vils chrétiens moi je paraîtrais fuir !
» Non ! je viens pour combattre, et non pour m'avilir
» Il fut un roi d'Argos qu'une lyre immortelle (5)
» Éternisa, dit-on : l'as-tu pris pour modèle ?
» Ce prince, au Simoïs, parmi ses légions,
» Ne haranguait les Grecs qu'en leur disant : *fuyons!*
    » Ton langage insensé de douleur me pénètre.
» Fuir, c'est périr d'avance; effrayer, c'est soumettre :
» Était-ce en l'évitant que tu vainquis Geilon (6)!
» Va ! par moi la victoire est promise au Saxon :
» Quand je m'arme pour toi, que peux-tu craindre encore !
    » *Le vrai Dieu,* vous dit Charle, *est le Dieu qu'il adore;*
» *Il est juste et clément, son culte est le plus doux;*
» Et pour vous en convaincre, il vous égorge tous.
» Voilà ses saints efforts : ses bibles, ses apôtres,
» Son Dieu, me font pitié plus encor que les nôtres.
« Contre leurs ennemis, ces chevaliers pieux
» Lancent un nouveau dogme en ministres des cieux;
» Et pour eux, en effet, que sont sur cette terre
» Leur dogme et leurs autels? Des machines de guerre.
    » Ce pontife romain qui, dit-on, des Français
» Représente le Dieu, que fait-il ? Ses décrets
» Changent l'usurpateur en prince légitime,
» Sacrent la tyrannie, et couronnent le crime.

» **Va**, l'homme en ce bas monde occupe peu les cieux.

» Quelle preuve avons-nous qu'il existe des dieux ?

» Qu'ils sachent aux mortels se faire mieux connaître!

» Moi, je ne reconnais que moi seul pour mon maître.

» Si devant les chrétiens reculent les Saxons,

» Je pars : seul à ton gré cache tes bataillons ;

» Nul ne sait mieux que toi comment on prend la fuite (7).

Mais le prince germain, que ce langage irrite,

Se lève furieux. « — Insolent allié !

» Dit-il, toi dont mon cœur recherchait l'amitié !

» C'en est trop! Désormais pour moi, sur ce rivage ,

» Ta vue est un affront, ton secours un outrage.

» Mendier des bienfaits est indigne de moi.

» Retourne en tes états, on peut vaincre sans toi.

» Qui ne craint point le ciel, fait honte à sa patrie ;

» L'honneur n'habite point dans le cœur d'un impie;

» La valeur à mes yeux n'est rien sans les vertus.

» Je ne puis t'estimer... tous nos nœuds sont rompus. »

A ce noble langage applaudit l'assemblée ;

L'âme altière du Hun elle-même est troublée.

« — Prince! interrompt Didier, quoi ! le camp des Germains

» Perdrait le plus puissant de ses chefs souverains !..

» Non : du roi Mondragant nous blâmons tous l'audace;

» Mais il n'est point d'erreurs que sa valeur n'efface.

» Songe à ses grands exploits, pardonne à sa fierté ;

» Sa gloire est une excuse à sa témérité,

» Ah ! joins, en commandant à ta juste colère,

» La palme des vertus aux lauriers de la guerre ! »

Il a dit ; et le chef des enfans de Lochlin

En ces termes s'exprime : « — Illustre Vitikin !

» Avant tout la victoire ! avant tout la patrie !

» Sur ta vie, homme pur ! glisse la calomnie ;

» Brave en paix ses fureurs. Quant à tes plans, crois-moi,

» Ils sont honteux pour nous, et peu dignes de toi.

» Une retraite en vain nous promettrait la gloire ;

» Fuir, d'avance à nos yeux, c'est flétrir la victoire :

» Conserve aux fils du Nord un de leurs plus grands rois.

» L'armée, ô Vitikin ! te parle par ma voix.

» Aux camps des lâches seuls que l'artifice règne ;

» Un perfide l'emploie, un héros le dédaigne.

» Même parmi nos dieux, seul, maudit par le sort,

» Lock, prince de l'adresse, est père de la mort * ;

» Et haï, méprisé, de ses ruses victime,

» Il rugit contre un roc suspendu sur l'abîme. »

Ainsi parle Harald, sans aigreur, sans détours ;

Et l'assemblée entière applaudit son discours.

L'orgueilleux chef des Huns triomphe dans son âme

---

* Voyez sur Lock la note 13 du chant X.

C'est son avis qu'on suit, sa valeur qu'on proclame.
Vitikin en gémit; magnanime héros,
Toujours grand, toujours noble, il répond en ces mots :

　　« — Amis, contre mes plans le conseil se prononce :
» A vos désirs je cède, à mes vœux je renonce.
» Attaquons les chrétiens, et je vole aux combats ;
» Le premier au péril je guiderai vos pas :
» Mais n'oubliez jamais qu'à vos projets contraire,
» Vitikin vous ouvrit un avis salutaire.
» Des rois coalisés tel fut toujours le sort :
» Entre eux si quelque temps a pu régner l'accord,
» Ils croulent tôt ou tard ces colosses suprêmes ;
» De leur destruction le germe est en eux-mêmes.

　　» Mondragant, on l'exige, eh bien, soyons amis!
» J'oublie et ton outrage et tes discours hardis;
» De ta seule valeur Vitikin se rappelle.

　　» Fier de ta renommée, oh! rends-toi digne d'elle!
» Si tout homme s'abuse alors qu'il croit aux dieux,
» Du moins, noble est l'erreur qui lui promet les cieux,
» Respecte-la!.. Pour nous, nous plaindrons en silence
» Qui ne croit qu'au néant, et meurt sans espérance.

　　» Je ne t'offrirai point un orgueilleux pardon ;
» Si magnanime est l'acte, offensant est le nom ;
» Je t'offre l'amitié. Pour sauver ma patrie,
» S'il le fallait encor, je t'offrirais ma vie. »

Il dit. De l'héroïsme ô pouvoir éclatant !
Ses farouches guerriers pleurent en l'écoutant :
Tel est de la vertu l'ascendant remarquable ;
Sauvage ou policé, vertueux ou coupable,
Tout homme, quel qu'il soit, admire au fond du cœur
Tout ce que Dieu marqua du sceau de la grandeur.

FIN DU CHANT XIII.

(1) . . . . Olivier, fils d'Aymon.

Les vieilles chroniques parlent beaucoup d'Olivier comme de l'ami intime du fameux Roland.

(2) En gazon, là s'élève un tertre solitaire.

Les peuples du Nord ne mettaient point de pompe dans leurs funérailles : leurs sépulcres étaient de gazon ; et l'appareil des tombeaux, méprisé par eux, leur paraissait à charge aux vivans et aux morts. « Ils quittaient bientôt le deuil, mais jamais le » souvenir. » (TACITE , *De Mor. Germ.*)

(3) Telle, chez le Natché, qui suspend ses tombeaux
Aux arbres des forêts . . . .

Qui ne connaît la charmante description que fait l'auteur d'*Atala*, de ces mères des Natchés, qui suspendent leurs enfans aux branches d'un arbre voisin, et les bercent en chantant. Lorsqu'un de ces enfans vient à mourir, la malheureuse mère, confiant la dépouille de son fils aux mêmes rameaux qui l'ont bercé plein de vie et de santé, vient tous les jours auprès de l'arbre tromper sa douleur en balançant un cadavre, qu'elle se figure être encore son enfant bien-aimé.

(4) Ainsi qu'Aristomène, à Sparte redouté.

Aristomène blessé , ayant été fait prisonnier, les Lacédémoniens le firent jeter lui et ses compagnons dans le *Céada*, gouffre où l'on précipitait les grands criminels. Les compagnons d'Aris-

tomène furent tous brisés et tués par leur chute : le seul Aristomène se releva sans fracture du milieu d'un monceau de cadavres : de là quelques historiens ont avancé qu'un aigle, volant
vers le héros, du fond de l'abîme, le soutint dans sa chute.
Aristomène, tout armé, resta deux jours entiers sans nourriture, attendant la mort : le troisième, à la faveur d'une faible
clarté, il aperçut un énorme renard, qui se glissait dans les
ténèbres, pour chercher à se repaître des corps déjà en putré-
faction : il saisit aussitôt le renard par la queue; et sans se
laisser mordre, ni lâcher prise, il le suivit : par des passages
tantôt larges, tantôt étroits, et presque impraticables, il se fit
traîner par son étrange libérateur, et à travers mille trous
obscurs arriva enfin à une ouverture d'où sortait un rayon de
lumière; alors, lâchant le renard, Aristomène rassembla toutes
ses forces pour élargir le trou, et se trouva enfin hors du souterrain : il parvint ensuite à rejoindre son armée.

(5)   Il fut un roi d'Argos qu'une lyre immortelle.

On a reproché justement à Homère de ne faire prendre la parole à Agamemnon dans le camp des Grecs que pour proposer
la fuite : aussi le roi d'Argos s'attire-t-il les reproches les plus
mortifians. Au IXe livre, Diomède lui répond :

> « Tu n'as reçu des dieux qu'un vain titre en partage :
> » Du sceptre en ta faveur le ciel a disposé,
> » L'empire du courage, il te l'a refusé :
> » Roi sans force ! »
>   (Traduction d'AIGNAN.)

Une autre fois Ulysse lui répond :

> « Timide roi, commande à des soldats timides,
> » Et cesse de régner sur des Grecs intrépides.
> » . . . .
> » Tais-toi, de tes guerriers tremble d'être entendu. »
>   (V. I. XIV, p. 298. AIGNAN.

Et Agamemnon, le roi des rois ne s'en fâche point.

(6)   Était-ce en l'évitant que tu vainquis Geilon ?

Pendant que Charlemagne recevait en Italie l'hommage de ses peuples, Vitikin, révolté de nouveau, attaque à l'improviste les troupes françaises, commandées par le connétable Geilon, et remporte une victoire au pied du mont Sintal. La supériorité de ses forces, et son attaque imprévue, furent funestes aux Français; mais cette bataille coûta cher aux Saxons; car elle irrita tellement Charlemagne, qu'elle occasionna cet horrible massacre de quatre mille cinq cents officiers de leur armée, auxquels la tête fut tranchée sur les bords de la rivière Alare, vengeance horrible dont Charle se repentit.

(7)   Nul ne sait mieux que toi comment on prend la fuite.

Ceux qui trouveront cette réponse trop insultante n'ont qu'à lire Homère : Ulysse, Diomède, et autres, qui devaient être moins sauvages et moins barbares que mon roi des Huns, adressent à Agamemnon des discours bien autrement offensans. Au livre I, Achille lui dit :

« Des rois le plus avare et le plus orgueilleux,
» Quel prix nouveau veux-tu de tes faits merveilleux ?
» . . . .
» O prince avide et fourbe! ivre d'un vain orgueil! »
(Trad. d'Aignan.)

Voyez la note 5 de ce même chant.

FIN DES NOTES DU CHANT XIII

CHANT XIV.

Cependant, l'œil fixé sur la tour d'Héristal,
De Bozon Charlemagne attendait le signal.
Attente vaine!.... hélas! en sa douleur extrême,
Olivier dans les fers se maudissant lui-même,
Trompait l'espoir de Charle et pleurait nuit et jour
Sa conduite, ses maux, sa vie et son amour.

    Deux fois l'ombre nocturne avait couvert la terre;
Du haut de la citerne une pâle lumière,
Par degrés jusqu'à lui descend dans sa prison;
Ses fers tombent brisés.... Qui le sauve? un Saxon.

    Du précipice obscur ils sortent en silence.
Le soldat inconnu vers la forêt s'avance;
Puis soudain s'arrêtant : « —Français! jeune héros!
» Dit-il, vous êtes libre... » Olivier, à ces mots,
L'interrompt et s'écrie :« —O moment plein d'ivresse!
» Almanzine! ta voix, ta voix enchanteresse
» A frappé mon oreille; ah! parle au nom des cieux!
» Parle encore! — Insensé! les temps sont précieux.
» Voici ta route, fuis! Veux-tu, fils de Lutèce,

» Te perdre de nouveau par ta folle tendresse?

» Jadis je périssais et tu veillas sur moi,

» Je sauve aussi tes jours, je suis quitte envers toi.

» Séparons-nous, adieu! — Non: beauté que j'adore!

» Non, ne me quitte point sans me répondre encore!

» L'excès de mon amour a-t-il touché ton cœur?

» —Laisse là ton amour et songe à ton honneur!

» Lui répond la guerrière : Olivier! non, mon âme,

» Insensible à tes vœux, n'approuve point ta flamme;

» Va remplir tes devoirs, va retrouver ton roi;

» Oublie et ta tendresse, et ta prison, et moi.

» Hélas! si pour l'amour mon cœur avait dû naître,

» Fils d'Aymon! c'est toi seul que j'eusse aimé peut-être.»

A ces mots elle a fui. Jeune et noble Olivier!

Cesse enfin d'être amant, et redeviens guerrier!

Du côté d'Héristal et vers la forteresse,

Le paladin troublé, songeant à sa maîtresse,

Se dirige à pas lents : rêveur, léger, distrait,

Et toujours imprudent, le long de la forêt

Il adopte au hasard des routes incertaines....

Ciel! quel ruisseau de sang coule entre ces vieux chênes!

La surprise du preux égare sa raison,

Il oublie encor Charle, Héristal et Bozon.

Entouré de cyprès, au fond d'une avenue,

Un vaste monument se présente à sa vue.

Quel mystère!.... quel est ce château?.... L'insensé

Brûle de s'en instruire et s'enfonce empressé
Dans ces bois effrayans, noir séjour des druides.
Mais du temple soudain vingt prêtres homicides,
Armés, fondent sur lui.... Sans fer, sans bouclier,
Que peut faire contre eux l'intrépide Olivier !
Le preux se débattant a rouvert sa blessure;
Et l'imprudent, traîné sous une voûte obscure,
Sans changer de destin a changé de prison.
Funeste jour !.... hélas ! le valeureux Bozon,
En ce moment aussi, non loin, touche à sa perte.

Vers le nord d'Héristal, une roche déserte,
Montagne à pic, aux cieux lève son front glacé,
Qui de frimas, de neige en tout temps hérissé,
Voit changer la nature et seul reste le même.
Inspirant au vulgaire une terreur extrême,
Ce rocher est nommé *le Mont des airs maudits.*
Une ancienne chronique et d'étranges récits
Maintiennent la terreur dans toute la campagne.
Bozon, que rien n'alarme, au pied de la montagne,
A quelques pas du fort, seul se rend un matin.
Un bon vieillard l'aborde. — « Illustre paladin !
» Que faites-vous ! daignez sous ce paisible ombrage,
» Écouter un récit qui, transmis d'âge en âge,
» Pour ce mont redouté vous remplira d'horreur;
» Là s'est fixé, dit-on, l'ange exterminateur.»

Bozon, surpris, s'arrête; il s'assied, il écoute.

« —Ce mont qui du trépas est aujourd'hui la route,

» Jadis, dit Utherbal reprenant son discours,

» Fut le séjour des jeux, des ris et des amours.

» Ce mont fut quelque temps la demeure chérie

» D'un barde de Morven *, d'un dieu de l'harmonie,

» D'un frère de Fingal, de l'immortel Ullin (1).

   » Lorsqu'abordant, jadis, les rives de Lochlin,

» Fingal eut triomphé des héros scandinaves,

» Ullin, roi des concerts, ami du chef des braves,

» Au palais de Starno sur sa harpe chanta

» L'amante de Fingal, la belle Agandetta (2).

   » Ce fut ce même Ullin dont la lyre sonore (3)

» Émerveilla plus tard les vierges d'Inistore **,

» Lorsqu'aux murs d'Ictura comme aux tours de Gormal

» Ce barde valeureux suivait l'heureux Fingal.

   » Et lorsque de Selma *** le vieillard magnanime

» Rendait aux fils d'Érin leur prince légitime,

» Ton chantre, ô Témora! ce fut encore Ullin (5).

   » Parcourant nos climats, ce voyageur divin

» Fut ravi par l'aspect de ces sites sauvages.

» Il s'arrêta. Bientôt, presqu'au sein des nuages,

---

   * *Morven*, ancien nom de la partie d'Ecosse qui est sur les bords de la mer au nord-ouest. *Morven* signifie *chaîne de hautes montagnes*.

   ** L'île des baleines, dont il est souvent parlé dans Ossian.

   *** *Selma*, palais de Fingal, roi de Morven.

» Entouré de sa cour, de ses bardes fameux,
» De ses chantres guerriers des héros et des dieux,
» Ullin s'établissant sur ce rocher funeste,
» Nomma *Mont d'Ossian* ⋆, ce mont alors céleste.

   » Au sommet fut un lac limpide et spacieux
» Qui prit le nom de *Lac des amours merveilleux ;*
» De son sein s'élevait une île renommée,
» Un jardin enchanteur dont la rive embaumée
» N'exhalait que parfums : là, le palais d'Ullin
» Planait sur les hauteurs ; et ce séjour divin,
» Digne des cœurs sans tache et des âmes vaillantes,
» Se voilant à demi de vapeurs odorantes,
» Retentissait au loin des célestes concerts
» De ces bardes guerriers, chantres de l'univers.

   » Un printemps éternel régnait sur l'île heureuse ;
» Là, des bardes en chœur la voix mélodieuse
» Montait en doux accords jusqu'au palais des vents,
» D'où les nobles aïeux de ces chantres savans,
» Princes aériens commandaient aux orages.
» Là, sur les flots muets ou sur les rocs sauvages,
» Tremnor ⋆⋆ aux doux rayons de l'astre ténébreux,
» Dans des vapeurs, dit-on, se glissant nébuleux,
» Venait, secret témoin de leurs paisibles fêtes,
» Errer silencieux au-dessus de leurs têtes.

⋆ Ossian, fils de Fingal.
⋆⋆ Tremnor, père de Fingal, aïeul d'Ossian.

» Transmis, mais de nos jours, altérés par les temps,
» Tels des fils de Fingal se répètent les chants.

» O braves de Selma! sur la harpe célèbre,
» Du héros disparu chantons l'hymne funèbre (6);
» Au palais des frimas qu'il monte radieux;
» La divine harmonie a droit d'ouvrir les cieux.

» Errez', divins aïeux, dans la salle des fêtes (7)!
» Mais n'apparaissez point sur le char des tempêtes!
» Et loin du lac Légo, planez maîtres des airs,
» Tels que le dieu du jour éclairant l'univers!

» Que le son de la mort, harpe douce et plaintive,
» Ici n'échappe plus de ta corde expressive!
» Le héros ne meurt pas : ô barde redouté!
» L'homme de la victoire est la divinité.

» Du moderne Selma les hautes colonnades
» Dominaient sur le lac entouré de cascades,
» Dont les flots bondissans rafraîchissaient les airs.
» Mais sur ces bords heureux quelles voix, quels concer
» Ont fait entendre au loin leur brillante harmonie?
» Ullin chante les rois de la Calédonie,
» Les palais de Morven, les grottes du Lorma *,

* Petite rivière qui coulait aux environs de Selma.

» Et surtout Ossian, ce barde de Selma,

» Dont les exploits guerriers comme les chants célèbres,

» Ont du chaos des temps traversé les ténèbres;

» Astre qui vu de loin semble mieux resplendir,

» Héros que le passé devait à l'avenir.

    » Aux sons des harpes d'or, désertant la campagne,

» Les filles d'Héristal volent vers la montagne;

» Elles entourent l'île : ô prodige! à leurs yeux,

» Sa terre est l'élisée et ses bardes les dieux.

» Toutes, en leurs transports, se prosternent tremblantes :

» Quels accens! « —Laissez-nous, ô déités puissantes!

» Vous dresser des autels, arriver jusqu'à vous;

» Les vierges d'Héristal tombent à vos genoux. »

    » Les bardes étonnés, soudain jettent la lyre;

» Pour la première fois l'amour et son délire

» Vers de jeunes beautés ont entraîné leur cœur;

» En vain des lois d'Ullin la sévère rigueur

» Défendait aux mortels les approches de l'île,

» L'amour en un instant en rend l'accès facile.

    » Sur de légers canots les bardes amoureux

» Volent à l'autre bord : leur chef au milieu d'eux,

» Ullin rame lui-même…. O transports d'allégresse !

» Chaque barde en ses bras a saisi sa maîtresse,

» Et chargé du fardeau qu'idolâtre son cœur,

» Retourne à l'autre rive au comble du bonheur.

    » O délire des sens! ô voluptés célestes!

17.

» Que vos feux enchanteurs ne sont-ils moins funestes! !

» Pendant dix jours entiers les plaisirs et les jeux,

» Les fêtes, les banquets, les délices des dieux,

» De l'amour et des arts l'enivrante magie,

» Descendirent sur l'île.... Immortelle harmonie !

» Quel fut alors ton charme! Heureux fils de Fingal!

» Combien, entre les bras des filles d'Héristal,

» Vous chantiez mieux des cœurs la déité suprême !

» Amour! pour te bien peindre, il faut aimer soi-même.

  » Mais des filles du lac, sur le mont escarpé,

» L'enthousiasme ardent s'est déjà dissipé.

» Le prestige des chants, la harpe enchanteresse,

» Et non d'un amour vrai la douce et tendre ivresse,

» Avaient seuls un instant égaré leurs esprits.

  » A l'admiration succède le mépris;

» Plus de palais divins! plus de dieux tutélaires !

» Leurs bardes ne sont plus que des mortels vulgaires.

» Trois mois se sont passés : fuir l'île est leur dessein ;

» Mais un plus noir projet fermente dans leur sein.

  »—Loin de ces bords, eh quoi! s'écrie une d'entre elles,

» En fuyant, ô mes sœurs, des harpes immortelles

» Nous n'entendrions plus les sons mélodieux !....

» Ah ! daignez m'écouter ! le barde aimé des cieux,

» A sa harpe doit tout; seule elle est sa magie;

» Perdant son luth céleste, il perdrait son génie.

» A ces fils de Fingal, en nous séparant d'eux,

  » Dérobons, croyez-moi, leurs talismans heureux ;

  » Alors, reines des arts, nous charmerons la terre ;

  » Et des confins du monde, une foule étrangère

  » Viendra nous élever un temple et des autels.

    » Semblables aux neuf sœurs, dont les chants immortels

  » Éternisèrent Saine *, ah ! loin de ces rivages

  » Courons de l'univers envahir les hommages ! »

    » Elle dit ; on l'approuve. A la chute du jour

  » Un philtre endort Ullin et sa brillante cour.

  » Puis, au réveil tardif, ô rage ! ô perfidies !

  » Plus de chants ! plus d'amour ! de harpes ni d'amies !

  » Sur les barques d'Ullin les cruelles ont fui.

  » — *Ossian! dieux vengeurs!* dit le chef hors de lui,

  » *Qu'un châtiment affreux punisse ces perfides!*

    » Il dit ; à l'instant même, en leurs courses rapides,

  » Les filles d'Héristal, par un vent furieux,

  » Accompagné d'éclairs, de tonnerres, de feux,

  » Jusqu'aux rives du lac se sentent repoussées.

  » Le mont tremble.... Déjà ces jeunes insensées

  » Ont vu le sol s'ouvrir.... leur corps s'est aminci,

  » Leurs pieds prennent racine, et leur front rétréci,

  » Sur le funeste bord d'un lac jadis limpide,

  » Que le courroux des cieux vient de rendre fétide,

  » Se penche en murmurant.... O prodiges nouveaux !

* *Voyez sur les vierges de l'île de Saine la note 3 du chant VI.*

»   s filles d'Héristal se changent en roseaux.

» Une seule beauté, plus simple, plus timide,

» Fut volage, dit-on, mais ne fut point perfide.

» Elma, les yeux en pleurs, sans harpe s'échappa :

» L'amour eût pardonné, le juste ciel frappa.

» Seule elle conserva sa forme... Mais plaintive,

» Au milieu des roseaux, elle resta captive;

» Et seule, au mont désert, dut voir finir ses jours.

» Pour consoler, dit-on, l'objet de ses amours,

» Le jeune amant d'Elma, quittant l'île funeste,

» En partant lui fit don de sa harpe céleste.

» Du rocher d'Ossian, roc maudit par Ullin,

» Les bardes voyageurs disparurent soudain;

» Et dans le Nord, sans doute, à Morven retournèrent.

» De fétides vapeurs sur le lac s'élevèrent;

» Les grottes, les palais, les jardins enchantés,

» Foudroyés par le ciel, périrent dévastés :

» L'île, changeant de nom, devint *l'île barbare;*

» Et *le lac des Amours* fut *le lac du Ténare.*

» Par les vents du désert, aquilons menaçans,

» Constamment agités, les roseaux mugissans

» D'un lugubre concert font retentir les rives.

» O filles d'Héristal! ce sont vos voix plaintives :

» Mais sont-ce là les chants qui, charmant les mortels,

» Devaient faire fumer l'encens sur vos autels !

» Où sont vos harpes d'or, les peuples, leurs hommages!..

» Seuls vers vous en grondant roulent les flots sauvages.

» Seigneur, depuis le jour où disparut Ullin,
» Maître de l'île, un monstre y règne en souverain ;
» Sa faux sanglante, au sein des brouillards et des glaces,
» En tout temps…—C'est assez; vieillard, je te rends grâces, »
Dit Bozon brusquement. Il se lève à ces mots ;
Il s'éloigne… Utherbal suit des yeux le héros.
« —Où portez-vous vos pas? — A ce mont redoutable.
» — Qu'entends-je! mais, seigneur, une fin déplorable….
» — Et que t'importe! —O ciel! quoi! ces détails affreux….
» — N'ont fait que redoubler mes désirs curieux.
» —Mais, seigneur…—Laisse-moi!..—Mais écoutez.—Silence!»
Repoussant le vieillard, vers le mont il s'élance.
Farouche, impatient, il hâte le trajet,
Et bientôt, sans obstacle, il parvient au sommet.

Sur un plateau désert, d'une immense étendue (8),
Un lac marécageux se présente à sa vue,
Entouré de roseaux et couvert de vapeurs ;
Un vent glacé du Nord, sur ces bords destructeurs,
Semble pousser au loin des plaintes lamentables :
Tels du lac de Légo les brouillards effroyables (9),
Dernier séjour du barde ennemi de l'honneur,
Murmuraient sourdement les sons de la douleur.

Là, semblable à l'Oscar* du prince des nuages,
Bozon prête l'oreille à la voix des orages.
Tour à tour sur le mont règnent, tyrans des airs,
La foudre ou les glaçons, la neige ou les éclairs.
De l'étang sulfureux, tantôt les eaux stagnantes
Exhalent un vent froid ou des vapeurs brûlantes;
Et parfois, échappé des brouillards nébuleux,
Dardant sur les frimas, l'éclair les change en feux.
    Bozon marche à travers la vapeur malfaisante;
Il voit l'île, il s'approche : une voix ravissante,
D'accens doux et plaintifs vient charmer ces déserts....
Il vole vers le lieu d'où partent ces concerts.
O surprise ! il y voit une beauté céleste
Négligemment penchée, auprès du bord funeste,
Sur une harpe d'or. Des éclairs lumineux
Semblent la revêtir d'une écharpe de feux :
Elle chante... Et la vierge, au printemps de son âge,
Des filles d'Ossian offre à Bozon l'image.

    « O héros de Morven ! ô bardes de Selma !
        » Vous qui régnez sur les orages !
        » Du palais flottant des nuages,
        » Écoutez la tremblante Elma.

* Il y eut plusieurs *Oscar* fameux chez les Bardes; l'Oscar, fils d'Ossian, est le plus renommé.

» O fille d'Héristal ! aïeule trop coupable
» Dont je porte le nom ! la terre du sommeil
» Te couvrit sans cacher ta faute impardonnable ;
» Et l'obscur tourbillon t'engloutit au réveil.
    » Armé du sceptre des orages,
» Ossian de ces bords maudit les noirs brouillards ;
» Et nul astre serein, dissipant les nuages,
    » Ne brilla plus à tes regards.
» Ici, dit-on, l'astre de la nature
» Des criminels s'éloigne avec effroi ;
    » Mais cependant mon âme est pure,
    » Et nul astre ne luit pour moi.

    » Dernier don de l'amour ! ô harpe enchanteresse !
» Jadis tu célébras la gloire et le bonheur ;
» Mais Elma gémissante, ignorant l'allégresse,
    » Ne sait chanter que la douleur.
» Sur ces plages, non loin de ma tombe inconnue,
    » O ma harpe ! si, détendue,
    » De quelques chasseurs égarés
    » Tu viens jamais frapper la vue,
    » Hélas ! de mes jours ignorés
    » La trace sera disparue,
    » Nul mortel même ne saura
    » Que tu fus la harpe d'Elma.

» Lieux jadis enchanteurs ! temple divin des fêtes !
　　» Ile d'amour ! qu'êtes-vous devenus ?
　　　» Fingal, Ossian, ne sont plus !
» Vous n'entendez ici que la voix des tempêtes.
　　　» Où sont vos palais redoutables ?
» Ils sont tombés, de mousse et de ronces couverts.
　　　» Seul, sur leurs débris lamentables,
　　　» Siffle l'ouragan des déserts.

　» Nuage, entr'ouvre-toi ! du sein des météores,
» Oh ! laisse jusqu'à moi se pencher mes aïeux !
» Laisse-moi voir flotter leurs voiles nébuleux,
　　» Et contempler leurs lances de phosphores !
　　　» Célestes vierges de Selma !
　　　» Ceintes d'écharpes lumineuses,
　　　» Compatissantes quoique heureuses,
　　　» Oh ! plaignez le destin d'Elma !
» Inconnue à la terre, hélas ! plante sauvage
» Balancée au hasard par les vents de l'orage,
　　　» Elma ! fleur des rochers déserts
　　　» Que le malheur sembla poursuivre,
　　　» De nom seul connut l'univers,
　　　» Et mourut sans avoir pu vivre. »

Elma verse des pleurs... et les chants ont cessé.
Vers la vierge du lac Bozon s'est élancé.

» Surprise à son aspect, la jeune enchanteresse

» Recule, pousse un cri... mais un cri d'allégresse.

» « — N'es-tu pas du grand astre un rayon lumineux?

» Dit-elle; viendrais-tu de l'empire orageux

» Au palais des éclairs m'enlever radieuse?

» Parle ! — Qui donc es-tu, sirène merveilleuse ?

» Quel est ton nom ? — Elma. — Tes parens? — Sont aux cieux.

» La robe de vapeurs ceint leurs flancs nébuleux (10).

» — Ton sort? — Une tempête a fondu sur ma vie.

» — Qui prend soin de tes jours? — Athmerson, monstre impie.

» — Où vit cet Athmerson? — Dans l'île, en son palais :

» Hélas ! et de ses murs ne m'éloignant jamais,

» J'ose à peine parfois fendre ces flots sauvages

» Tourmentés nuit et jour par l'esprit des orages.

» — Il te retient captive? — Il est mon souverain.

» — Et son ordre, pour toi?... — Son ordre est le destin.

» Jamais ne l'ont touché les pleurs de l'innocence,

» Et jamais à mon cœur n'a parlé l'espérance.

» — Je cours aborder l'île, infortunée Elma !

» Sous ce glaive vengeur Athmerson périra.

» Qu'il tremble, le tyran que l'innocence abhorre !

» — Ainsi parlait Fingal, le roi du météore :

» Ainsi jadis ce prince amoureux et vaillant

» Promit à son amante, au palais de Swalant,

» Contre tout ennemi son appui tutélaire ;

» Et cependant, hélas ! de la main de son père,

» Devant Fingal lui-même Agandetta périt *.

  » Guerrier ! qu'espères-tu sur ce rocher maudit?

» — Immoler Athmerson. — Si, par un noir prestige,

» Égarant tes esprits !... — Il périra, te dis-je.

» Mais pourrai-je, vainqueur, disposer de ton sort?

» Elma, me suivras-tu? — Partout, avec transport.

» Mais, d'un rameau d'argent, d'un talisman perfide

» Dépendent mes destins : le héros intrépide

» Qui s'en emparera, seul peut s'unir à moi ;

» C'est la loi de Fingal. — Va, je puis tout pour toi.

» Où trouver ce rameau? — Dans la grotte enchantée,

» Au milieu des jardins de l'île redoutée.

» — J'y vole. — Arrête encor, téméraire guerrier!

» Les plus affreux périls... — Ne sauraient m'effrayer.

» Laisse-moi ! » S'élançant vers l'onde mugissante,

Bozon repousse Elma, pâle, faible, tremblante,

Et seul en un canot livre aux flots son destin.

Elma, bravant la mort, au bord du lac, soudain,

Forme un léger radeau de branches rassemblées,

S'y jette... et suit Bozon sur les ondes troublées.

Quels accens!.. Il écoute:—« Astre heureux! sauve-moi!

» Ton sort devient mon sort, et ma vie est à toi.

  » Vents doux et caressans, qui, sur l'onde orageuse (11)

» De Faïna, jadis, errante et malheureuse,

---

* *Voyez* la note 2 de ce chant.

» Poussiez l'esquif léger sous les murs de Selma,
» Vers le nouveau Fingal guidez la tendre Elma! »

Bozon vient d'aborder : l'île lui semble immense;
Vers la grotte enchantée à grands pas il s'avance.
Au loin il aperçoit le palais d'Athmerson,
Vieille tour en débris, ténébreuse prison.
De ces lieux on l'observe; il le remarque à peine :
Un attrait invincible à la grotte l'entraîne.
    Son abord est facile et n'a rien d'effrayant :
Sur un sable émaillé, sous un tertre riant,
S'enfonce couronné de paisibles ombrages
Un antre spacieux, voûté de coquillages :
Un demi-jour l'éclaire; et des joncs enlacés
Offrent un banc rustique aux voyageurs lassés.
    Dans la grotte aussitôt Bozon se précipite :
Trois fois il la parcourt, et trois fois il s'irrite;
Nul rameau devant lui ne s'est encor montré.
    Mais dans un angle obscur, tel qu'un sceptre azuré
Le talisman a lui... Bozon, sans méfiance,
Déjà s'en croit le maître, et, plein d'impatience,
Vers la terre courbant son front audacieux,
Veut saisir... Dieu! le jour se dérobe à ses yeux :
Sa force l'abandonne... Il tombe, ô perfidie!
Bozon, sans mouvement, paraît déjà sans vie.

FIN DU CHANT XIV.

NOTES DU CHANT XIV.

(1)   D'un frère de Fingal, de l'immortel Ullin.

Ullin, ami fidèle de Fingal, suivit dans toutes ses courses ce héros immortel, combattit partout avec lui, et chanta les exploits des enfans de la Calédonie. Il est question de lui dans tous les poëmes d'Ossian. Au IVe chant du poëme de Fingal, le père d'Ossian, voyant ses guerriers prêts à fuir devant l'ennemi : — « Va, Ullin, mon antique barde, dit-il, va soutenir par tes » chants le courage chancelant de mes guerriers. »

(2)   L'amante de Fingal, la belle Agandetta.

Fingal ayant triomphé de Starno, roi de la Scandinavie, ce dernier fit offrir au chef écossais sa fille Agandetta en mariage, et l'engagea à venir conclure cet hymen dans son palais. — « Le » roi des neiges méditait la mort du héros, en lui donnant la » fête de l'amitié. Fingal, qui se défiait de l'ennemi, y parut » couvert de ses armes... Ullin, le barde de Fingal, cette voix » mélodieuse de Cona, s'y faisait entendre : il chante les louanges » de la fille du roi des neiges, et la gloire du héros de Morven. » (Poëme de Fingal, chant III, p. 55, t. I, trad. de LETOURNEUR.) Agandetta, éprise de Fingal, prévint son amant des noirs desseins de son père, et Starno, se voyant découvert, fit venir Agandetta, et furieux lui perça le sein de son épée. Fingal vengea sa mort, et emporta son corps en Écosse.

(3)   Ce fut ce même Ullin dont la lyre sonore
         Émerveilla plus tard les vierges d'Inistore.

Fingal, revenant d'une province romaine, où il avait été

à faire une expédition, résolut de visiter Catula, roi d'Inistore, à île scandinave : et il est dit dans le poëme de Carrictura : — « Là, Ullin entonna des chants d'allégresse ; ses accens réjoui- » rent les collines d'Inistore. » (*Voyez* la traduction de LETOUR- NEUR, t. I., p. 196.)

(4)   Lorsqu'aux murs d'Ictura comme aux tours de Gormal.

Ictura ou Carrictura était le palais de Catula, roi d'Inistore. Le Gormal, en Scandinavie, était la résidence ordinaire de Starno, ennemi juré de Fingal, et toujours battu par lui.

(5)   Ton chantre, ô Témora! ce fut encore Ullin.

Caïrbar, roi d'Atha, en Connaught, assassina le jeune Cor- mac, héritier du trône d'Irlande alors nommé Erin, et se rendit, sans obstacle, maître de ce royaume; mais Fingal, qui, dit-on, ne fut jamais vaincu, et qui fut surnommé *le Roi des Victoires*, descendit en Irlande, remporta sur Caïrbar la fa- meuse bataille de Témora, et rétablit sur le trône d'Erin Ferad-Artho, seul rejeton de la famille de Cormac, et roi lé- gitime. A la tête des cent bardes chantres des combats, Ullin célèbre les exploits de la bataille de Témora. (Voyez *Poëme d'Ossian*, *bataille de Témora*, t. II, p. 66, traduction de LETOURNEUR.)

(6)   Du héros disparu chantons l'hymne funèbre.

Les bardes, disciples des druides, et druides eux-mêmes, chantaient les héros et les dieux. Nul héros ne pouvait entrer dans le palais aérien de ses pères, si les bardes n'avaient chanté son hymne funèbre : l'hymne funèbre ouvrait aux guerriers morts la porte du palais des nuages : si l'on oubliait cette céré- monie, l'âme restait enveloppée dans les brouillards du lac Légo.

(7)   Errez, divins aïeux ! dans la salle des fêtes ;
         Mais n'apparaissez point sur le char des tempêtes.

Quand le roi se préparait à quelque expédition, un barde
se rendait à minuit dans la salle des fêtes; il entonnait le chant
de guerre, et invitait trois fois les ombres des anciens héros à
contempler les exploits de leurs descendans. Si les ombres apparaissaient dans cette salle, la victoire était certaine : quand
elles se montraient au milieu des tempêtes, au bord des torrens,
elles annonçaient de grands malheurs.

(8)   Sur un plateau désert, d'une immense étendue.

Ce chant fut composé au milieu des montagnes de Baréges, et
dans un lieu absolument semblable au mont d'Ossian, qui paraît si extraordinaire : je décrivais ce qui était sous mes yeux;
et je puis affirmer que je n'ai rien exagéré. Entre Baréges et
Banières est une montagne à pic, au sommet de laquelle est un
plateau désert : sur ce plateau est un lac marécageux assez vaste,
entouré de roseaux, couvert de vapeurs malsaines, et au milieu
duquel est une île charmante, où se trouvent de jolies grottes et
des bosquets fleuris. L'air y est si changeant, que tantôt on y
gèle, tantôt on y étouffe.

(9)   Tels du lac de Légo les brouillards effroyables.

Suivant l'opinion des Calédoniens, les méchans et les barbares étaient exclus de la demeure des héros, et condamnés
à errer sur les vents. Dans les brouillards épais du lac de Légo,
gémissaient les âmes des bardes qui n'avaient pu être admises
aux palais des nuages. (*Voyez* la description de ce lac fétide
au commencement du chant VII de la bataille de Témora,
Poëme d'Ossian.)

(10)   La robe de vapeurs ceint leurs flancs nébuleux.

Ceux qui trouveront le style d'Elma trop étrange n'ont qu'à lire les poëmes d'Ossian ; ils verront que j'ai conservé exactement la teinte et la couleur ossianique. Elma est l'image fidèle des vierges de Selma.

(11)   Vents doux et caressans, qui, sur l'onde orageuse,
         De Faïna jadis. . . . .

Faïna, ou Faina-Sollis, fille du roi de Craca, fuyant Borbar, roi de Sora, qui lui était destiné pour époux, s'échappa du toit paternel, et vint se réfugier à la cour de Fingal, dont elle implora l'assistance. Borbar poursuivait Faïna ; il débarque en Ecosse, et meurt sous les coups de Fingal. (*Voyez* le Poëme de Fingal, chap. III, p. 65.)

FIN DES NOTES DU CHANT XIV.

CHANT XV.

La fille du Chaos, taciturne et voilée,
Par degrés descendait de la voûte étoilée :
Charle appelle Angilbert. « — Sur la tour d'Héristal,
» Ce matin de Bozon j'attendais le signal,
» Dit-il, et nul drapeau ne s'y déploie encore.
» Nous l'y verrons sans doute à la prochaine aurore ;
» Mais tous deux, cette nuit, seuls, avant les combats,
» Au mont voisin d'Arnith osons porter nos pas.
» Là, sur les camps rivaux mon œil pourra s'étendre ;
» Ami ! d'un seul regard leur destin peut dépendre. »
Il dit : et leur départ se dispose en secret.
    Le prince de l'abîme, instruit de leur projet,
S'offre au roi des Saxons, sous les traits d'un druide.
« — Chef ! deux Francs, cette nuit, dit le vieillard perfide
» Espèrent parmi nous, armés secrètement,
» D'un poignard assassin te frapper lâchement.
» Cache un complot si noir à ta troupe fidèle ;
» Et daigne, ô roi du Nord, confier à mon zèle,
» Pour veiller sur nos camps, un de tes bataillons. »

Il dit ; son vœu s'exauce : et le chef des Saxons,
Satisfait de son zèle, et sûr de sa prudence,
Remet entre ses mains le soin de sa vengeance.

Sur la route d'Arnith, près d'un fort abattu,
Dans les bois, sous des rocs, le vieillard s'est rendu,
Et là cache sa troupe au milieu des décombres.

Le soleil disparu cédait sa place aux ombres.
L'œil distinguait encor les objets d'alentour ;
Ce n'était point la nuit, mais l'absence du jour.
Charle sort de sa tente, Angilbert l'accompagne ;
D'Arnith un bois épais leur cache la montagne.
Sous son antique ombrage ils dirigent leurs pas,
Et suivent un sentier... qui les mène au trépas.

D'un vaste manteau noir ils couvrent leur armure.
Un calme harmonieux régnait dans la nature ;
Écho silencieuse avait fui des vallons,
Et les zéphyrs captifs dormaient en leurs prisons.
Bientôt les paladins, non loin de l'embuscade,
D'un rocher ténébreux vont traverser l'arcade ;
Ils n'ont qu'un pas à faire... et sont perdus tous deux.

Mais quel brouillard s'étend sur le roc sourcilleux!...
Le ciel fuit, le vent siffle... une cloche invisible,
Du milieu des vapeurs, tinte... et, signal horrible,
Soudain un glas funèbre épouvante les airs.
Charle frémit, s'arrête... Alors des pics déserts

18..

Fuit la brume tremblante... et, puissance magique,
Un barde, enveloppé d'un manteau druidique,
Sort, blanche vision, du nuage orageux.
Au sommet de la roche, il parle, et vers les preux
Lève un sceptre royal enlacé d'immortelles,
D'où semblent, à flots d'or, jaillir mille étincelles.
« —Guerriers, une embuscade est dressée en ce lieu.
» Charlemagne, Angilbert, éloignez-vous, adieu ! »
     Sur l'oracle, à ces mots, de la voûte éthérée
Descend en doux rayons une flamme azurée ;
Tel qu'Apollon sortant de son temple entr'ouvert,
Apparaît, lumineux, l'enchanteur du désert.
     « —Cloche d'alarmes ! paix ! dit l'envoyé céleste :
» Et toi, prince vaillant ! hors de ce bois funeste,
» Échappe aux assassins avant qu'il soit trop tard !....
» Je suis pour ton salut, *partout et nulle part.* »
     Le barde, à ces mots, change et de forme et d'image ;
Son manteau s'ouvre, tombe.... et du rocher sauvage,
Sous ses voiles légers la vierge des forêts
Offre ses traits divins au héros des Français.
Telle aux fils redoutés du prince des orages,
Silphyde soulevant son voile de nuages,
Du fond d'un météore, au sommet du Cromna *,

---

* Ancien nom d'une montagne de l'Ulster, province d'Irlande.

Jadis apparaissait la douce Malvina *.

« —Ulnare !.. » a dit le prince ; il l'implore, il l'appelle ;
Il veut gravir le roc, et s'élancer vers elle ;
Mais, hélas ! vains efforts !... son espoir est déçu ;
La clarté s'est éteinte.... Ulnare a disparu.

Oubliant un instant l'embuscade perfide,
Angilbert contemplait la céleste druide :
Le feu de ses regards, l'éclat de sa beauté,
Portent l'enchantement dans son cœur agité.
Long-temps après sa fuite il croit la voir encore.
S'approchant du héros que la prêtresse adore :
« — Grand Dieu ! quelle immortelle, ô roi des paladins !
» Veille ainsi sur vos jours ! Ah ! l'ange des destins,
» Vers vous, du haut des cieux, en ce climat barbare,
» Descend, astre sauveur, sous la forme d'Ulnare. »
A travers le taillis, Angilbert, à ces mots,
Loin du sentier perfide entraîne le héros ;
Et, se frayant dans l'ombre une route inconnue,
De l'immense forêt ils atteignent l'issue.

Charle est au mont d'Arnith ; déjà de toutes parts
Sur les champs du Veser il étend ses regards.
A la clarté des feux qui colorent la plaine,

* Fille d'Ossian.

Il observe sans crainte, il démêle sans peine
Les lignes des Saxons et l'ordre de leurs camps.
   Charle des ennemis a pénétré les plans ;
Il redescend, joyeux, vers la forêt sauvage,
Quand deux Saxons armés lui barrent le passage :
Le prince et son ami fondent sur ces guerriers,
Les terrassent sans bruit, et les font prisonniers.
L'un des deux est Aldin : en remettant ses armes,
Le lâche, aux pieds du roi, tombe baigné de larmes.
« — Jamais nos faibles bras n'ont connu les succès ;
» Rends-nous la liberté, seigneur ! et désormais
» Nous ne combattrons plus les vaillans chefs du monde. »
   Ému de sa douleur, Angilbert le seconde ;
Il parle, le roi cède au guerrier éloquent ;
Et, libres, les Saxons retournent vers leur camp.
L'obscurité redouble.... Aldin marche en silence.
Non loin est l'embuscade ; il l'ignore.... ô vengeance !
Des dards empoisonnés soudain fendent les airs ;
Et deux monstres de plus ont peuplé les enfers.

   Mais Charle, des forêts en vain cherche l'issue ;
Il s'égare.... Nul jour ne perce encor la nue :
Aucun sentier ne s'offre aux regards du héros ;
Et chaque instant l'expose à des dangers nouveaux.
Cependant, tout à coup, dans l'épaisseur des ombres,
Au loin il voit errer quelques lumières sombres,

Dont les reflets obscurs et les rayons trompeurs
Étendent sur les bois de blafardes lueurs.
Il s'approche.... Bientôt du milieu des ténèbres,
Comme d'un noir cachot, partent des cris funèbres.
Ni le souffle des vents, ni le vol des oiseaux,
Du chêne des forêts n'agitent les rameaux.
A ses pieds coule une onde infecte et dévorante;
L'air tremble comme atteint d'une vague épouvante.
A des accens plaintifs succède brusquement
Un silence profond, encor plus alarmant.
Charle s'entend nommer par des voix inconnues;
Et des dragons ailés, sifflant du haut des nues,
Soufflent autour des preux une épaisse vapeur.
Déjà, le front glacé d'une froide sueur,
Charle sent ses cheveux se dresser sur sa tête.
Troublé, saisi d'horreur, le monarque s'arrête.
« — Sire, dit Angilbert, quelques dieux infernaux
» Habitent ces forêts. Ces lugubres flambeaux,
» Ces visions, ces voix, sont les armes perfides
» Qui du lâche Irmensul défendent les druides.
» Ici tout est prestige, erreur, enchantemens *.
» Prince, observez ces bois respectés par le temps,
» Sur ces chênes jamais ne frappa la cognée;

---

* Il fallait que ces druides fussent d'habiles physiciens, car leurs prestiges renommés étaient d'un merveilleux incompréhensible. Dans leurs bois sacrés tout était fantasmagorie.

» Partout du sang humain leur racine est baignée.

» Nul doute; d'Irmensul, cette enceinte, seigneur,

» Est la forêt sacrée. » Une vive lueur

Alors autour des preux jaillit étincelante.

Ils marchent… quel spectacle à leurs yeux se présente!

   Sur un tertre entouré de funèbres cyprès

S'élève un noir séjour de deuil et de forfaits,

Le temple d'Irmensul. De l'enceinte sacrée

Des ossemens épars semblent garder l'entrée :

Au portique hardi du vaste bâtiment,

Trente larges degrés conduisent lentement :

Vingt pilastres d'airain, du temple solitaire

Forment le péristyle ; et dans le sanctuaire,

L'idole des Saxons, colosse monstrueux,

Sur son autel sanglant lève un front orgueilleux.

Sa statue est de bronze, et sa bouche enflammée

Vomit de noirs torrens de soufre et de fumée.

Des torches de sapin la sinistre lueur

Couvre le monument d'une épaisse vapeur;

Et les concerts du dieu sont les cris des victimes.

   Tout profane est exclu de ce séjour de crimes.

Le marbre des parvis s'y montre teint de sang :

Le druide à genoux y prie en frémissant;

Et lui-même, à l'autel du monstre qu'il implore,

Rougit de sa terreur, et tremble plus encore.

   Les arbres d'alentour sont consacrés aux dieux.

Là, s'élève avec soin le gui mystérieux.
Ses rameaux enlacés forment des caractères
Dont le druide seul explique les mystères :
D'un vil acier jamais le tranchant acéré
Ne sépare un rameau de ce tronc révéré;
Une lame d'or pur, lame respectueuse,
Seule a droit de couper la branche précieuse.

 Du portique, éclairés par des feux vacillans,
Les prêtres d'Irmensul descendent à pas lents.
La faucille sacrée orne leurs mains sanglantes;
Des ceintures de chêne et des robes traînantes
Ont paré ces bourreaux, dont le front révéré
Brille orgueilleusement ceint du bandeau sacré,
Semé d'étoiles d'or. Devant eux, trois druides
Marchent seuls, élevant sur des pals homicides
Les simulacres vains de mille dieux maudits,
Et l'antique croissant des prêtres de Memphis.

 A travers le feuillage, Angilbert et son maître,
Soigneusement cachés, observent le grand prêtre,
Qu'enveloppe, en ses plis, un long habit de lin.
L'un portant l'encensoir, et l'autre le bassin,
Deux enfans destinés à parer les victimes
Le précèdent au pied du repaire des crimes.
 Le pontife s'arrête; un poignard à la main,
Couronné d'un rameau de l'arbuste divin,

Il s'écrie : « — Irmensul ! puissant dieu du carnage
» Daigne sur tes autels nourrir ta sainte rage :
» Huit nouveaux prisonniers vont tomber sous nos coups
   » Quelque tempête, amis ! gronde aujourd'hui sur nos
» En songe, cette nuit, égarée, éperdue,
» Squelette menaçant, Héla m'est apparue (1) :
» De la rage empruntant les trois lugubres voix,
» Le serpent de Midgard a sifflé dans nos bois (2);
» De l'autel du serment j'ai vu trembler la pierre;
» Et le vase du meurtre au fond du sanctuaire
» A vidé de lui-même un long ruisseau de sang.
» Nos fantômes d'osier * ... prodige menaçant !
» Ces colosses sacrés, redoutables abîmes,
» Dont les flancs embrasés recèlent nos victimes (3),
» Renversés à grand bruit sur le marbre rompu,
» Ce matin à mes yeux ont soudain disparu.
   » Druides ! allumons le feu des sacrifices :
» Coule à flots, sang humain (4)!.. Un jour, aux dieux propi
» Puissions-nous immoler et Charle et tous ses preux ! »
   Autour d'un chêne antique, environné de feux,
Les prêtres, à ces mots, courbent leurs fronts perfides.
« — Irmensul ! Teutatès ! dieux sauveurs des druides,

---

* *Voyez* sur les mœurs et usages des druides les *Commentaires de* CÉSAR.
— POMP. MÉLA. — *La Pharsale de* LUCAIN, l. III. — SRAB., l. IV. —
DIOD. SICIL., l. V. — PELLOUTIER, *Hist. des Celtes*, l. IV. — TACITE,
De Mor. Germ.

» Tournez ici vers nous vos regards protecteurs :
» L'antre des ossemens, caverne des douleurs,
» Mugissant et comblé, prouve assez notre zèle.
» Rameau du spectre ! *ô gui, notre égide immortelle (5),
» Défends ces murs sacrés ! Et pour nous, en ces lieux,
» Que la faucille d'or soit le sceptre des dieux (6) ! »

    A ces horribles cris, à ce chœur de prières,
Les chênes éclairés par de pâles lumières,
S'embrasent tout à coup en milliers de flambeaux.
Des scorpions volans, de nocturnes oiseaux,
Des cérastes impurs, des larves, des fantômes,
Monstres hideux vomis par les sombres royaumes,
Volent, noirs tourbillons, sur une mer de feux.
La flamme, sans brûler, roule en flots lumineux,
Lorsque soudain tout fuit, s'éteint... et des ténèbres
Ressortent l'affreux temple et ses clartés funèbres.

    Au pied du monument s'ouvre, abîme d'horreur,
Un caveau d'où s'exhale une infecte vapeur (7).
Les victimes du meurtre en garnissent l'entrée.
Sous cette voûte impie, au crime consacrée,
Une statue en fer aux regards vient s'offrir :

---

* MALLET, dans son *Introduction à l'Histoire du Danemarck*, t 1 , rapporte que le gui est encore en vénération dans quelques contrées, et qu'on lui attribue une grande puissance ; on l'appelle *le rameau du spectre.*

Sur son front est écrit: « *M'adorer ou mourir !* »
D'ossemens enlacés sa large taille est ceinte :
Sur son baudrier noir la mort paraît empreinte :
Là, contre un bloc d'airain, par un arrêt fatal,
Gémissent les captifs du monarque infernal.
Infortunés ! ils n'ont, en ce lieu d'épouvante,
Qu'Irmensul pour aspect et la mort pour attente.

O Charle ! de ce gouffre on arrache à tes yeux
Huit Français... quel spectacle!... Olivier est l'un d'eux.
« — Ciel, accueille nos dons ! dit le prêtre sauvage :
» Que t'offrir de plus beau que ton plus bel ouvrage!
» Nïor ! veille sur nous !... Mais que vois-je?... Héla !
» Spectre ! que me veux-tu?.. quoi? du sang!... en voilà
    Du sacrificateur, à ce langage horrible,
Saisissant le couteau, le pontife inflexible
Passe au cou des captifs huit funestes colliers,
Verse un vase de sang sur chacun des guerriers ;
Et, montant les degrés du noir séjour des crimes,
A l'autel d'Irmensul entraîne les victimes.

    Mais quelle voix terrible!.. «—Arrêtez, malheureux!
» Les cieux tonnent sur vous, Charle est devant vos yeux
» Vous demandiez sa mort, monstres ! il vous la donne. »
    Charle dit : sur son front la victoire rayonne ;
Vers le temple il s'élance, Angilbert suit ses pas

Il renverse, il poursuit : son invincible bras
A l'infâme druide ouvre le sombre abîme ;
Il transforme à ses pieds le pontife en victime.

A l'aspect du héros, les prêtres égarés
Se sauvent à grands cris vers leurs parvis sacrés :
Et du faible Irmensul les tremblantes cohortes
Du monument perfide ont refermé les portes.

Charle a brisé les fers des prisonniers français :
« — Périsse anéanti ce temple de forfaits ! »
Dit le prince ; et les preux, en poursuivant les prêtres,
Du bâtiment sacré semblent déjà les maîtres.
Mais la porte est d'airain : force, adresse, fureur,
Rien ne peut l'ébranler. Olivier, ô bonheur !
Cherche, et trouve un levier sous la caverne obscure.
Chacun des prisonniers y découvre une armure :
Faibles et mal construits, du palais redouté
Les murs sans épaisseur tombent de vétusté :
Des druides tremblans tout conspire la perte.
Bientôt sous le portique une brèche est ouverte,
Lorsqu'au sommet du temple un spectre lumineux
Est apparu sanglant. « — Fuis, chef présomptueux !
» Fuis, ou meurs ! » A ce cri soudain les monts frémissent ;
Le sol tremble ; des airs les vapeurs s'obscurcissent.
Des squelettes humains, sous les antres voûtés,
Les os se disloquant craquent épouvantés ;

Et des siècles passés les prêtres homicides
Sortent, sanglans encor, des tombeaux des druides.

Du tronc des noirs cyprès partent des sons affreux;
Un tourbillon de vent s'élève impétueux;
Des larves menaçans volent au monstre impie;
La foudre va partir... Calme, le roi s'écrie :
« — Enfer ! ta rage est vaine, et ton règne est passé. »
Puis, s'armant d'un flambeau, près du portail dressé,
Charle embrase le temple... (8) Un cri perce la nue :
Spectres, vapeurs, tout fuit : l'idole est disparue.

Des prêtres d'Irmensul, éperdus, dispersés,
L'espoir s'est englouti sous les murs renversés.
Quels effroyables cris partent du sanctuaire !...
Le monument s'écroule au fracas du tonnerre.
Des ouragans fougueux, à ces longs tremblemens,
Répondent, déchaînés, par d'aigres sifflemens :
L'air roule les flots noirs d'une ardente fumée.
Au sein des tourbillons d'une nue enflammée,
Dans la sinistre horreur de ces bois embrasés,
Sur les marbres sanglans, sur les autels brisés,
Tombent, en longs débris, en ruines fumantes,
Et les murs calcinés et les poutres brûlantes.

Les prêtres vainement cherchent à fuir leur sort :
Dans le temple est la foudre, hors du temple est la mort.
Et le fer des guerriers, purgeant ces lieux infâmes,
Achève d'immoler ceux qu'épargnent les flammes.

Le sang de toutes parts coule à torrens épais ;
Et le parvis sacré du temple des forfaits
N'est plus qu'un noir désert de cendre et de fumée.

Alors au camp français le héros de l'armée
Veut diriger ses pas, quand le ciel orageux,
De nuages obscurs couvre ces bois affreux :
La pluie à longs torrens inonde le rivage.
Non loin s'offre l'abri d'une grotte sauvage :
Charle, y guidant ses preux, s'y repose un moment.
Mais du fond de cet antre un sourd gémissement
Soudain se fait entendre... Ah ! ce séjour de crimes
Des druides encor cache quelques victimes.
Le monarque saisit un flambeau résineux :
Sous la grotte il s'enfonce... A l'instant mille feux
Des murs cristallisés autour de lui jaillissent.
Du stalactite au loin les roches se hérissent (9) :
Et, découpés à jour, ses prismes dentelés,
En arcs de diamans se tournent ciselés.
Là s'élève le spath en aiguilles mauresques,
En vagues chapiteaux, en essais d'arabesques ;
Glissant sur ces décors, albâtres transparens,
L'eau tombe, les varie, et des cristaux brillans
Tire des sons légers, musique aérienne *.

* Il existe de ces grottes harmonieuses en différens pays. Celles d'Osselles

Des filles de Fingal ô harpe éolienne !

Céleste harmonica ! tels vos accords divins,

Des fleuves de Morven charmaient les bords lointains.

    Les preux suivent leur roi sous la roche inconnue;

Un captif enchaîné se présente à leur vue.

Charle brise ses fers. « — Guerrier libérateur !

» Dit le jeune étranger : sans doute, dieu sauveur,

» Odin guida vers moi ta cohorte aguerrie. »

    L'éclair brille... les vents sifflaient avec furie.

« — L'orage, répond Charle, enchaîne ici nos pas :

» Dis-moi qui j'ai sauvé. « — Mon nom est Artimas.

» Reine de la Dalie, Avilda fut ma mère;

» Et d'Herkuller-le-Grand* descend Buris, mon père (10).

» —Jeune Iarl**, et tu naquis?.. — Aux bords de la Sarpa,

» Sous les murs de Valdis, près de la store Elva (11).

» —Pourquoi donc au Veser...? —Heureux dans ma patrie

» Mes jours coulaient sereins, quand je vis Iraldie :

» Dès lors plus de repos!... A son père Wormus,

» Despote redouté, monarque d'Aggerhus***,

---

et de Quingey (*Voyez* M. Depping, p. 499 et suiv.) sont exactement semblables à celle que je viens de décrire. Il en est de même des grottes de Castelton
en Angleterre. (*Voyez* la note 9 de ce chant.)

   * C'est Hercule. (*Voyez* la note 10 de ce chant.)

  ** Les Iarls, en Scandinavie, étaient les nobles, les grands du pays; ils
formaient une caste privilégiée.

  *** Province suédoise, limitrophe de la Dalie.

« » Je demande, en tremblant, la beauté que j'adore.

« » *Demain*, me répond-il, *quand paraîtra l'aurore,*

« » *La princesse elle-même, au temple de Fréya,*

« » *Connaîtra ma réponse, et te la transmettra.*

   » A la fois agité par l'espoir et la crainte,

« » Je vole au lieu prescrit : le temple, vaste enceinte,

» Dominait l'Océan, empire de Nïor *.

   » En des bosquets fleuris, sous une toile d'or,

» Que des câbles pourprés sur des ifs ont tendue,

» Hors du temple, d'Oder ** s'élève la statue.

» D'un nuage azuré là semblent se couvrir

» L'autel de l'espérance et l'autel du désir ;

» Celui des voluptés est dans le sanctuaire.

   » L'encens fume... Au milieu de sa vapeur légère,

» Sous un voile magique, en ces bois enchanteurs,

» Les vierges de Fréya s'offrent ceintes de fleurs.

» Auprès du grand pontife apparaît Iraldie.

» Du temple elle descend. « — Prince de la Dalie !

» Me dit-elle, mon père a consulté les cieux :

» L'oracle a répondu : *Ta fille est chère aux dieux ;*

» *Mais un héros peut seul se montrer digne d'elle.*

» *Le roi des Francs possède une épée immortelle *** :*

---

* *Voyez* sur Nïor, ou Niord, ou Niorder, père de Fréya, roi des mers et des tempêtes, la note 7 du chant X.

** Époux de Fréya.

*** L'épée de Charlemagne passa pour être enchantée, et l'on crut, en ces temps barbares, que les destinées de la terre y étaient attachées. (*Gaule poétique*, t. III.)

» *Qu'Artimas s'en empare, et ta fille est à lui.* »

   » Elle dit ; en mon cœur quel doux espoir a lui !
» Aux autels prosterné : «—Dieux puissans ! m'écrié-je,
» Écoutez mon serment ! Des champs de la Norvége
» Je cours joindre Harald aux rives du Veser.
» Puisqu'il faut vaincre Charle, et conquérir son fer ;
» Que Charle s'offre à moi, je l'immole, ou j'expire!»
» — Noble prince ! a repris le chef du grand empire,
» Comment ici, captif, t'a pu jeter le sort ?
» — Un perfide rival avait juré ma mort :
» Ami du grand druide, il sut... » Un bruit horrible
Interrrompt l'étranger... Vers la grotte paisible
Une troupe nombreuse a dirigé ses pas.
Dieu ! ce sont les guerriers de Harald. « — Artimas !
» Je suis Français, dit Charle, et l'ennemi s'avance :
» Contre le nombre en vain s'armerait la vaillance ;
» Ma vie, en ce moment, dépend d'un mot de toi;
» Je pourrais t'immoler, je me fie à ta foi.
» Sois libre ! » Au fond de l'antre, à ces mots, il s'élance;
Artimas a suivi le héros de la France.

   A pas précipités, une torche à la main,
En foule, vers le roc, marchent les fils d'Odin :
Sous la grotte s'installe une horde barbare ;
A l'abri de l'orage un festin s'y prépare.
Des feux sont allumés... O moment périlleux !

Seuls, quelques rocs non loin cachent le roi des preux,
Ses nobles compagnons, et l'amant d'Iraldie.
 Des fils du dieu d'Asgard soudain le chef s'écrie :
« —Amis! de grands combats vont illustrer ces bords.
» Contre le roi des Francs unissons nos efforts.
» Gloire à l'heureux guerrier qui frappera ce traître !
» Charle est parmi les siens facile à reconnaître :
» Sa taille est colossale *, et, sur son casque d'or,
» Un aigle vers les cieux semble prendre l'essor;
» Écarlate est sa saye, et blanche est son aigrette. »
 Signalement perfide ! Épouvante secrette !
Le Dalien tressaille... A la lueur des feux
Le fatal casque d'or resplendit à ses yeux :
Il a reconnu Charle... Effroyable souffrance !
Tranchera-t-il ses jours !... Il lui doit l'existence.
Artimas ! vois briller ce fer triomphateur,
Qui tient le sort du monde, et t'offre le bonheur :
Parjure à tes sermens, ou parjure à ta gloire,
Ose perdre... ou sauver... l'homme de la victoire !

---

 * Charlemagne avait, dit-on, près de sept pieds.

FIN DU CHANT XV.

NOTES DU CHANT XV.

(1)   Squelette menaçant, Héla m'est apparue.

Héla (la mort) est fille de Lock , Satan des Scandinaves, et
d'Angerboth (messagère de la douleur). Elle a deux frères, le
loup Fenris, et le grand serpent de Midgard. Héla est la reine
de Niflein (des enfers). La moitié de son corps est bleue, l'autre
moitié est revêtue de la peau et de la couleur humaine. Elle
gouverne les neuf mondes de Niflein. Son palais est la douleur,
sa porte le précipice , son vestibule la langueur, ses esclaves le
retard et la lenteur, son lit la consomption, son toit la malédic-
tion. (*Voyez* l'*Edda myth.* , fable XVI.)

(2)   Le serpent de Midgard a sifflé dans nos bois.

C'est le même serpent de Midgard, dont Héla est la sœur,
qui , lors du crépuscule des dieux (la fin du monde), doit être
déchaîné , ainsi que le loup Fenris, son frère. Ces deux monstres
ravageront la terre ; le loup Fenris ouvrira une gueule énorme ;
sa mâchoire d'en bas touchera la terre, celle d'en haut s'étendra
jusqu'au ciel , et irait plus loin encore, s'il y avait place. Le
grand serpent vomira des flots de venin , qui inonderont l'air
et l'eau. Cependant ils finiront par périr ; l'un (le serpent) terrassé par Thor , l'autre par Vidar.
Les sifflemens du serpent de Midgard annoncent l'arrivée de
sa sœur Héla , et pronostiquent des évènemens sinistres.

(3)   Ces colosses sacrés, redoutables abîmes,
        [Dont les flancs embrasés recèlent nos victimes.

Quand un grand était dangereusement malade, les druides

élevaient des statues colossales d'osier, dont les membres étaient
remplis d'esclaves ou de criminels, qu'on brûlait vifs; et pendant cette affreuse exécution, ces prêtres barbares imploraient
pour le malade le secours des dieux, persuadés que ces holo-
caustes leur étaient fort agréables. (*Voyez* les *Commentaires de*
CÉSAR. — POMP. MÉLA. — TACITE, *de Mor. Germ.* — MARCEL,
t. I. — ANQUETIL, *Histoire de France;* et autres auteurs déjà
cités.)

(4) Coule à flots, sang humain! . . . .

Du sang des hommes, reçu dans des coupes, les druides arrosaient
le tronc et les branches des arbres. On ne peut se figurer sans
horreur ces forêts ténébreuses, où l'on n'arrivait que par des
chemins tortueux. Là se voyaient des ossemens amoncelés, et
des cadavres épars entre les arbres teints de sang. L'affreux
silence de ces sanctuaires de barbarie n'était interrompu que
par les croassemens de l'oiseau des morts, et par les longs gémissemens des victimes. Le druide impassible, sans être distrait
par les cris aigus de la douleur, contemplait tranquillement
le malheureux qu'il venait de percer, le laissait expirer lentement, après l'avoir arrosé du sang de ses compagnons, et
observait tranquillement sa chute, ses mouvemens, ses palpi-
tations avant-coureurs de la mort, et la manière dont le sang
coulait, afin d'en tirer des conjectures pour prédire l'avenir.
(*Voyez* les auteurs déjà cités.)

(5) Rameau du spectre! ô gui! notre égide immortelle!

« — Un jour Balder raconta à sa mère Friga qu'il avait songé
» qu'il mourrait : Friga conjura le feu, les métaux, les pierres,
» les maladies, l'eau, les animaux, les serpens, de ne faire au-
» cun mal à son fils; et les conjurations de Friga étaient si puis-
» santes que rien ne pouvait lui résister. Balder allait donc dans

» les combats des dieux, au milieu des traits, sans rien crain-
» dre. Lock, son ennemi, voulut en savoir la raison ; il prit la
» forme d'une vieille, et vint trouver Friga ; il lui dit : — Dans
» les combats, les traits et les rochers tombent sur votre fils
» Balder sans lui faire de mal.—Je le crois bien, dit Friga ; toutes
» ces choses me l'ont juré : il n'y a rien dans la nature qui
» puisse l'offenser ; j'ai obtenu cette grâce de tout ce qui a quel-
» que puissance. Il n'y a qu'un petit arbuste à qui je ne l'ai pas
» demandée, parce qu'il m'a paru trop faible : il était sur l'écorce
» d'un chêne ; à peine avait-il une racine : il s'appelle *Mistiltein*,
» (c'était le gui). Ainsi parla Friga. Lock courut aussitôt cher-
» cher cet arbuste ; et venant à l'assemblée des dieux, pendant
» qu'ils combattaient contre l'invulnérable Balder, car leurs
» jeux sont des combats, il s'approcha de l'aveugle Hæder. —
» Pourquoi, lui dit-il, ne lances-tu pas des traits à Balder ? — Je
» suis aveugle, dit Hæder, et je n'ai point d'armes. Lock lui
» présente le gui de chêne, et lui dit : « Balder est devant toi. »
» L'aveugle Hæder lance le gui : Balder tombe percé et sans
» vie. Ainsi l'invulnérable fils d'une déesse fut tué par une
» branche de gui, lancée par un aveugle. Voilà l'origine du
» respect porté à cet arbrisseau. » (Bernardin de Saint-Pierre,
Études de la Nature.) Il a paru dernièrement un poëme en six
chants sur ce sujet, intitulé *Balder*, par M. de Saint-Géniés :
l'auteur y a fait preuve de talent.

(6)   Que la faucille d'or soit le sceptre des dieux !

La recherche du gui était une fête nationale ; prêtres et
peuples se répandaient dans la forêt pour le chercher : l'avait-
on trouvé, on éclatait en cris de joie ; on chantait des cantiques.
Le grand prêtre, s'approchant de l'arbre avec un profond respect, coupait le gui avec sa serpe d'or, et le laissait tomber sur
une nappe neuve de lin, qui ne pouvait plus servir à aucun
autre usage. La plante, desséchée et mise en poudre, était dis-
tribuée aux dévots, comme un antidote certain contre les maladies et les sortiléges. La cérémonie était annoncée et criée

solennellement en ces mots, « *Au gui l'an neuf :* » ce qui ferait croire que la fête était destinée à annoncer le commencement de l'année, époque fêtée par tous les peuples. (*Voyez* sur les coutumes anciennes, les auteurs déjà cités.)

(7) Au pied du monument s'ouvre, abîme d'horreur,
Un caveau d'où s'exhale une infecte vapeur.

J'ai décrit dans ce chant, avec l'exactitude la plus scrupuleuse, les mœurs, costumes, temples, forêts, discours et sacrifices des druides. (*Voyez* tous les auteurs et poëtes de l'antiquité.)

(8) Charle embrase le temple. . . . .

Charlemagne, selon les anciens historiens, mit le feu lui-même au fameux temple d'Irmensul, situé près d'Éresbour; il brisa la statue de ce dieu, et massacra les prêtres sur les débris de leur idole. Charle, pour enlever aux Saxons un objet d'idolâtrie, fit enterrer la colonne qui servait de piédestal à la statue : elle fut déterrée sous Louis-le-Débonnaire, et transportée dans l'église d'Ildesheim. On dit qu'on célèbre encore tous les ans, dans cette ville, la mémoire de la destruction du temple d'Irmensul.

(9) Du stalactite au loin les roches se hérissent.

On peut voir, sur les grottes curieuses que possède la France, PIGANIOL DE LA FORCE, *Description de la France.* — DEVILLE, *Voyage aux grottes d'Arcy.* Paris, 1802. — M. DELAISTRE, *Statistique de la Charente.* Paris, an X. — FAUJAS DE SAINT-FOND, *Histoire du Dauphiné.* — Et autres auteurs.

La grotte de Miremont (*Voy.* M. DELFAU, *Annuaire du département de la Gironde*) se compose d'appartemens souterrains, décorés par les stalactites, brillans ouvrages de l'eau imprégnée de spath calcaire, qui jettent des reflets variés à la lueur des flambeaux.

M. DE MARCHANGY (*Gaule poétique*) peint en ces mots les grottes d'Osselles et de Quingey : « Elles ont un intérieur orné
» de pétrifications diaphanes, qui se façonnent en mille ma-
» nières : ici elles présentent de grandes forêts d'albâtre, que
» remplissent mille figures grotesques ; là des tombeaux, des
» pyramides, des chapiteaux, et toute l'architecture mau-
» resque et gothique découpée à jour comme de la dentelle. On
» croit pénétrer dans une galerie de l'Alhambra, ou dans la
» chapelle de quelque moutier. L'eau qui coule lentement sur
» ces fragiles décorations, en modifie à chaque instant les
» formes.

» Les gouttes d'eau, en tombant de la voûte sonore sur les
» congélations, en tirent des sons délicieux, comparables à ceux
» de l'harmonica, ou des harpes éoliennes. »

(10)   Reine de la Dalie, Avilda fut ma mère ;
         Et d'Herkuller-le-Grand descend Buris mon père.

L'histoire du Danemarck parle d'une reine célèbre, nommée Avilda, qui, pendant l'absence de son mari, Alfius, fils de Siwald, roi danois, rassembla une troupe de guerriers, et s'embarqua pour aller cueillir sur les mers, au milieu des tempêtes et des combats, les palmes de la gloire.

Quant au grand Herkuller, les anciens scaldes parlent d'un guerrier extrêmement fort, qu'ils nomment Herkuller. — « Les
» Germains, dit TACITE, cap. II, pag. 58, conservent le sou-
» venir d'Hercule, le premier des hommes célèbres par leur
» force ; ils chantent ses prouesses en marchant au combat. »

(11)   . . . . Aux bords de la Sarpa,
         Sous les murs de Valdis, près de la Store-Elpa.

» Ils arrivent à la forteresse de Valdis, où l'oreille est tou-

» jours frappée d'un bruit égal au fracas du tonnerre. Près de
» ces murs, les flots impétueux de la Store-Elpa se précipitent
» du haut d'un rocher dans les eaux du fleuve Sarpa. » (*Poëme
des Scandinaves*, Montbron). La cascade que forme la Store-
Elpa, se jetant dans la Sarpa, est une des plus belles qu'on
puisse voir : elle fait tourner dix-sept moulins ; on l'entend à
neuf lieues.

FIN DES NOTES DU CHANT XV.

CHANT XVI.

Sous le roc d'Irmensul, le chef des fils d'Odin
A versé dans un crâne aux guerriers de Locklin,
La cervoise d'Ymer * et l'hydromel de Bore ** ;
Puis le scalde appuyé sur sa harpe sonore,
Chante les dons de Frey ***, le trépas de Balder ****,
La descente d'Hermode au ténébreux enfer *****,
Les voyages de Thor, ses épreuves, sa gloire (1),
Heimdal au pont du ciel, Lock sur la roche noire******,
Et les touchans adieux d'Oder à Vanadis *******.

Charle a vu tressaillir l'héritier de Buris ;

* La cervoise, boisson des peuples du nord, espèce de bière, inventée par *Ymer*, le premier être créé.
** Bore ou Bor est le père d'Odin; c'est lui qui le premier composa l'hydromel, selon les traditions scandinaves.
*** Frey, frère de Fréya, gouverne les saisons.
**** J'ai raconté la mort de Balder note 5 du chant XV.
***** La descente d'Hermode. Pour ne pas multiplier les notes, je renvoie le lecteur aux *Edda*. Hermode, surnommé l'*Aigle*, est fils d'Odin. Sa descente aux enfers rappelle celles d'Alcide et d'Orphée.
****** *Voyez* sur Lock et Heimdall, l'hymne scandinave et les notes du chant X.
******* Vanadis, déesse de l'espérance, est la même que Fréya, dont j'ai parlé note 9 du chant II.

Ses armes ont trahi son rang et sa naissance ;
Il n'en saurait douter : Artimas, en silence,
Tient fixé sur son aigle un regard effrayé.

Le chef des ennemis, Talmar s'est écrié :
« —Guerriers ! honneur au scalde et gloire aux Scandinaves !
» A jamais est rayé de la liste des braves,
» Qui trahit parmi nous ses sermens et ses dieux ! »
Quels mots pour Artimas ! quel arrêt, justes cieux !
Un frisson convulsif a parcouru ses veines.
Vos accords ont cessé, harpes éoliennes !
Et fils du noir chaos, seul traversant les airs,
Gronde au loin sourdement l'aquilon des déserts.

«—Les vents, reprend Talmar, ont dissipé l'orage ;
» Partons.'» Il sort suivi de sa troupe sauvage.
Artimas à l'instant au roi s'est adressé :
« — A droite, sous ce roc à demi renversé,
» Un long enfoncement vient de frapper ma vue ;
» Suivez-moi, cette grotte offre une double issue. »

Il dit, entraîne Charle, et par un long détour,
Du conduit souterrain, qu'éclaire un faible jour,
Ils ressortent, sauvés, au fond des bois perfides
Où s'élevait jadis le temple des druides.

Là, s'arrête Artimas. «—Franc ! reçois mes adieux !
» En toi j'ai reconnu le vaillant roi des preux ;
» Et, traître à mes sermens, j'ai conservé ta vie. »
Puis tombant à genoux : — « Que mon crime s'expie !

» L'honneur seul m'a perdu : pardonnez, dieux sauveurs ! le
» *Ou Joyeuse, ou la mort !* tel fut mon vœu… je meurs ! » «
   Il dit, et d'un poignard il s'est frappé lui-même.
L'aube a blanchi la nue… O désespoir extrême,
Elle éclaire sa mort ! — « Qu'as-tu fait, malheureux ! !
» A dit Charle : mon fer, glaive mystérieux,
» M'est bien cher, il est vrai ; garant de la victoire,
» C'est le don d'une amie et l'arme de la gloire :
» Magnanime guerrier ! n'importe ! il est à toi. »
   Artimas à ces mots reçoit le fer du roi ;
Sur son cœur il le presse…. un éloquent silence
Exprime et sa surprise et sa reconnaissance.
Quand tout à coup, non loin, sous les taillis épais,
L'ennemi se glissant découvre les Français ;
Et de Talmar sur eux fond la horde funeste.
   Charle a livré son fer…. mais son écu lui reste.
Avec cette arme seule, athlète triomphant,
Il se fraie un passage, il frappe, il se défend,
Et sur un roc voisin s'élance invulnérable ;
Ses preux suivent ses pas…. O force inconcevable !
Charle, nouveau titan *, du mont qu'il a gravi,
Arrachant un rocher, le lance à l'ennemi ;

---

* Charlemagne, véritable Samson, avait une force si prodigieuse que, se
lon nos chroniques, son bras, armé de *joyeuse*, coupait d'un seul coup,
dans les batailles, un soldat tout cuirassé. (*Voyez* NICOLES, GILLES,
VINCENT, de Beauvais, et la *Chronique* attribuée à l'archevêque TURPIN.)

Et parmi ses soldats que glace l'épouvante,
Talmar roule écrasé sous la masse sanglante.
   Cependant Artimas, luttant contre la mort,
Vers Charle lentement se traîne avec effort;
Sanglant il apparaît sur le roc; il s'écrie :
« — Arrêtez, fils d'Odin ! prince de la Dalie,
» Artimas vous l'ordonne. En ces sombres forêts,
» Mes jours furent sauvés par ces nobles Français;
» Respect à ces héros ! gloire éternelle aux braves ! »
   Il dit: plus de combat; les lances scandinaves
S'abaissent devant Charle. « — Ennemi généreux !
» Ajoute-t-il, reprends ton glaive merveilleux :
» Toi seul dois le porter; l'arme de la victoire
» Fut un instant à moi, c'est assez pour ma gloire;
» Fidèle aux lois du brave, à l'honneur comme aux dieux,
» En mourant, Artimas a mérité les cieux;
» Le Vahalla m'attend. » Il dit: pâle et sans vie,
Retombé sur le roc, il appelle Iraldie;
Et ce dernier accent est son dernier soupir.

   Le palais de l'Aurore a paru s'entr'ouvrir;
Le ciel s'est épuré, l'astre du jour se lève;
Accablé de douleur, Charle a repris son glaive :
Des guerriers de Lochlin les flots respectueux
S'ouvrent sur son passage... et Charle au milieu d'eux,
Comme s'il traversait une foule asservie,

S'éloigne en soupirant de la rive ennemie.

Hors du bois d'Irmensul, loin du roc d'Artimas,
A l'abri des dangers le prince et ses soldats
Retrouvent le sentier descendant vers la plaine.
Tout à coup, devant eux, au bord d'une fontaine,
S'offre sur le gazon couché négligemment,
Un chevalier armé. Son coursier écumant,
Contre un chêne attaché, du pied frappe la rive,
Et ronge en hennissant le frein qui le captive.
L'écharpe du guerrier est un long crêpe noir :
Un cercueil éclairé par les rayons du soir,
Sur son écu se peint, et sous ce noir emblème,
S'offrent ces tristes mots : « *Que n'y suis-je moi-même !* »
Hélas ! l'infortuné sur ce paisible bord,
D'un ton lent et plaintif chantait son *lai de mort*.

« Chevalier du tombeau ! qu'était douce la vie,
» Quand jadis au tournoi tu joustais pour ta mie !
» Ah ! Blanche, plus ne peux aucuns dons m'octroyer ;
» Oncques plus ne diras : *Voilà mon chevalier !*

» Hauberts, lances, harnois qui moult fîtes ma gloire !
» Amour a disparu, plus ne veux de victoire.
» Blanche ! parmi les preux, d'autres pour tes attraits
» Ont pu combattre mieux ; mais aimer mieux !.. jamais.

» Et toi, fier destrier, ami cher et fidèle !
» Et par monts et par vaux plus ne courras pour elle !
» Cœurs discourtois, plus ors n'irai vous châtier !
» Avec Blanche au tombeau suis déjà tout entier.

» Jadis eus pour devise : *Honneur et courtoisie !*
» Domptai les jouvenceaux, punis la félonie :
» Las ! pour tant doux objet de mes soins empressés,
» Faire tout, selon moi, ce n'était point assez.

» Ménestrel, qui d'amour charmant le vasselage,
» Souci poignant ignore et fête doux servage,
» Comme toi je chantai !... mais triste et déconfort,
» Ors *triolet d'amour* se change en *lai de mort.*

» Ici je fus heureux, ici la mort m'appelle :
» Heureux servant d'amour, qu'enchante encor ta belle,
» Tu peux vivre !.. Non, moi. D'amour céleste feu,
» Des preux douce existence, à tout jamais adieu ! »

A ces mots, le chant cesse ; et la tête baissée,
Le guerrier se replonge en sa triste pensée.
Mais Charle reconnaît et ses traits et sa voix :
Ce preux infortuné... c'est *Robert-le-Danois* ★.

★ Les anciens chevaliers prenaient pour surnoms les noms des pays où ils s'étaient illustrés.

« —Robert! se pourrait-il!... Qui, toi! traître à la France
» Dans les forêts du Nord cacher ton existence!
» Ah! quand le champ d'honneur aux braves est ouvert,
» Aurais-je cru jamais trouver ici Robert!... »
    Tombant aux pieds du roi, le paladin s'écrie :
« — Ah! ne m'accusez pas, sire, de félonie!
» Vous saurez tout; hélas! l'amour fit mon malheur:
» L'amour m'a tout ravi, tout... excepté l'honneur. »
De son cœur, le Danois a rouvert la blessure;
Il raconte en ces mots sa funeste aventure :
    » —Sire! quand, par vos soins, arrêtant les combats,
» La paix, quelques instans, régna sur ces climats,
» Curieux de connaître et la Saxe et ses princes,
» En chevalier errant je vins dans ces provinces :
» Vitikin m'accueillit; et bientôt à sa cour,
» Pour la première fois Robert connut l'amour.
    » Dès lors, que de tourmens!... Mais Blanche était si belle
» *Est-ce être malheureux, que de l'être pour elle!*
» Me disais-je : portant ses couleurs, en champs clos
» Je combattis pour elle, et vainquis mes rivaux.
» Blanche m'aimait... hélas! lorsque tout nous seconde,
» C'est l'instant où sur nous souvent la foudre gronde.
    » Je traversais un soir cette même forêt :
» De ses pâles rayons la lune l'éclairait.
» J'entends les doux accens d'une voix suppliante,
» Et non loin j'aperçois, captive gémissante,

« » Sur un blanc palefroi, qu'entourent trois guerriers,

« » Une femme éperdue : « — Infâmes chevaliers !

« » M'écriai-je, à l'instant rendez votre victime,

« » Ou la mort, par mes mains, va punir votre crime !»

    » La dame alors s'écrie : «—O Robert!..» Jour heureux!

« » C'est Blanche qui m'appelle... Et déjà, sous ses yeux,

  » J'ai vaincu les brigands; leur chef a pris la fuite.

    » En vain le ravisseur me croit à sa poursuite;

  » Je cours vers mon amie, et tombe à ses genoux.

  » —Blanche, vierge adorée !..«—Ah! Robert, qu'il est doux

  » *De te devoir la vie!* » Elle dit; tendre amante,

  » En mes bras amoureux elle tombe tremblante.

  » Sur ce même gazon, au bord de ce ruisseau,

  » Vainqueur, je déposai mon précieux fardeau :

  » Qu'elle me parut belle !... Encor baignés de larmes,

  » Jamais ses yeux brillans n'offrirent tant de charmes.

  » Son désordre, ses pleurs, son amour, sa beauté,

  » Là, tout servait d'excuse à ma témérité.

  » Le jour tendre et voilé de l'astre du mystère,

  » Appelant les plaisirs, promettait de les taire :

  » Une paisible nuit, un murmure enchanteur,

  » D'un air voluptueux la douce et fraîche odeur,

  » Au milieu des bosquets, sous un toit de verdure,

  » Un lit qu'avaient formé l'amour et la nature,

  » La vierge la plus belle... Ah! qui n'eût, sur ces bords,

  » Livré son **cœur**, ses sens à leurs brûlans transports !

» Blanche est en mon pouvoir... Son abandon, sa grâce,
» Portent jusqu'à l'excès ma flamme et mon audace.
» — Blanche, sois à Robert! sois tout entière à moi!..
  » Dans mes bras, vainement, pleine d'un tendre effroi,
» La vierge a résisté. — *Robert, dit-elle, arrête!* »
» Un baiser l'interrompt... et Blanche est ma conquête.
  » O volupté céleste! ivresse du bonheur!
» Combien je savourai ton délire enchanteur!
» Nuit trop courte!... ô regret, qui depuis me dévore!
» Que ne pus-je mourir quand reparut l'aurore!

  » J'avais arraché Blanche à son vil ravisseur,
» Au prince de Bavière; amant libérateur,
» Je demande la main de celle que j'adore.
» Son père me répond : « — Elle est trop jeune encore;
» Robert, pendant deux ans, va, cours au champ d'honneur
» Pour prouver ton amour, signaler ta valeur;
» Et, ce temps expiré, si ton âme est constante,
» Reviens, je te promets la main de ton amante. »
  » Arrêt cruel! je pars le cœur désespéré,
» Je rentre en ma patrie, à la douleur livré,
» Lorsqu'un jour, à la hâte, une lettre... ô surprise!
» Une lettre de Blanche en mes mains est remise.
» — Retombée au pouvoir du lâche Tassillon,
» Captive, et sous les murs d'une sombre prison,
» Succombe à la douleur ton amante fidèle.

» Robert, l'amour t'implore!.. ami, Blanche t'appelle!»
 » Je pars à l'instant même; au château de Caslon,
» En Saxe, m'a-t-on dit, s'est rendu Tassillon;
» C'en est assez, j'y cours, la route m'est connue;
» Bientôt, dans le lointain, Caslon s'offre à ma vue.
 » Suivi d'un écuyer, du fidèle Mainfort,
» Aux approches du soir, je vole vers le fort.
» Trois fois j'ai fait le tour du castel formidable,
» Nul indice!... Déjà le désespoir m'accable,
» Quand, du haut d'une tour, des sons mélodieux,
» En descendant vers moi, semblent partir des cieux.
» Le cœur me bat... je prête une oreille attentive :
» C'était Blanche... O transports ! une lyre plaintive
» Accompagnait sa voix; et les airs frémissans,
» Ravis, portaient au loin ses célestes accens.

 » O doux ami Robert ! au pouvoir d'un barbare,
» Jà, loin de toi, ta mie à la mort se prépare :
» Plus ors ne t'ouïrai : las ! Blanche s'y résout :
» Robert, mourir n'est rien ; mais te quitter, c'est tout.

 » Tremble, prince félon ! âme éhontée, abjecte,
» Qui crois planer en aigle, et sy rampe en insecte !
» Robert me vengera, je lui gardai ma foi :
» Gloire à qui meurt pour lui ! honte à qui vit pour toi!

» Tant doux sermens d'amour ! las ! plus en cette vie
» Ne plongerez mon âme en douce rêverie :
» Au sombre val, dit-on, s'éteignent les amours...
» Non, non, j'ai trop aimé pour n'aimer point toujours.

   » Doux semblant de Robert ! toujours à ma pensée
» Sois présent ! et le jour où mon âme glacée
» Descendra chez les morts, échos de ce désert,
» Chantez tous avec moi : « *Robert ! adieu, Robert !* »

   » Lors ont cessé les chants : hors de moi, je m'écrie :
» — Robert est près de toi : tendre et fidèle amie !
» Ton chevalier t'appelle... « O miracle d'amour !
» Ma voix est reconnue, et, du haut de la tour,
» Blanche me tend les bras... Aussitôt, à ma vue,
» A l'aide d'une corde aux créneaux retenue,
» En se laissant glisser, Blanche vers moi descend.
   » Mais Tassillon, semblable au tigre rugissant,
» Tassillon sur la tour paraît... son cœur féroce
» A l'instant imagine une vengeance atroce :
» Il rompt la corde, et Blanche... ô déplorable sort !
» Contre les rocs brisée, au pied des murs du fort,
» Jusqu'à moi, dans son sang, roule pâle et livide.
» Je m'élance vers elle... une flèche perfide
» Me jette à ses côtés et sans force et sans voix.
   » Mainfort entre ses bras m'emporte au fond des bois;

« » Loin du château fatal il me rend à la vie ;
« » Mais, pour moi plus de rang ! pour moi plus de patrie !
: » J'abhorre les humains, du ciel maudis la loi,
  » Et je hais la nature, où tout est mort pour moi.

  » Hélas ! jadis la vie, au printemps de mon âge,
  » Me semblait une fleur, d'où, sans craindre l'orage,
  » Sortait un fruit superbe... et maintenant, je croi
  » Voir chacun de mes jours tomber derrière moi,
  » Comme la feuille morte à la fin de l'automne.

  » Déjà de ses horreurs la tombe m'environne ;
  » Je m'éteins par degrés : à mon œil sans désir
  » L'espoir est sans rayons, le temps sans avenir.
  » Oh ! plaignez mon destin ! voilà la douce rive
  » Et le bosquet où Blanche, entre mes bras captive,
  » Oublia l'univers, et couronna mes feux ;
  » Ici je veux mourir... ici je fus heureux. »

  Robert a terminé son récit lamentable :
  Sa force l'abandonne, et sa douleur l'accable.
  Charle a saisi sa main. « — Robert ! se pourrait-il !
  » Quand Charle est aux combats, et la France en péril,
  » Noble ami, toi, la fleur de la chevalerie,
  » Tu pourrais fuir ton prince, et trahir ta patrie !
  » Quoi ! Blanche et ton amour auraient pu t'avilir !...
  » Guerrier, sache te vaincre ! homme, apprends à souffrir !
  » N'es-tu donc plus Robert !... Ton amante fidèle

» Te contemple des cieux ! sois encor digne d'elle !

» Son ombre autour de nous errante, en ce moment,

» Peut-être, par ma voix, te parle : *Indigne amant !*

» Dit-elle, *Tassillon a terminé ma vie,*

» *Et Tassillon existe !...* » O pouvoir du génie !

Charle a parlé, la foudre eût produit sur Robert

Moins d'effet que ces mots : de ses armes couvert,

Il se lève... son œil lance des traits de flamme :

Il reprend sa vigueur, il retrouve son âme ;

Tout est changé, sa voix, son maintien et ses traits.

Le paladin s'écrie : — « O toi, que j'adorais !

» Pardonne, ombre divine ! oui, tu seras vengée !

» J'en fais serment ! Et toi, toi, qui l'as outragée,

» Tremble, monstre ! Robert jure ici ton trépas. »

    Il dit ; de son monarque il va suivre les pas ;

Et le prince a rendu, par sa mâle éloquence,

Un soldat à la gloire, un héros à la France.

    Mais au fort d'Héristal doit se rendre Olivier.

« — Provoquant les combats, a dit Charle au guerrier,

» Que Bozon, dans trois jours, descende sur la plaine ! »

    Olivier, cette fois, au fort parvient sans peine ;

Hélas ! au mont du nord Bozon s'était rendu.

Quelle alarme au castel !... Bozon a disparu.

« — Amis ! dit Olivier, à la roche cruelle

» Suivez-moi ! — Mais seigneur, quitter la citadelle,

« » C'est...—Un seul chef souvent des peuples tient le sort;
« » Il s'agit d'un héros, que nous importe un fort ! »
I Il dit : quinze guerriers, compagnie intrépide,
i A l'instant avec lui volent au mont perfide.

Sous le roc enchanté, déjà depuis long-temps,
Bozon avait perdu l'usage de ses sens,
Quand son œil se rouvrit à la clarté céleste.
O surprise ! il se voit près de l'antre funeste,
Soutenu par Elma, sur le sable étendu ;
Sans doute un dieu sauveur dans l'île descendu
Les protégeait tous deux : la vierge infortunée,
Par un charme secret vers Bozon entraînée,
Seule avait parcouru le gouffre dévorant,
Et seule avait sauvé le paladin mourant.

Méphitique et mortel, un souffle funéraire (2)
S'élevait sous la grotte à quelques pieds de terre,
Et là, tout imprudent qui baissé l'aspirait,
Tombé sans mouvement, sans secours expirait.
Par quelque esprit divin soutenue, inspirée,
La fille des déserts dans la caverne entrée,
Ne courbant point son front vers le terrain fatal,
Avait rendu la vie au vainqueur d'Héristal.

Alors, l'aube du jour commençait à renaître,
Bozon surpris, troublé, cherche à se reconnaître,
La grotte, l'île, Elma, ses chants inattendus,

Rentrent dans sa mémoire en souvenirs confus;
Il croit rêver : Elma, douce et plaintive amie,
S'est jetée à genoux, et tremblante s'écrie :
« —De tes palais mouvans, ô roi des tourbillons!
» Vers nous, avec amour, descends en doux rayons!
» Au nom de Malvina *, ma faible voix t'implore!
» Que le philtre de vie, au feu du météore,
» Sur ce nouvel Oscar **, tombe versé par toi!
» Ou pour lui que je meure, ou qu'il vive pour moi! »
    Elle dit; tout à coup, un géant formidable,
De ce sol dangereux souverain implacable,
L'affreux tyran d'Elma, l'odieux Athmerson,
De pied en cap armé s'élance sur Bozon;
Le preux s'est relevé : déjà son bras terrible,
Auprès du lac désert combat le monstre horrible.
    « — O fille de Cormac! (s'est écriée Elma
» Implorant ses aïeux), intrépide Morna (3)!
» Jadis ton bras armé contre un guerrier parjure,
» Immola *Ducomar* sous la grotte de *Ture;*
» Que n'ai-je ton courage!... Athmerson sur ce bord,
» Déjà depuis long-temps aurait reçu la mort. »
    Entre les deux guerriers le succès se balance.
De la foudre et des vents implorant l'assistance,

* Fille d'Ossian, l'Antigone du Nord.
** Fils d'Ossian.

Elma, du fier Bozon accroît la noble ardeur ;
Dans les flancs d'Athmerson il plonge un fer vainqueur.
Quel cri pousse le monstre !... O trahison nouvelle !
Quatre brigands armés, que ce signal appelle,
Sont accourus : « — Amis ! dit le chef furieux,
» Frappez l'indigne Elma ! qu'elle expire à mes yeux ! »
    Mais la vierge du lac s'échappe épouvantée,
Se précipite au fond de la grotte enchantée,
Et, seule, disparaît sous l'abri protecteur.
    Des gardes d'Athmerson cet antre est la terreur ;
Nul ne l'a poursuivie ; et le preux téméraire
Atteint d'un coup mortel son féroce adversaire.
Déjà même le lâche a fui devant Bozon,
Quand, nouveaux assaillans, les soldats d'Athmerson
Lèvent sur le vainqueur leurs glaives homicides.
    Pendant que le héros repousse ces perfides,
Le géant s'est jeté sous le roc merveilleux ;
Un bruit épouvantable, un tremblement affreux (4),
A l'instant retentit, et sur ces bords infâmes,
La caverne infernale au loin vomit des flammes.
    Enfin, le fils des preux a vaincu ses rivaux ;
Blessé légèrement, l'intrépide héros
Vers l'antre redouté vole saisi de crainte ;
Les airs ne tonnent plus et la flamme est éteinte.
A la hâte il s'avance... ô spectacle d'horreur !
Assis au fond du roc, l'infernal enchanteur

Tient captive en ses bras sa victime sanglante;·
Et tous deux, consumés dans la grotte brûlante,
Offrent à l'œil surpris, sous un dôme enflammé,
Une cendre vivante, un groupe inanimé.

    Ainsi, dans Pompéia sous la lave engloutie,
Se voit d'un peuple entier la foule ensevelie,
Présentant aux regards, comme en mouvans tableaux,
Le trépas sans cadavre, et la mort sans tombeaux.

    Bozon s'est élancé sous la voûte magique;
Il veut saisir d'Elma la légère tunique,
Son tissu tombe en cendre... ô guerrier généreux!
Ne touche point Elma! son image, à tes yeux,
Disparaîtrait de même en poussière réduite.
    Cependant Olivier et sa vaillante élite
Ont gravi le rocher : déjà sur des radeaux
Du lac marécageux ils traversent les eaux;
Ils découvrent Bozon sous la grotte cruelle.
Elma, fleur du désert, il te parle, il t'appelle!....
Pour la première fois ses larmes ont coulé.
Puisse bientôt, hélas! loin du roc isolé,
Fuir, à ses yeux, d'Elma l'image attendrissante,
Comme l'ombre nocturne à l'aube renaissante!

NOTES DU CHANT XVI.

(1) *Les voyages de Thor, ses épreuves, sa gloire.*

Les courses de Thor et ses épreuves sont fort divertissantes : je vais en donner quelque idée, en racontant succinctement une de ses aventures.

Thor part avec le dieu Lock et un jeune homme nommé *Tialfe*, pour le pays des Géans. Après quelques incidens, ils entrent un soir dans une maison, qui se trouve être le gant d'un géant énorme avec lequel ils font connaissance, et qui le lendemain fait route avec eux.

La nuit suivante, Thor, mécontent du géant, le frappe pendant son sommeil de sa massue, et la lui enfonce dans la tête. Le géant se réveille paisiblement, et demande si c'est une feuille d'arbre ou une plume d'oiseau qui l'a touché : puis il se sépare de Thor.

Les voyageurs arrivent à la capitale du pays des Géans, et chez le roi ; mais nul n'y peut rester s'il n'excelle dans quelque art. Lock dit qu'il mange plus que personne au monde ; et de suite on le met aux prises avec un courtisan nommé *Loge* (flamme) : des montagnes de viandes sont placées devant eux ; chacun a tout dévoré ; mais Lock a laissé les os, et Lock est vaincu.

Tialfe dit qu'il est le roi de la course ; on lui donne pour adversaire un courtisan nommé *Hugo* (la pensée) : Tialfe était à peine parti, que déjà Hugo était au but.

Thor déclare que nul ne peut boire autant que lui ; on lui présente une longue corne : Thor altéré boit long-temps, et à perdre haleine ; mais la coupe reste toujours pleine. Il vante alors son adresse ; on lui propose de lever de terre un grand

chat couleur de feu, qui sautait au milieu de la salle : le dieu
le saisit, veut l'enlever ; mais le chat courbe son dos, et ne perd
terre que d'un seul pied. Thor vantait ses forces ; le roi lui présente sa nourrice *Héla* (la mort): après un combat terrible,
Thor tombe sur un genou ; Thor est vaincu.

Thor, mécontent, quitte le royaume ; mais avant son départ,
le roi lui dit : — « Des prestiges vous ont abusé : c'est moi-
» même que sur votre route vous frappâtes de votre massue ;
» j'eusse péri, si vos coups n'eussent tombé sur un roc derrière
» lequel j'étais caché : Lock a lutté contre un feu errant ; et
» Tialfe a disputé le prix de la course à ma pensée : un des
» bouts de la corne dans laquelle vous avez bu, trempait dans
» la mer, et vous verrez combien elle est diminuée : mon chat
» n'était autre que le *grand serpent*, qui ceint la terre et les
» mers : nous avons frémi, car votre bras l'a enlevé si haut,
» que sa tête et sa queue touchaient à peine la terre : ma nour-
» rice était la mort ; et votre résistance a été merveilleuse, car
» vous en avez été quitte pour tomber sur un genou, tandis
» *qu'il n'est et ne sera jamais personne qu'elle n'abatte à la*
» *fin.* » Thor répondit à ce discours par un grand coup de
massue ; mais le roi disparut, et lorsque le dieu retourna
vers la ville pour la saccager, il ne trouva plus à sa place que
de vertes campagnes.

(2)   Méphitique et mortel, un souffle funéraire.

Le prodige de la grotte enchantée s'explique ici par un effet
de la nature. Il existe aux environs de Naples une caverne exactement semblable à celle d'Elma : le même air méphitique y
règne, et y produirait les mêmes effets funestes, si le voyageur,
avant d'y entrer, n'était prévenu du danger. En d'autres pays
il en existe encore de semblables.

(3)   O fille de Cormac !.. intrépide Morna !....

Morna, fille de Cormac, roi légitime de l'Irlande, aimait le

9 jeune Caïrbar : Ducomar, rival de ce dernier, se présente de-
s\ vant Morna, tenant un glaive ensanglanté : Ducomar venait de
п tuer Caïrbar. « — Barbare, s'écrie Morna, donne-moi cette
‹ » épée; j'aime le sang de Caïrbar. » Ducomar, touché de ses
il larmes, lui cède son épée; elle la lui plonge dans le sein : Du-
ɔ comar tombe mourant aux pieds de Morna, dans la grotte de
ĭ Ture. « — Je meurs, s'écrie-t-il ; mais, ó Morna ! rends mon
ɾ » corps à la jeune Moïna : j'étais l'objet de ses songes, elle m'é-
‹ » lèvera un tombeau.... Mais, de grâce, retire de mon sein
⁚ » ce fer qui me glace. » Morna s'approche attendrie, retire le
glaive : Ducomar le saisit, et perce le sein de Morna ; elle
tombe, et la grotte de Ture répéta ses derniers gémissemens.
(Voyez *poëme de Fingal*, Chant I, trad. de LE TOURNEUR ,
p. 12.)

(4)   Un bruit épouvantable, un tremblement affreux.

Ce prodige est encore vraisemblable, et peut s'expliquer naturellement. Il est des gaz susceptibles de s'enflammer tout à
coup, de faire entendre une détonation horrible, et de produire les mêmes effets que ceux de ma grotte enchantée.

FIN DES NOTES DU CHANT XVI.

CHANT XVII.

Mais aux bords du Veser une horde aguerrie,
Rebelle à ses devoirs, traître envers sa patrie,
Alors se rassemblait, et son chef valeureux,
Armhil parle en ces mots :—« Compagnons généreux!
» Trop long-temps Vitikin, féroce et téméraire,
» Du sang de ses sujets ensanglanta la terre;
» D'un tyran malheureux désertons les drapeaux;
« Avec lui nul succès, avec lui nul repos.
» Pour régner sur un peuple amoureux de la gloire,
» Je ne connais de droits que ceux de la victoire;
» Et Vitikin vaincu, n'est qu'un proscrit pour moi.

   » Un grand homme a paru : choisissons-le pour roi;
» Charle est digne de nous, plaçons-le à notre tête,
» Et soyons ses sujets sans être sa conquête.

   » Ah! quels que soient des rangs et le droit et l'appui,
» Qui rend un peuple libre est seul digne de lui.
» Guerre au vain préjugé! haine au titre illusoire!
» La légitimité?... c'est l'honneur et la gloire.

   » Entre Charle et le chef qui commande aux Germains,

» Pourriez-vous, compagnons, demeurer incertains !

» L'un démembre un état, l'autre fonde un empire;

» L'un vient pour nous sauver, l'autre va nous détruire;

» L'un méconnaît nos droits, l'autre les maintiendra;

» L'un est à soutenir, l'autre nous soutiendra.

» L'outrage ou le respect, la mort ou la victoire;

» D'un côté le malheur et de l'autre la gloire;

» Choisissez! » Mais Rhamnès l'interrompt en ces mots:

» —Qu'entends-je!.. des Français, toi vanter le héros!..

» En ton cœur égaré quel espoir a pu luire!

» Les promesses de Charle auront su te séduire;

» Mais aux peuples trompés toujours l'usurpateur

» Se présente paré du grand nom de sauveur,

» Offre la liberté, promet l'indépendance,

» Et, tout couvert de sang, exalte sa clémence.

   » Armhil! plus de tyrans! plus d'arbitraires lois!

» Formons un peuple libre et gouvernons sans rois;

» Brisons leur joug honteux !... tout prince sur la terre

» Est esclave ou despote, est lâche ou téméraire.

» Eh quoi! ne serions-nous que de chétifs troupeaux,

» Vile propriété de quelques grands bourreaux?

» Non : réclamons nos droits. Puisque les dieux suprêmes

» N'offrent que des tyrans pour images d'eux-mêmes,

» Plus de rois !.. » Vitikin n'ignore point ces cris ;

Au conseil il se rend : «—Compagnons, qu'ai-je appris!

» Parmi vous, des guerriers que le joug importune,

» Ne pouvant à leur chef pardonner l'infortune,
» Murmurent hautement : sont-ce là les grands coups,
» Les exploits éclatans que j'attendais de vous!
» Oseriez-vous encor, trahissant l'Allemagne,
» Honteusement soumis implorer Charlemagne!
» Oubliez-vous le jour où tombant à ses pieds,
» Quatre mille Saxons lâchement effrayés,
» Sur les funestes bords où serpente l'Alare,
» Furent tous massacrés par ordre du barbare (1)!
 » Aux rives de la Seine, appelés à la mort,
» Captifs de Dagobert, jadis les fils du Nord (2)
» Se virent, par décret, mutilés sur la grève :
» Nul ne dut excéder la hauteur de son glaive.
» Saxons! des paladins voilà les noirs forfaits :
» Osez encore, osez vous soumettre aux Français!
 » Rois germains! si leur chef triomphe sur ces rives,
» S'il joint à ses états vos provinces captives,
» Le pontife romain le proclame empereur;
» Et l'Europe soumise appartient au vainqueur.
 » Ni les temps, ni les lieux, ni les feux, ni les glaces,
» N'arrètent ce tyran, dont la mort suit les traces :
» Plus il aura conquis, plus il voudra d'états :
» Vos trônes tomberont; ou si, dans nos climats,
» Il daigne aux rois vaincus rendre un titre illusoire;
» Ornemens de sa cour, instrumens de sa gloire,
» Employant vos trésors à payer ses impôts,

« » Chefs ! vous serez soldats : rois ! vous serez vassaux.

    » Quels seront vos pouvoirs, princes?... l'obéissance.

« » Quel sera votre lot?... la honte, l'impuissance.

« » Et quelle paix enfin tiendrez-vous du héros?

« » La paix de l'esclavage ou la paix des tombeaux.

    » Me trahir, c'est vous perdre. O guerriers magnanimes!

  » De vous-mêmes craignez de vous rendre victimes.

  » Mais que dis-je!... un vain bruit peut ici m'abuser :

  » Quelques jaloux à tort ont pu vous accuser.

  » Aurions-nous donc armé toute la Germanie,

  » Pour renier nos dieux, et trahir la patrie?

  » N'aurions-nous rassemblé vingt monarques divers

  » Que pour les avilir aux yeux de l'univers?

  » Non : pour nous va sonner l'heure de la victoire;

  » Chaque peuple, à son tour, a son moment de gloire.

    » L'Europe nous seconde. Apprenez qu'en secret

» S'arment les Sarrasins *. Ah ! si le ciel permet

» Qu'au Veser un triomphe illustre la patrie,

» L'Espagne, au même instant, fond sur l'Occitanie.

    » Irène au roi des preux a fait offrir sa main;

» Son offre est rejetée : Irène, sur l'Euxin,

» Furieuse, arme au loin cent phalanges guerrières;

» Ses légions déjà s'avancent vers nos terres :

---

* Aliatan, roi de Cordoue, arma contre Charlemagne, tandis qu'il était en Germanie, et était en correspondance secrète avec les rois du Nord. (*Voy.* Dupleix et Mézerai. — Marmol., liv. II, c. XX.)

» La reine de Byzance, au monarque imprudent,
» Ici vient disputer le sceptre d'Occident ;
» Et, pour le lui ravir, servant notre vengeance,
» Vient se joindre aux Saxons, et marcher sur la France.
    » Charle a souvent vaincu ; mais, princes ! les lauriers
» Ne prennent point racine au front des rois guerriers.
» Si mon dernier projet au conseil eût su plaire,
» Ah ! moins de sang humain eût abreuvé la terre ;
» Et déjà devant nous Charle peut-être eût fui !
    » Inutiles regrets !... Nobles chefs ! aujourd'hui
» A l'antre de Hæder offrons un sacrifice (3) !
» Que ce dieu de l'abîme à nos vœux soit propice !
» Consultons sa sibylle ; et, par des soins pieux,
» Armons contre la France et l'enfer et les cieux. »

Des Huns, à ce discours, le souverain impie,
Mondragant s'est levé ; l'audacieux s'écrie :
« — Illustre défenseur d'un peuple valeureux !
» Faut-il donc que toujours je m'oppose à tes vœux !
» Écoute mes conseils : ils pourront te déplaire,
» N'importe !... Aux vrais guerriers la feinte est étrangère.
    » Tu crains le sang versé ! tu crains donc les combats :
» Qu'il ait péri pour nous plus ou moins de soldats,
» Triomphe ! un tel détail est oiseux à connaître.
» Pour les grands hommes seuls le vulgaire a dû naître :
» Nos sujets sont nos biens : crois-tu donc que le sort

» S'occupe de leur vie, ou remarque leur mort?

» Si le ciel les créa, ce fut pour notre gloire :

» Leur sang vil n'a de prix qu'aux champs de la victoire.

» Ah! dans leurs rangs obscurs, s'ils montrent des talens,

» Le destin pour nous seuls leur fit ces dons brillans;

» Et pour nous leurs pareils croissent dans la nature,

» Comme le grain des champs naît pour notre pâture.

   » Eh! pourquoi consulter des oracles trompeurs!

» Nos bras te défendront mieux que tes dieux sauveurs :

» Vois ton faible Irmensul! sur son autel en cendre,

» Des attentats de Charle a-t-il su se défendre?

» Quel bien nous a-t-il fait? quels coups a-t-il portés?

» Ah! laisse là tes dieux vainement redoutés :

» Quel secours espérer de ces êtres suprêmes?

» Loin de nous faire vaincre, ils sont vaincus eux-mêmes.

» Loin de nous secourir, ils ont besoin de nous.

   » Et même, à nos efforts quand ils joindraient leurs coups,

» Est-il besoin du ciel pour subjuguer la France!

» Crois-tu Charle un Dieu?... Chef! si tu n'es en démence,

» Vante tes alliés, et non tes ennemis.

   » Plus d'augures, crois-moi! plus de pieux avis!

» Aux camps, ce ne sont point les prêtres, les oracles,

» C'est la seule valeur qui produit les miracles.

» Quand l'homme, sur la terre, ennemi du forfait,

» Eut établi des lois, il crut avoir tout fait;

» Mais bientôt, comme base à l'édifice même,

21..

» Il inventa des dieux, puis un seul dieu suprême,
» Puis se lassa d'eux tous. Osiris, Jupiter,
» Irmensul, Odin, Dieu, Niflein, le Styx, l'Enfer,
» Tout est du même auteur, qui, las de son ouvrage,
» Commença par l'encens, et finit par l'outrage.
      » L'homme peupla le ciel, l'homme est père des dieux.
» Vitikin! la raison nous ouvre assez les yeux:
» Du politique adroit tout culte fut l'ouvrage;
» C'est un frein pour le peuple, un jouet pour le sage.
» Chef, parle à tes soldats! roi, fais taire tes dieux! »

Le prince des Lombards, guerrier religieux,
Irrité d'un discours non moins altier qu'impie,
Soudain prend la parole, et vivement s'écrie:
« — Vitikin! ton langage est noble et généreux.
» Trop souvent tu plias ton orgueil à nos vœux:
» Zélés à te servir, notre amour t'environne;
» Cesse de consulter, plus de débats, ordonne!
» Quelque faux bruit t'abuse; exterminer les Francs,
» Tel est le vœu des chefs! tel est le cri des camps!
» Nous rendre à Charle! nous!.. non, sa tombe est ouverte,
» Et ses propres succès ont commencé sa perte.
» Prince! invoquer l'oracle est ton désir pieux:
» Marchons!... haine et mépris à l'ennemi des cieux! »
Le chef des Huns, joignant l'ironie à l'outrage,
L'interrompt: « — Roi sans trône, et soldat sans courage!

« » Il te sied bien à toi de donner tes avis !

« » Cours des champs de l'Éther implorer les esprits !

« » Leur puissance cachée à la tienne est semblable :

« » Ils sont nuls comme toi. Conquérant redoutable !

« » Va prosterner ton front, que jamais la valeur

« » N'ombragea de lauriers et ne couvrit d'honneur.

» Va ! ton Hæder t'attend. Aux prêtres, aux sibylles,

» Race digne de toi, porte tes vœux stériles.

» Lorsqu'il naît, comme toi, des mortels malheureux

» Inhabiles à tout... on les consacre aux dieux. »

    Il dit ; et s'éloignant d'Adalgise en furie,

Le souverain des Huns rejoint sa troupe impie.

    Mais son hardi langage et ses cris insolens

Du héros des Saxons n'ont point changé les plans :

De ses plus grands guerriers Vitikin s'environne ;

Le clairon retentit, la trompette résonne ;

Ils marchent à pas lents : leurs bataillons pieux

Élèvent vers le ciel des chants religieux ;

Et les prêtres sacrés de l'antique Ostphalie

Guident l'ordre pompeux de la cérémonie.

    Près du camp des Saxons, et non loin du Veser,

Au fond d'un bois obscur est l'antre de Hæder.

Sur un large trépied, sa farouche prêtresse,

De l'avenir, dit-on, perce la nuit épaisse.

Son front paraît courbé sous le fardeau des ans ;

Mais la flamme qui brille en ses yeux pénétrans,
Ses cheveux noirs épars, sa sauvage rudesse,
Lui conservent encore une ombre de jeunesse.
La sibylle, en fureur, à l'aspect des héros,
Du caveau sépulcral renverse les flambeaux :
Luttant contre le dieu prêt à s'emparer d'elle,
Sur son trépied sacré son regard étincelle.
Groupe de marbre noir, les *Nornes* * de Hæder (4)
Là présentent l'aspect des reines de l'enfer.
L'une d'elles, *Sculda*, se voile d'un nuage.
Se jetant à leurs pieds, la prêtresse sauvage
Pousse des cris plaintifs, accens tumultueux ;
Une invincible horreur hérisse ses cheveux,
Son sein gonflé mugit... le dieu de l'imposture
En son cœur égaré souffle le noir augure :
La sibylle veut fuir... Terrible, l'œil en feu,
Elle sent dans son corps descendre le faux dieu :
Il enchaîne ses pas ; par sa bouche il écume ;
Une flamme sinistre autour d'elle s'allume ;
Ses traits sont renversés : de sa bouche soudain
S'échappe ce discours : « — Que veux-tu, Vitikin !
» *Urda* ** t'immortalise, et *Vérandi* *** t'admire,

---

* Les *Nornes* sont au nombre de trois. Ce sont les parques scandinaves.

** *Urda* est le passé.

*** *Vérandi* est le présent.

» Que veux-tu ?... hâte-toi, parle!.. le dieu m'inspire.

» — Prêtresse ! a répondu le monarque germain,

» J'implore en ma faveur le prince de Niflein * :

» Daigne, versant sur nous ta sagesse inspirée,

» Nous laisser de *Mimis* boire l'onde sacrée (5) !

» Redoutable Pythie ! assure nos succès !

» Et, pour nous, de *Sculda* ** lève le voile épais ! »

Quels mots a proférés la sibylle éperdue !...

Quels sons confus !... — « Germains ! une vierge inconnue,

» Une jeune druide... a pu trahir... mais vous !...

» Immolez Charlemagne, et la terre est à nous. »

Le feu sacré s'éteint, elle reste immobile...

Hæder s'est échappé du sein de la sibylle ;

Et le trépied, la grotte et l'oracle trompeur

Disparaissent, couverts d'une noire vapeur.

Vitikin, près de l'antre, ordonne un sacrifice ;

La déité funèbre à ses vœux est propice :

Par deux prêtres saxons, sur l'autel érigé,

En dehors, à l'idole un bouc est égorgé.

Enfonçant le couteau dans ses chairs palpitantes,

Leurs mains ont découvert ses entrailles fumantes ;

Et l'un d'eux, inspiré, s'adressant au héros,

Regarde la victime, et prononce ces mots :

* Les enfers.
** *Sculda* est l'avenir. (*Voyez* la note j de ce chant.

« — En l'un des camps rivaux, il est un monstre infâme
» Qui plongera son fer dans le sein d'une femme.
» A cet indigne chef anathème éternel !
» Malheur même à son camp ! tel est l'arrêt du ciel. »
     Il dit ; le roi saxon se prosterne et s'écrie :
« — Je bénis votre arrêt, dieux de la Germanie !
» Est-il un seul guerrier assez lâche en ces lieux
» Pour avilir son nom par ce meurtre odieux !
» Tremblez, Français ! le ciel, m'assurant la victoire,
» Vous prédit le malheur, et nous promet la gloire. »

     Déjà le jour baissait. Le prince des Saxons
Ramène vers son camp ses pieux bataillons.
L'orgueilleux roi des Huns devant eux se présente :
En son féroce cœur la vengeance fermente ;
Le courroux étincelle en son œil menaçant ;
Et, pour calmer sa rage, il faut des flots de sang.
     Adalgise au conseil, trop franc dans son langage,
Osa souvent du Hun parler avec outrage.
Entre tous les guerriers dans le camp répandus,
Adalgise est celui que son cœur hait le plus.
« — Noble chef ! lui dit-il, puissance révérée !
» Parle ; que t'a promis ta sibylle inspirée ?
» Le monde entier sans doute. Ah ! tes brillans exploits,
» Tes conquêtes déjà font trembler tous les rois.
» Pour vaincre les Français nos camps sont inutiles ;

« » Il ne faut qu'Adalgise aidé par des sibylles. »

    Il dit. Le jeune fils du malheureux Didier

A ces mots outrageans veut répondre en guerrier ;

Mais son fier ennemi, d'un son de voix terrible,

Brusquement l'interrompt : « — O génie invincible !

» Si mon langage franc a blessé ton grand cœur,

» De tomber sous tes coups accorde-moi l'honneur.

» Tes dieux, tes grands soutiens, punissant mon audace,

» Me forceront sans doute à te demander grâce.

» Potentat magnanime ! en champ clos, aujourd'hui,

» Que crains-tu ?.. Des héros ta sibylle est l'appui. »

    La vierge de Byzance observait le barbare ;

Elle a frémi... Grand Dieu ! quel combat se prépare !

Déjà les deux rivaux, en un vallon lointain,

Mettent avec fureur les armes à la main.

    Hélas ! heureuse et calme, au lever de l'aurore,

Irzèle ainsi chantait le captif du Bosphore.

      « De l'Hellespont bords enchanteurs !

    » Divins parfums de l'Arabie !

    » Pourquoi sans regrets, sans douleurs,

» Dans le Nord, loin de vous, erré-je en Germanie ?

    » Adalgise, c'est qu'avec toi

    » La nature partout est belle.

    » Adalgise m'étant fidèle,

    » Tout est amour autour de moi.

» Doux climats de la Romanie !

» Bois d'Aloès du mont Kesrin !

» Champs embaumés de l'Arménie !

» Des fils du grand Allah charmez l'heureux destin.

» Pour moi, près d'un héros, d'un époux que j'adore,

» Partout, fût-ce au milieu des glaces d'Archangel,

» Je retrouverais du Bosphore

» Le climat fortuné, les parfums, le beau ciel,

» Une nature enchanteresse.

» Lorsqu'Irzèle en ses bras presse le bien-aimé,

» Le ciel est toujours pur, l'air toujours embaumé...

» L'univers entier me caresse. »

De Mondragant Irzèle a prévu le dessein ;

Elle suit Adalgise ; et sur un mont voisin,

Regardant le combat, tremblante au fond de l'âme,

Elle implore le ciel pour l'objet de sa flamme.

Chacun des chefs rivaux repousse avec effort

L'audace par l'audace, et la mort par la mort.

De leurs coursiers tombés tous deux se débarrassent,

Combattans acharnés, se frappent, se menacent ;

Et, protégés, instruits par le dieu des combats,

Évitent tour à tour et lancent le trépas.

Comme dans une forge où la terre s'allume,

Le lourd marteau tombant rebondit sur l'enclume :

De même des rivaux le glaive repoussé ,

? Sur le fer tombe, frappe, et recule émoussé.

Le prince des Lombards a redoublé d'audace;
De l'altier Mondragant il perce la cuirasse.
Avec art dirigé, son glaive étincelant
Le presse, le poursuit, et l'atteint dans le flanc.
Mais une triple maille est sa triple ceinture;
Et le fer recourbé glisse contre l'armure.

Le monarque des Huns fond sur son ennemi;
Plus il fut ébranlé, plus il semble affermi;
Il a brisé l'armure et l'écu d'Adalgise.
Le Lombard sent déjà que sa force s'épuise.
Hélas! n'attaquant plus, à peine il se défend
Des coups multipliés du guerrier triomphant.
L'infortuné succombe aux yeux de son amante.
« — Insensé! dit le Hun, ta force est impuissante;
» Ton trépas est certain.... mais ne plains pas ton sort,
» M'avoir osé combattre illustre assez ta mort. »

Du haut de la montagne, à cette horrible vue,
La malheureuse Irzèle, égarée, éperdue,
S'écrie : « — O Mahomet! prophète du vrai Dieu!
» Sauve mon Adalgise! Et seule, j'en fais vœu,
» A la Mecque j'irai, sur ta tombe adorée,
» Aux jours du *ramadan* * bénir ta loi sacrée.

---

* Les Arabes jeûnent les trente jours de la lune du *ramadan*, époque qui
ressemble à notre carême.

» Rien ne m'arrêtera, ni les gouffres des mers,
» Ni les vents *Siroé* *, ni les feux des déserts.
» Sauve mon Adalgise!... ou s'il cesse de vivre,
» Épargne-moi du moins l'horreur de lui survivre ! »
    Quel doux rayon d'espoir alors luit en son cœur!...
Adalgise a paru recouvrer sa vigueur....
Tandis qu'entre les chefs flotte encor la victoire,
Saisissant une flèche en son carquois d'ivoire,
Irzèle tend son arc, et vise Mondragant.
Mais, ô malheur! des Huns le monarque arrogant
Vient de tourner les yeux vers la belle guerrière;
Devinant son projet, courbant sa tête altiere,
Il évite la flèche; et le funeste dard
Va frapper en sifflant le fils du roi lombard.
O vierge du Bosphore, infortunée Irzèle !
Qu'as-tu fait!.. quel moment!.. ta main, ta main cruelle,
En voulant le sauver, lui porte le trépas.
    Le roi des Huns s'écrie : « — En héros, aux combats,
» Devais-tu succomber? Non, valeureux athlète !
» Une femme t'immole.... et ta vie est complète.
» Entre les mains d'Irzèle ici-bas fut ton sort;
» Et c'est l'arc de l'Amour qui t'a donné la mort. »
    Contre Adalgise ainsi, le scélérat sauvage,
A l'horreur du trépas joint l'horreur de l'outrage,

---

* Vent étouffant du Sud-Est.

Mais ses lâches discours sont à peine entendus,
Adalgise soupire.... Adalgise n'est plus.

L'épouse du Lombard, expirante, éperdue,
A pas précipités du mont est descendue ;
L'œil sec, la voix éteinte et les cheveux épars,
Autour d'elle jetant de sinistres regards,
Sur le corps d'Adalgise elle tombe et s'écrie :
« — Après t'avoir perdu subirais-je la vie !
» Non ! ta mort est la mienne, et ton cercueil m'attend.
» Adalgise ! Adalgise ! amant tendre et constant !
» Quand sous tes coups, peut-être, allait tomber l'impie,
» Quoi ! la main de l'Amour a pu trancher ta vie !
» O mon cher Adalgise !... Irzèle est dans tes bras,
» Ton Irzèle t'appelle, et tu ne l'entends pas !...
» Dieu ! daigne me rejoindre à son ombre plaintive !
» Adalgise n'est plus, se peut-il que je vive !
» Gloire, univers, bonheur, à mes yeux aujourd'hui
» Qu'êtes-vous ?... il n'est plus, tout est mort avec lui. »
Elle dit ; à ces mots, se frayant un passage,
Des larmes par torrens inondent son visage ;
Et, livide d'horreur, de l'époux adoré
Elle presse en ses bras le corps défiguré.

Le roi des Huns, non loin, s'offre aux regards d'Irzèle ;
L'odalisque en fureur se relève, l'appelle,
Saisit, bande son arc, et d'un bras affermi

Dirige un nouveau dard au cœur de l'ennemi.
Mais, hélas! ses transports, sa rage étincelante,
En égarant ses yeux, troublent sa main tremblante;
Le trait vole, et sa pointe, épargnant l'assassin,
Siffle au milieu des airs, qu'elle traverse en vain.

    «—Transfuge des sérails! dit le vainqueur sauvage,
» Ta belliqueuse adresse a mal servi ta rage.
» Si jamais ton amant n'est vengé que par toi,
» Je le plains... au tombeau va lui garder ta foi.
» Je t'épargne aujourd'hui l'horreur de lui survivre,
» Et serais trop cruel si je te laissais vivre.
» Amans, soyez unis!.. » Il a dit, ô fureur!
De la belle odalisque il a percé le cœur.
Auprès de son époux, que son œil cherche encore,
Elle tombe... elle sent à peine en son aurore
Les sources de la vie en elle se tarir;
Irzèle est satisfaite, Irzèle va mourir.

    L'amante infortunée, à son heure suprême,
Au meurtrier s'adresse : «—A l'impie anathème!...
» Ton triomphe est ta perte, et ma mort ton arrêt;
» D'un augure sacré le céleste décret
» A prédit le malheur de l'assassin infâme
» Qui baignerait ses mains dans le sang d'une femme;
» Oui, tu perds par ton crime, en cet affreux instant,
» La Germanie et toi... monstre! l'enfer t'attend. »
    Le roi des Huns pâlit, il recule, il chancelle...

Sans force et sans chaleur l'odalisque fidèle
Se penche sur le sein de son jeune héros,
Et laisse encor tomber ces lamentables mots:
　　«—Adalgise! Adalgise!.. en tes bras je succombe...
　» Douce mort!.. cher époux! je te suis dans la tombe;
　» Adalgise! en tous lieux, compagne de ton sort,
　» J'ai partagé tes maux, je partage ta mort.
　» Que ne puis-je, en pressant ma bouche sur la tienne,
　» Et recevoir ton âme et te donner la mienne!
　» Adieu, cher Adalgise!... » Elle dit, et soudain
　Un reste d'existence échappe de son sein;
　Ses yeux se sont fermés, ses lèvres demi-closes
　Gardent encor l'éclat et la fraîcheur des roses;
　Mourante elle paraît plus belle que jamais:
　La mort même étonnée admire tant d'attraits,
　Et doute du pouvoir de sa faux ennemie;
　Irzèle n'est point morte, Irzèle est endormie.

FIN DU CHANT XVII.

NOTES DU CHANT XVII.

(1)   Quatre mille Saxons, lâchement effrayés,
        Sur les funestes bords où serpente l'Alare,
        Furent tous massacrés par ordre du barbare.

Dans toute la vie de Charlemagne on ne trouve que cette seule tache : mais les éternelles révoltes des Saxons avaient dû nécessairement l'irriter ; et Charle espérait, en intimidant ce peuple par un grand exemple, parvenir plus tôt à le soumettre : en répandant le sang de ces quatre mille Saxons, il se flattait d'empêcher qu'il n'en fût versé davantage ; et l'on aime à croire que ce fut encore l'amour de la paix qui dicta cette mesure sanguinaire. Charle ne fit cependant qu'irriter davantage les Saxons ; il s'égara dans son faux calcul ; mais quel est l'homme de génie qui n'ait jamais failli ! quel est le grand homme qui n'eut jamais d'erreurs !

(2)   Captifs de Dagobert, jadis les fils du Nord.

On ne peut lire sans indignation cet horrible trait de la vie de Dagobert : après avoir remporté une victoire éclatante contre les Saxons, ce monarque barbare condamna ses prisonniers au supplice de se voir couper autant de pouces de chair qu'il en fallait pour réduire leurs tailles à la hauteur de son épée. L'histoire n'offre que ce seul exemple de cette bizarre et horrible boucherie. L'épée de Dagobert devait être longue, car Dagobert lui-même avait plus de six pieds. A l'exhumation de Saint-Denis, on trouva intact le corps de ce prince mort en 638. Vu sa taille énorme, on avait été forcé de séparer sa tête du corps, pour le faire entrer dans sa bière. (Voyez à ce sujet les notes du t. IV, p. 419 du *Génie du Christianisme*.)

(3)　　A l'antre de Hæder offrons un sacrifice.

Les druides avaient persuadé aux peuples du Nord qu'ils descendaient de Pluton, dieu des enfers, qu'ils nommaient *Hæder* ou *l'aveugle*. (*Voyez* BERNARDIN DE SAINT-PIERRE, *Frag. sur l'Arcadie*, ou TACITE, *de Mor. Germ.*)

(4)　　Groupe de marbre noir, les *Nornes* de Hæder.

Près de la fontaine de Mimis, qui est sous le frêne Idrasil, il y a une ville extrêmement belle, qu'habitent trois vierges, nommées *Urda* (le passé), *Vérandi* (le présent), et *Sculda* (l'avenir); ce sont elles qui dispensent les âges des hommes; on les appelle *Nornes*, fées, ou parques. (Voyez l'*Edda myth.* de MALLET, VIIIe fable, p. 36.)

(5)　　Nous laisser de *Mimis* boire l'onde sacrée.

Sous une des racines du grand frêne Idrasil, racine qui va chez les Géans, où était autrefois l'abîme, est une célèbre fontaine, dans laquelle sont cachées la Sagesse et la Prudence. Celui qui la possède se nomme *Mimis* : il est plein de sagesse, parce qu'il y boit tous les matins. Un jour le Père universel vint demander à boire un verre de cette eau; mais il fut obligé de laisser pour cela un de ses yeux en gage, comme il est dit dans la *Voluspa:*— « Odin ! où as-tu caché ton œil? Je le sais : c'est dans la liquide » fontaine de Mimis. Tous les matins Mimis verse de l'hydromel » sur le gage qu'il a reçu du Père universel. Entendez-vous cela » ou non? » (Voy. l'*Edda*, VIIIe fable, p. 36.)

FIN DES NOTES DU CHANT XVII

CHANT XVIII.

Une profonde nuit couvrait encor la terre,
Quand Vitikin, sorti de sa tente guerrière,
Porte aux bords du Veser un œil observateur.
De quelques feux épars la mourante lueur
Éclaire du guerrier la marche solitaire :
Tout dort... de toutes parts règne un ordre sévère;
Et le chef, sur la rive, erre silencieux.
Le saule de Vara*non loin s'offre à ses yeux;
Là, dit-on, des sermens l'immortelle déesse
Daigne à ses favoris, sous la feuillée épaisse,
Se montrer quelquefois et combler de faveurs
Les fidèles amans ou les guerriers vainqueurs.
  Vitikin se prosterne... O surprise! ô merveille!
Le doux son d'une lyre a frappé son oreille :
Il a vu s'entr'ouvrir du saule merveilleux
L'écorce ténébreuse, et du palais des dieux
Apparaître à la plage une jeune immortelle,

  * Déesse des sermens. (*Voyez* les *Edda.*)

»—De ce saule divin n'approche point! dit-elle ;
« » En un profond silence, immobile à ma voix,
« » Jure de m'écouter ! —Souveraine des rois!
« » S'écrie avec transport le monarque sauvage,
» Oui, je le jure. » Il dit: soudain sur le rivage
L'arbre divin s'embrase... et la fille des cieux
Change un abri rustique en un palais de feux.

De lis est couronné le front de l'inconnue ;
En prêtresse druide elle s'offre vêtue ;
Et, flottant autour d'elle, un tissu vaporeux
Voile de sa beauté l'éclat mystérieux.

«—Plus de combats! dit-elle: au nom de la patrie
» Je l'ordonne : les dieux cèdent la Germanie
» Au vainqueur de l'Europe, au puissant chef des rois,
» Au héros des Français; Vitikin, sous ses lois
» Range la Saxe entière! et ton nom dans l'histoire
» Traversera les temps resplendissant de gloire.
» Le ciel t'a réservé le sort le plus brillant ;
» Prince! le sol heureux de ce peuple vaillant
» Qui gouverné par Charle a gouverné la terre,
» Cet empire immortel, cette Gaule guerrière,
» Qui pour tout conquérir n'a qu'à tout provoquer,
» Et que l'Europe armée ose à peine attaquer,
» La France enfin, la France, à tes fils, elle-même,
» Offrira quelque jour la puissance suprême.
    » Oui, tu seras la tige, ô guerrier valeureux (1)!

» De héros renommés, de monarques fameux,

» De ces Bourbons chéris, qu'au temple de mémoire,

» Couronneront la paix, l'amour et la victoire.

  » Ici Hugues, Philippe, et Louis et François,

» Éternisent leurs noms, rivalisent d'exploits.

» Henri*, des souverains le plus parfait exemple,

» Là, de chaque chaumière a su se faire un temple.

» Qu'aperçois-je! ô Louis**, le monde est à tes pieds,

» La victoire s'épuise et manque de lauriers;

» En tous lieux à l'envi, consacrant ta mémoire,

» Les prodiges des arts offrent ceux de la gloire.

  » Vitikin! tu combats, sur ces bords ennemis,

» Le grand peuple qu'un jour gouverneront tes fils.

» Noble aïeul des Capets! ô montre-toi d'avance

» Le rayon précurseur des soleils de la France!

  » Je t'en ai dit assez; noble chef des Germains!

» Sois digne de ton sort : le maître des destins

» Vers toi m'a députée, et ma tâche est remplie;

» Suis mes sages conseils! cesse une guerre impie!

» Je pourrai dans les camps reparaître à tes yeux;

» Adieu! peut-être alors me connaîtras-tu mieux.

» Je protège à la fois, mystérieux génie,

» La France et Vitikin, Charle et la Germanie. »

  O prodige!... de l'arbre aux rameaux enchantés

* Henri IV.
** Louis XIV.

S'éteint l'ardente flamme, et meurent les clartés :
Dans l'ombre de la nuit la vierge est disparue.

De ses premiers rayons l'aube a blanchi la nue.
Aux yeux de Vitikin le saule merveilleux
Reparaît solitaire et sans traces de feux;
Des larmes du matin chaque branche arrosée
Sur ses feuillages verts épanche la rosée.

De l'arbre avec respect s'éloigne le Saxon.
Lentement il retourne au royal pavillon.
De la fille des cieux comment chasser l'image!...
Les regards de la vierge et surtout son langage
Ont troublé tous ses sens, et jeté dans son cœur
Un mélange inconnu de joie et de terreur.
«—Eh quoi! ses descendans régneraient sur la France!
» Se pourrait-il! » Pensif, il errait en silence;
Quand vers lui se dirige Ulzer, prêtre sacré,
Druide d'Irmensul, oracle révéré.
« —Noble roi des Saxons! dit l'augure homicide,
» Connais enfin les Francs et leur prince perfide ;
» Des prêtres de nos dieux le massacre récent
» N'était de leurs fureurs qu'un prélude innocent.
» Hier j'avais à leur camp, par ordre du ciel même,
» Député deux Saxons... O barbarie extrême!
» Des peuples violant les droits les plus sacrés,
» Qu'ont-ils fait? Dans nos bois ils les ont massacrés.

» Roi du Nord ! Irmensul t'ordonne la vengeance :

» Guerre, guerre éternelle au tyran de la France ! »

    Il dit : la vision qui troubla le héros

S'efface comme un songe à ces funestes mots ;

Et, dans le cœur du chef, l'audacieux augure,

Contre le roi des preux souffle sa rage impure.

    Charle, en ce moment même, ô noire trahison !

Reçoit l'écrit suivant signé du roi saxon :

« —Prince ! en ton propre camp lorsque j'osai me rendre,

» A l'insulte, à l'outrage aurais-je dû m'attendre !...

» Tu manquas envers moi de générosité :

» Vaillant chef ! cependant j'ose à ta loyauté

» En appeler encore au nom de ma patrie.

» Assez coula le sang : l'humanité nous crie :

» *Barbares ! arrêtez !* O Charle ! c'en est fait !

» J'obéis aux destins... Rends-toi donc en secret

» Seul au château d'Arcine, où seul j'irai t'attendre ;

» Le sort de l'univers de ce jour va dépendre.

» Qu'un mystère profond couvre notre entretien !

» Le vœu des rois du Nord est loin d'être le mien.

» Qu'ils ignorent mes plans ! toi seul dois les connaître ;

» Ils sauveront la Saxe et la France peut-être.

» Tu peux, sans nul danger, te fier à ma foi ;

» Compte sur Vitikin comme il compte sur toi. »

    Par le héros du Nord, quoi ! le château d'Arcine,

Qui, près du camp des preux, sur la côte voisine,

Est de soldats français au loin environné,
Pour lieu de rendez-vous est à Charle assigné!
Seul, à ses ennemis, ô noble confiance!
Vitikin sans effroi se livre sans défense!...
Charle a de son rival reconnu le cachet,
Il suit sans hésiter le messager secret.

Le monarque a franchi la forêt solitaire;
Armé de pied en cap, et baissant sa visière,
Il traverse déjà ces vallons ravissans
Qui de l'amoureux Guise avaient ravi les sens;
Mais le chant des oiseaux, des ondes le murmure,
Les prés semés de fleurs, les bosquets, leur verdure,
Ces danses, ces bergers, ces lointains, ces coteaux,
Rien ne fixait encor les regards du héros.
Son œil se porte enfin sur l'heureuse vallée;
Le charme agit... Déjà son âme est moins troublée;
Tout semble autour de lui respirer le bonheur,
Et la paix du vallon s'introduit dans son cœur.
L'azur pourpré du ciel colorait la nature;
L'horizon s'étendait en nappes de verdure;
Et les zéphyrs légers, balançant leur fraîcheur,
Portaient au loin, du jour modérant la chaleur,
L'odeur douce des fleurs dont s'émaillait la plaine.
Mais qui grava ces mots sur l'écorce d'un chêne?
« —*Ne suis point, roi des preux, un messager trompeur!* »

Charle étonné s'arrête; et son glaive vengeur
Est levé sur son guide. «—Ah! seigneur! dit le traître,
» Quoi! lorsque entre vos mains vient se livrer mon maître,
» C'est vous qui frémissez, et doutez de sa foi!...»
Il dit; son maintien calme a rassuré le roi.
Il bannit tous soupçons, et pénètre sans peine
Jusqu'au fond du château qui domine la plaine.

Là, Charle est resté seul : du palais somptueux
Il contemple à loisir le luxe merveilleux :
Au milieu des trésors dont l'éclat l'environne,
Chaque tableau qu'il voit le ravit et l'étonne;
Et, comme Guise enfin, ému trop vivement,
A la dernière enceinte il parvient lentement.

Là, sur son lit de fleurs mollement étendue,
La sœur de Vitikin se présente à sa vue.
Un faible demi-jour, par de tendres lueurs,
Lance un reflet divin sur ses traits enchanteurs.
L'Amour est dans ses yeux entr'ouverts avec grâce;
Le désir est près d'elle, il commande l'audace;
Le mystère précède et suit la volupté.
Ah! jamais autant d'art n'orna tant de beauté.

Le monarque s'approche... Une douce harmonie
Semblait interpréter de son âme attendrie
Les mouvemens confus, les désirs incertains.
Léonore se trouble. «—O roi des paladins!
» Pardonnez-moi ma ruse!... Ici, prince intrépide!

« » Ce n'est point Vitikin, c'est l'Amour qui réside.
« » D'un reproche cruel n'accablez point mon cœur;
« » Charle! je vous ai vu... j'ai perdu le bonheur! »
    Elle dit; sa voix tremble et s'embellit encore.
Son haleine enivrante est le souffle de Flore;
Son teint, qui du lis même égalait la blancheur,
Se couvre, en rougissant, d'un voile de pudeur;
Et ses traits ravissans, qu'anime un doux sourire,
Portent au fond du cœur l'ivresse et le délire.
    Charle résiste à peine à tant d'enchantemens;
Les charmes qu'il contemple ont embrasé ses sens.
Aux pieds de Léonore, en son désordre extrême,
Va-t-il, brûlant d'amour, tomber hors de lui-même?
Non : d'Ulnare soudain se retraçant les traits,
Dans ses sens agités il rétablit la paix ,
Et contre les poisons s'arme du poison même.
    Léonore poursuit. « — Des Francs ô chef suprême!
» Tu combats Vitikin... Hélas ! je suis sa sœur.
» Pourquoi contre un grand homme armes-tu ta fureur?
» Tu connais Vitikin, ses vertus, sa puissance;
» Ne peut-il entre vous s'établir d'alliance?
» L'hymen... Mais non! montée à ce degré d'honneur,
» Je mourrais, je le sens, de l'excès du bonheur. »
    Elle dit : vains aveux!... ce discours qui le blesse
Du monarque français a dissipé l'ivresse.
Par l'ambition seule il lui paraît dicté.

C'est l'orgueil, non l'amour; l'art, non la vérité.

Il sortait... A ses pieds tombe en pleurs Léonore.

« —Accable de dédains l'amante qui t'adore !

» Fuis!... mais connais du moins jusqu'où va son amour.

» En captive, à tes pas, je m'attache en ce jour ;

» Je renonce à mon titre, aux trônes, à mon frère,

» A mes brillans palais, à la nature entière ;

» Je ne veux que toi seul, toi seul es le bonheur

» Grands dieux!.. ôtez-moi tout!.. mais donnez-moi son cœur

Oh ! combien son désordre augmente encor ses charmes

Que sa faiblesse est forte, et quels feux en ses larmes !

« —Ah ! s'est écrié Charle, ici, digne de vous,

» Si libre était mon cœur, j'eusse été votre époux. »

Et, ces mots achevés, il s'est éloigné d'elle.

Léonore en fureur et le suit et l'appelle :

« — Ne crois pas m'abuser par ce lâche détour !

» Traître ! tu n'es point né pour connaître l'amour !

» C'est de fer ou d'airain qu'il te faut une chaîne ;

» Eh bien ! au lieu d'amour, emporte donc ma haine !

» Mais crois-tu, méprisant et ma main et mon cœur,

» Pouvoir de Vitikin braver en paix la sœur ?

» M'insulter vainement ?.. Non ; fuis de ma présence !

» Tu connaîtras bientôt ce que peut ma vengeance.

» Je hais avec fureur ou j'aime avec transport ;

» Ta dernière réponse est ton arrêt de mort. »

Elle dit, le sol tremble.... et le prince intrépide

I Tombe en de noirs caveaux. «—Tyran! dit la perfide,
« » Appelle à ton secours l'idole de ton cœur!
(» Peut-être viendra-t-elle. » A ces cris, ô fureur!
I Des scélérats dans l'ombre arrachent son armure;
[Le roi se débattant a rouvert sa blessure;
! Son sang coule à grands flots... chancelant, affaibli,
Sous la voûte funèbre il tombe anéanti.

L'ombre succède au jour, puis à la nuit l'aurore;
Seul en d'affreux cachots Charle respire encore...
Hélas! pour lui peut-être, en ce moment d'horreur,
Le trépas n'eût été qu'un passage au bonheur;
Mais son camp l'a perdu, mais son âme alarmée,
Gémissant sur la France et tremblant pour l'armée,
Porte ce cri plaintif aux célestes palais :
«—Frappe-moi, Dieu puissant! mais sauve les Français!»
    Bientôt son cœur s'élève au-dessus de la vie :
Sur le sol étendu, d'une voix affaiblie :
« —Grand Dieu! dit le héros, j'ai respecté ta loi,
» J'étendis le vrai culte et combattis pour toi;
» Qu'ai-je à craindre?... Bientôt, du fardeau de son être
» Dégagé pour toujours, Charle va te connaître:
» Ivre d'un tel bonheur, avec quel doux transport
» Mon âme auprès de toi remercîra la mort!
    » Fuyez, sombres terreurs! fuyez, douleurs funestes!
» Pour monter radieux aux demeures célestes,

» Pour goûter tant d'honneurs, de gloire, de plaisir,
» En coûte-t-il donc tant?... il ne faut que mourir. »
 Charle ainsi vers le ciel élevant ses prières,
Semble prêt à quitter le vallon des misères;
Comme on voit disparaître, à l'aube de retour,
L'étoile du matin dans les rayons du jour.

 Une faible clarté soudain à ses yeux brille;
De son cachot désert s'est ouverte la grille;
Et Léonore en pleurs et les cheveux épars,
Une lampe à la main, paraît à ses regards.
Pâle, d'un glaive armée, elle approche et s'écrie:
« —O Charle! qu'ai-je fait! que je hais ma furie!...
» Malheureuse! c'est moi qui t'arrache le jour!
» Voilà donc les forfaits que peut dicter l'amour!
» Objet infortuné de la plus tendre flamme,
» Vois les remords affreux qui déchirent mon âme!
» Au tombeau laisse-moi descendre sur tes pas,
» Joindre mon sang au tien et mourir dans tes bras! »
 A l'excès des tourmens Léonore succombe;
Aux pieds de Charlemagne, éperdue, elle tombe.
« — Barbare! éloignez-vous! dit-il avec efforts;
» En vous tout est perfide, oui, tout...jusqu'aux remords.
 Léonore se lève, et son œil étincelle;
Tous les dieux de l'enfer semblent s'emparer d'elle:
C'en est fait, plus d'amour! plus de remords vengeur!

Tout en elle est orgueil, désespoir et fureur.
« —Ah! c'en est trop enfin! ce comble de l'outrage
» Dissipe ma tendresse et rallume ma rage.
» Monstre! tu t'es joué de ton pouvoir sur moi;
» Tremble! je deviendrai féroce comme toi;
» Et prolongeant tes jours pour de nouveaux supplices,
» L'excès de tes douleurs va faire mes délices. »
Léonore, à ces mots, a fui du souterrain.

Au delà du Veser, en un marais lointain,
Sous les débris d'un fort, s'ouvre un cachot horrible,
Au vulgaire effrayé demeure inaccessible.
Là, dans l'horreur des nuits, un enchanteur fameux,
Dérobant ses secrets aux regards curieux,
Attire les démons, et sous ses voûtes sombres,
Troublant jusques aux morts, en évoque les ombres.
Orsmin était son nom; ce vieillard criminel,
Protégé par l'abîme et réprouvé du ciel,
Jadis de Léonore exauçant les prières,
L'avait initiée à ses affreux mystères.
    La sœur du roi saxon, fière de ses attraits,
De l'enchanteur, long-temps, négligeant les secrets,
Pour charmer les mortels par d'éclatans prodiges,
Compta sur sa beauté plus que sur les prestiges;
Mais la soif des forfaits qui dévore son cœur
Va forcer la magie à servir sa fureur.

Le souterrain d'Orsmin, ô vengeance cruelle !
Doit devenir du roi la prison éternelle.
La sœur de Vitikin descend près du héros,
Trace un cercle enflammé, murmure quelques mots,
Et l'abîme répond à la voix qui l'implore.
Charle voudrait en vain repousser Léonore ;
En son cachot obscur les airs sont épaissis,
Ses membres sont glacés, ses sens sont engourdis ;
Un sommeil accablant pèse sur sa paupière ;
Pâle, sans mouvement, couché dans la poussière,
Il s'endort ; mais, hélas ! en ce jour de douleur,
Léonore et l'enfer veillent pour son malheur.

Vers l'orient s'entr'ouvre une porte d'ivoire,
D'où sur des ailes d'or, sur un rayon de gloire,
Sortent les Visions, douces filles des cieux ;
Par elles protégé, l'auguste roi des preux
Revoit Ulnare en songe, et déjà l'a menée,
Brûlant des feux d'amour, vers le lit d'Hyménée.
L'ivresse des plaisirs remplaçait la douleur,
Lorsqu'un réveil affreux dissipe son bonheur.
O changement subit ! ô noire perfidie !
Dans un frêle bateau, sur une onde en furie,
Il se voit enchaîné, poursuivi par la mort,
Et dans les flots ouverts il lit son triste sort.
L'abîme est sous ses pieds, la foudre est sur sa tête ;
L'esquif erre au hasard, jouet de la tempête ;

Un nocher le guidait... il l'abandonne aux vents.
Ce monstre aux traits hideux, aux regards menaçans,
En blasphèmes affreux laisse éclater sa rage;
D'un agent d'Irmensul il offre au roi l'image.

    Le monarque expirant à peine se soutient;
Plus d'espérance!... Hélas! d'Enulphe il se souvient;
En son cœur une voix solennelle et secrète
Semble lui répéter cet adieu du prophète :
« — *Les revers font parfois expier le bonheur :*
» *Charle! je le prédis, le Veser en fureur*
» *Menacera vos jours ; et la France peut-être*
» *Pleurera ses succès, son armée et son maître.* »

FIN DU CHANT XVIII.

NOTE DU CHANT XVIII.

(1)   Oui, tu seras la tige, ô guerrier valeureux !
        De héros renommés, de monarques fameux,
        De ces Bourbons. . . . . .

Selon plusieurs historiens, l'auguste famille de nos rois descend du héros des Saxons. Robert-le-Fort était petit-fils de Vitikin ; Hugues-le-Grand, petit-fils de Robert-le-Fort ; et Hugues-Capet, chef de la dynastie régnante, fils de Hugues-le-Grand. (*Voyez* AIMOIN, écrivain du onzième siècle. — SAINTE-FOIX, *Essais sur Paris,* art. Gaulois. — ANQUETIL, etc.)

FIN DE LA NOTE DU CHANT XVIII.

CHANT XIX.

Sur les bords du Veser, de ses chefs entouré,
Le vaillant Vitikin par ses dieux inspiré,
Plein du feu martial dont l'ardeur le dévore,
Donne ordre d'attaquer au lever de l'aurore.
« —Amis! Charle n'est plus, » dit-il; et des Saxons
Volent au champ d'honneur les nombreux bataillons.
Des glaives, des cimiers l'incertaine lumière
S'agite rayonnante à travers la poussière;
Et les écus, les dards, les harnois scintillans,
Semblent des flots d'acier sur la plaine ondoyans.

Un long calme, un bruit sourd, ont effrayé la plage.
Tels ces momens affreux précurseurs de l'orage,
Où les flots aplanis sur les gouffres des mers,
S'arrêtent comprimés sous le fardeau des airs.

Hélas! pour les Germains quand l'enfer se soulève,
Dans le camp des Français quel trouble affreux s'élève!
Quelle terreur s'accroît! quel bruit s'est répandu!
Pour jamais Charlemagne est, dit-on, disparu.

23

En vain de toutes parts, guidés par l'espérance,
Les chevaliers chrétiens cherchent le roi de France;
Leur espoir est trompé, leur malheur est certain,
Nul ne peut du monarque apprendre le destin.
Sur ce sombre mystère aucun jour ne vient luire;
On court, on s'interroge, on tremble de s'instruire.
Le découragement remplace la valeur;
Du soldat, en longs cris, s'exhale la douleur;
A ses yeux la victoire a perdu tous ses charmes,
Et son fer languissant est trempé de ses larmes.

Telle éclata depuis la douleur des Français (1),
Lorsqu'à la mort d'Henri ses malheureux sujets,
Éperdus, l'œil en pleurs, le front dans la poussière,
Redemandaient au ciel leur monarque et leur père.

Cependant sur la plaine et vers le camp des preux,
Vitikin et ses chefs s'avancent furieux;
Guise les aperçoit : en son cœur magnanime,
A l'aspect des périls la valeur se ranime;
Il rassemble l'armée, il s'écrie : « — O Français!
» Loin de faire éclater de stériles regrets,
» Vengeons Charle! et courons, héritiers de sa gloire,
» Aux mânes d'un grand homme offrir notre victoire!
» Ce dernier tribut seul est digne encor de lui.
     » Ah! qu'un premier revers nous accable aujourd'hui!
» Tout peuple, quel qu'il soit, ami, chrétien, barbare,

» Lâchement aussitôt contre nous se déclare ;

» Et les héros du monde en sont nommés l'horreur.

  » Non ! ne laissons pas dire au Germain imposteur :

» *Charle au milieu des preux seul était la victoire ;*

» *Ce talisman brisé, plus de Francs ! plus de gloire !*

» Aux armes ! Que nul chef ne puisse désormais

» Se personnaliser les exploits des Français !

» Quel que soit le héros que l'univers renomme,

» Dans nos rangs immortels il ne manque qu'un homme.

» Marchons !.. Charle lui-même a parlé par ma voix.

  » Ainsi qu'il le fonda, du plus grand de nos rois,

» Paladins, soutenons le colossal empire :

» Il n'est qu'absent peut-être, et, captif, il respire.

» Dieu veillera sur lui, Dieu combattra pour nous.

  » Compagnons ! s'il n'est plus, ah ! que du moins en vous

» De son génie ardent revive encor la flamme !

» Aux grandes actions il façonna notre âme :

» Courons vaincre !.. nos pleurs couleront mieux après.

  » Mais que dis-je ! il existe... il attend vos succès...

» Venez ! que ce grand jour, au temple de mémoire,

» Soit un phare allumé pour éclairer l'histoire !

» Prouvons que nos guerriers, à vaincre toujours prêts,

» N'importe sous quel chef, sont toujours... LES FRANÇAIS ! »

  Il dit, calme l'effroi, rallume la vaillance,

Et, chef du camp royal, vers l'ennemi s'élance (2).

D'immenses bataillons de piques hérissés,

S'attaquent à la fois par la fureur poussés.
Tels deux torrens gonflés tombant de deux montagnes,
Se joignant, se heurtant au milieu des campagnes,
L'un vers l'autre jetés, l'un sur l'autre fondans,
S'amoncellent unis, s'entrechoquent grondans.

　　Le front ceint de lauriers et rayonnant de gloire,
Guise s'est emparé du champ de la victoire;
Le duc de Bénévent roule à ses pieds vaincu :
Mortellement blessé, son fils Atalaru,
Pâle comme la fleur par l'orage flétrie,
Un instant arrêté sur le seuil de la vie,
Tombe... s'est soulevé... puis retombe... et n'est plus.

　　Guise enfonce les rangs des Saxons éperdus;
Ils semblent, sous ses coups, se fondre sur ses traces :
Tels de vieux monts de neige et des rochers de glaces,
Brisés par le soleil, au retour du printemps,
Dans des vallons lointains se perdent en torrens.

　　Bozon sort d'Héristal; et fiers de sa puissance,
Ses guerriers l'ont suivi : tout cède à sa vaillance.
Sous son glaive est tombé Gildas, chef des Frisons.
Lorsqu'à ses yeux, du jour s'éteignent les rayons,
L'infortuné Gildas, que la fureur dévore,
Atteint d'un coup mortel, veut s'illustrer encore.
Tel déjà, comme éteint, un flambeau vacillant
Tout à coup se rallume, et lance un feu brillant.

Gildas, presque abattu, doute de sa défaite;
Comme un lion fougueux, sur le preux il se jette :
Il le frappe, il l'étonne; et, hardi combattant,
Il a blessé Bozon... il expire content.

Non loin, guidant sa troupe à vaincre accoutumée,
Isambard, dans les rangs, paraît seul une armée.
La gloire, de rayons semblait l'envelopper ;
Et la mort, l'admirant, craignait de le frapper.
En vain un gros de Huns l'entoure, le menace;
Son art trompe la force, et sa force l'audace.
Tel, du haut du Vésuve, un long torrent de feux,
Calcinant des rochers les blocs audacieux,
S'ouvre un lit enflammé sur la terre tremblante,
Anéantit l'obstacle, et roule l'épouvante.

Harald, en ce moment, s'offre aux yeux du héros.
Au fond d'un bois épais, entre les camps rivaux,
La veille, avant le jour, le chef des Scandinaves
Avait surpris le preux séparé de ses braves:
« — Redoutable ennemi ! s'était-il écrié ,
» Tes dieux entre mes mains te livrent sans pitié.
» Mais vainqueur sans péril, et guerrier sans vaillance,
» M'emparer lâchement d'un rival sans défense,
» Ce triomphe honteux est-il digne de moi !
» Non; que ce roc désert, qui se penche vers toi,
» A l'avenir plutôt redise d'âge en âge :
» *Le ciel vit deux rivaux, deux chefs, sur ce rivage.*

» *Une nuit, s'adresser des paroles de paix,*
» *Et vit un Scandinave embrasser un Français.* »

En retrouvant Harald au fort de la mêlée,
Le fougueux Isambard sent son âme troublée :
« — Fils d'Odin ! lui dit-il, en vain tu fonds sur moi,
» Nul ne verra jamais mon fer levé sur toi. »
Dans les rangs ennemis qu'il enfonce et qu'il brave,
Il dit, et disparaît aux yeux du Scandinave.
  Mais Falder le poursuit : des bords du lac Savra,
Ce fils de la Norwége avait quitté Silra.
Silra, blanche colombe, un instant fut aimée ;
Mais cet instant fut court : Falder part pour l'armée.
Sans regrets il a fui, lorsqu'aux forêts d'Insbert,
Contre un roc, sur la route, au torrent du désert,
Il aperçoit Silra. « — Perfide ! lui dit-elle,
» Ne jamais me quitter, m'être toujours fidèle,
» A l'autel de Vara, tels furent tes sermens :
» Ici je les reçus, ici je te les rends.
» Ton cœur ressemble au sol de cette île étrangère *,
» Où, lorsqu'un blanc agneau venu d'une autre terre,
» S'arrête quelque temps, la nouvelle saison
» Le retrouve couvert d'une noire toison.
» Ingrat ! sois libre, adieu !... Mais Héla qui m'appelle,

---

* L'île d'Imen, une des îles Féro. (*Voyez* sur ce phénomène M. Montbron, notes du poëme des Scandinaves.)

‹ » M'ordonne d'annoncer à Falder infidèle
‹ » Que l'abîme des flots un jour l'engloutira,
‹ » Comme en ce moment même il engloutit Silra. »
    Le torrent, à ces mots, a roulé la victime.
› O Falder! désormais te retraçant ton crime,
    Les remords te suivront jusqu'aux bords ténébreux.
    Falder joint Isambard; et son bras valeureux
A presque triomphé, quand, blessé sur la plaine,
Tout à coup son coursier épouvanté l'entraîne,
Et du côté du fleuve a dirigé ses pas.
Quelques dieux malfaisans ont juré son trépas;
Rien ne peut l'arrêter... bientôt l'onde lointaine
A mugi sous les flancs du coursier qu'elle entraîne :
Falder, te souviens-tu de l'adieu de Silra?
L'infidèle frémit... tu triomphes, Héla !
Un gouffre sous Falder s'entr'ouvre... et la victime
Déjà roule engloutie au fond du vaste abîme.

    De Bellone, Angilbert détestant les lauriers,
Sur ces bords, avec art, disposait ses guerriers.
Dispersant ses rivaux, il ne frappe personne.
De mourans et de morts un monceau l'environne :
Il soupire, et s'éloigne... un Lombard suit ses pas;
Angilbert lui paraît déserteur des combats;
Et le fougueux Erville, en le joignant, lui crie :
« — Tu fuis, vil paladin ! honte de ta patrie !

» Arrête! « — Je t'attends, lui répond le héros,
» Approche! » L'un sur l'autre ils fondent à ces mots;
Mais un trait a sifflé, frappe Erville à la tête,
Et sur le sol au loin désarçonné le jette :
De son front le sang coule... Angilbert, attendri,
Descend, tire le dard, relève l'ennemi,
Lui remet son coursier. «—Lombard! même à la guerre,
» Tout rival est un homme, et tout homme est un frère.
» Chef, n'insulte jamais! vainqueur, sois généreux ! »
Il dit; et le héros disparaît à ses yeux.

Mais, de tous les Français émules de leur maître,
A combattre acharné, le plus hardi peut-être,
C'est Robert le Danois : en foudre dévorant,
Inattendu, rapide, il court de rang en rang,
Cherchant l'objet haï que veut frapper sa rage.
Partout sa voix tonnante, au milieu du carnage,
Fait retentir les airs de ces cris répétés :
« *Tassillon! Tassillon!*... » Ses bras ensanglantés
Puisent dans la fatigue une force nouvelle;
Il venge son amante, il croit vaincre pour elle;
L'amour et la fureur égarent sa raison;
Et tout tremble à ces cris : « *Tassillon! Tassillon!* »

Devant Guise vainqueur fuit l'armée ennemie :
Le roi saxon paraît, et son puissant génie,
Arbitre souverain, changeant l'arrêt du sort,

Ramène aux siens la gloire, aux Francs porte la mort.
Mais quel coup va briser son âme magnanime !...
D'un amour passager enfant illégitime,
Nardime auprès de lui combattait en héros (3) ;
Et Nardime ignorait qu'admirant ses travaux,
Le chef des rois du Nord fût son auguste père.
Vitikin l'adorait ! le jeune téméraire
Avec grâce courbé sur son coursier fumant,
Aux plus affreux périls s'exposait noblement.
Sa parfaite beauté, sa précoce vaillance,
Tout révélait, en lui, l'éclat de sa naissance.
Soudain, guerrier farouche, Isambard fond sur lui ;
Nardime en vain résiste .... hélas ! que n'a-t-il fui !
Sanglant, son casque tombe ; une pâleur touchante
Couvre ses traits charmans : d'une main impuissante,
Mais ferme encore, il cherche à repousser la mort,
A vendre cher ses jours... Vain espoir ! vain effort !...
Il pousse un cri. ... Ce cri parvient jusqu'à son père...
Vitikin voit le Franc, en sa rage guerrière,
Foulant aux pieds son fils avec férocité,
Retirer de son corps son glaive ensanglanté.
  Quel courroux le transporte ! «—O journée effroyable !
» Dit le Saxon, deviens à jamais mémorable !
» Fais d'un fils adoré vivre le souvenir !
» Et redis ma vengeance aux siècles à venir ! »
  Un long combat s'engage.... il attaque, il menace,

Frappe, atteint Isambard, l'ébranle et le terrasse.
Le paladin blessé lève un bras impuissant...
Sans force il tombe, il roule, il nage dans son sang.
Le monarque germain, barbare en sa furie,
Laissant à son rival quelques restes de vie,
Derrière son coursier écumant et fougueux,
A fait lier les pieds du noble fils des preux,
Et le traîne après lui, dans des flots de poussière :
Ses membres en lambeaux, déchirés sur la terre (4),
Se dispersent .... Hélas ! les vautours dévorans
Leur serviront bientôt de sépulcres vivans.

  Les soldats d'Isambard ont fui pleins d'épouvante;
Mondragant les poursuit : sa marche est foudroyante.
Son plastron gigantesque est hérissé de traits ;
Il enfonce lui seul les bataillons français.
En vain, se retournant, les cohortes pressées
L'attendent de pied ferme, et les piques baissées;
Le Hun s'ouvre en tous lieux un passage sanglant.
Olmant veut l'arrêter : sur son écu brillant
S'offre un essaim d'amours; le roi des Huns lui crie :
« — Crois-tu qu'à la vigueur la faiblesse s'allie?
» Va, ton bras n'est point fait pour manier le fer ;
» Cours offrir tes amours aux reines de l'enfer ! »
  Il dit ; du corps d'Olmant il sépare la tête.
A venger son ami le noble Artus s'apprête.
Mondragant l'aperçoit : « — Atome audacieux!

« » Lui dit-il, si ma mort est le but de tes vœux,

« » Il me faut aux enfers un courrier qui m'annonce ;

« » Je t'ai choisi ... ce dard t'épargne une réponse. »

Dans la gorge d'Artus un javelot lancé,

A ces mots insultans, siffle et reste enfoncé.

Artus tombe... et son œil se ferme à la lumière ;

Tandis que Mondragant, en sa course guerrière,

Inflexible bourreau, monstre dévastateur,

Lasse son bras, son corps, tout, hormis sa fureur.

Rencontrant Vitikin, le roi des Huns s'écrie :

« — Prince ! inutilement n'expose point ta vie ;

» Autour de moi, les tiens, espérant s'aguerrir,

» Embarrassent mes pas au lieu de me servir.

» Que loin du champ d'honneur ton ordre les rassemble !

» Mondragant fera seul plus que vous tous ensemble. »

Nul terme à ses clameurs, sous ses pas nul écueil ;

Sa vaillance peut seule égaler son orgueil.

Là, l'hercule du Nord, Altés rencontre Olève ;

Désarçonnant le preux, il le saisit, l'enlève,

Le suspend d'une main, et bientôt, sans efforts,

Le lance au loin mourant sur des monceaux des morts.

A ses derniers momens, tel autrefois Alcide,

Crut punir dans Lycas un messager perfide :

Il le saisit, l'enlève ; et Lycas dans les airs,

Tournoie au gré des vents, et tombe au sein des mers.

C'est alors qu'Irmensul, sous l'habit d'un druide,
Aborde Vitikin : « — O monarque intrépide !
» La victoire est à toi : les Français aujourd'hui,
» Devant tes légions, de toutes parts ont fui ;
» Sur eux la foudre gronde... achève ton ouvrage. »
Il dit ; dans tous les cœurs il fait tonner sa rage :
On ne voit que des morts, on n'entend que des cris ;
De ces excès d'horreurs l'enfer même est surpris.
Annoncée aux Saxons par le dieu du carnage,
Une tempête au loin mugit sur le rivage :
Les crêpes de la nuit bientôt couvrent les cieux ;
On combat aux lueurs des rayons orageux.
La poussière dans l'air s'amasse en météore,
Que le glaive traverse et que l'éclair colore (*).
L'atmosphère enflammé présente aux fils des preux
Une nuit transparente et des jours ténébreux.
Des ouragans fougueux se repoussent les nues ;
L'éclair s'ouvre en leur sein des routes inconnues ;
L'œil voit, comme à travers les crevasses des cieux,
Au fond d'un nouveau ciel des campagnes de feux.
Les vents, la grêle, l'eau, disputent au tonnerre
L'effroyable pouvoir de dévaster la terre ;

---

* On crut voir, disent les Annalistes, des pavois enflammés et des glaives lumineux se heurter, se croiser, et tonner dans les airs. Ce combat fut nommé *le combat des boucliers ardens.* (Voyez *Ann.* Metens., Pettav., Tillian., Loisel.)

Et, fléaux réunis, lancent avec fureur,
Sur les armes des rois les foudres du Seigneur.
    Tel, moins horrible encor, fut l'orage funeste
Qui, sur Rome éclatant par un arrêt céleste,
Voila le jour aux yeux des Romains éperdus,
Et dans ses tourbillons enleva Romulus (5).
    Les arbres des forêts, embrasés par l'orage,
En longs cheveux de flamme étendent le ravage.
Les airs, chaos épais, roulent avec fracas;
Tout est fureur, désordre, épouvante, trépas;
Et l'âme des guerriers, de désespoir saisie,
Croit voir de l'univers le dernier incendie.
    A ce choc d'élémens se déchaînant entre eux,
Le roi des Huns s'écrie : « —O ridicules dieux !
» A quoi bon ce fracas? Oisif roi du tonnerre !
» Épouvante ta cour, mais laisse en paix la terre !
» Penses-tu que l'on veuille escalader tes cieux?
» Paix ! tu nous fais pitié : tes redoutables feux
» Vont sans doute engloutir l'être humble qui te prie,
» Car tu n'oses jamais frapper qui te défie. »
    Artifice infernal! le fléau destructeur,
Vers le sud, aux Francs seuls va porter sa fureur;
Dans leurs rangs dispersés éclate le tonnerre,
Ils ont tout à combattre, et le ciel et la terre.
Mille torrens grossis les roulent sous leurs flots;
Les vents ont déchiré leurs tentes, leurs drapeaux;

Et contre eux, dans les airs, à leurs pieds, sur leur tête,
Partout est le trépas, et partout la tempête.

Vers ses retranchemens, à ce prodige affreux,
Guise cherche avec ordre à rappeler ses preux;
En son âme jamais la frayeur ne pénètre,
Il semble en s'éloignant, non plier, mais soumettre.
Il contient l'ennemi, le repousse étonné;
Sa retraite elle-même est un combat gagné.
Superbe en reculant, sa fuite est la victoire;
Et les Français encor sont les fils de la gloire.

Maîtres du champ d'honneur, les Germains à l'envi
Félicitent leur chef; mais ce prince aguerri
De leurs fougueux transports craint l'ivresse illusoire:
« — Un tel succès, dit-il, n'est point une victoire. »
Tel aux vainqueurs d'Asclum: « —Amis! disait Pyrrhus,
» Encore un gain semblable, et nous sommes perdus (6)! »

Cependant de ses preux Guise a perdu l'élite.
Entourant Irmensul: « — L'enfer te félicite,
» Ont dit les dieux du mal; à ta puissante voix,
» Guise et les siens ont fui pour la prmière fois (7).
» Le Français est perdu, tout doit nous en convaincre;
» C'est déjà le dompter que l'empêcher de vaincre.
» Cerne du roi captif le camp découragé!
» Frappe!.. Encore un combat, et l'enfer est vengé. »

Irmensul vers Fréya vole au fond de l'abîme.

» « — Enfin nous triomphons, ô reine magnanime !

« » Mais, seule, Ulnare encore est à craindre pour nous;

« » Contre elle, avec fureur, va diriger tes coups!

« » — Autant et plus que toi, j'abhorre la perfide,

« » Irmensul : mais le ciel protège la druide ;

« » Il l'inspire. — Terrible, apparais à ses yeux !

« » Elle croit son pouvoir émané de ses dieux;

« » De son enthousiasme éteins l'ardente flamme ,

« » Abuse ses esprits, épouvante son âme ;

« » En ses sens égarés jette le désespoir;

« » Et persuade-lui qu'à jamais sans pouvoir,

« » Sous un joug sacrilége indignement courbée,

« » D'un rang surnaturel, déchue, elle est tombée.

» Puis, s'il se peut encore, achève... venge-nous!

» Qu'aujourd'hui la transfuge expire sous tes coups! »

Il a parlé... Fréya s'élance de l'abîme,

Fend les airs, et déjà plane sur sa victime.

NOTES DU CHANT XIX.

(1)   Telle éclata depuis la douleur des Français.

La douleur des Français à la mort de Henri IV, fut si vive, que plusieurs en moururent de douleur. *Devic*, gouverneur de Calais, à cette affreuse nouvelle, soupire, baisse les yeux, s'écrie d'un ton sinistre, « — Je ne survivrai point à mon maître, » et tombe sans vie.

(2)   Et, chef du camp royal, vers l'ennemi s'élance.

On se rappelle sans doute que Hæder voulait faire séduire Guise par Léonore, ayant vu dans l'avenir qu'il devait rallier, commander, et sauver l'armée française, après la disparition de Charle. L'oracle de Hæder s'accomplit.

(3)   Nardime, auprès de lui, combattait en héros.

Vitikin eut véritablement un fils naturel, que les uns nomment *Diaulas*, d'autres *Nardime*, et qui combattit noblement sous les yeux de son père; l'histoire ne dit point ce qu'il devint.

(4)   Ses membres en lambeaux, déchirés sur la terre.

Il est dans la nature d'un héros fougueux d'être aussi susceptible de grands crimes que de grandes vertus; et ce contraste, qui prête tant à la poésie, est ce qui rend le caractère d'Achille si brillant. *Voltaire*, à ce sujet, toujours malin et plaisant, s'écrie dans son poëme de la Pucelle :

« On pleura moins dans la sanglante Troie
» Quand de la mort Hector devint la proie,
» Et quand Achille, en modeste vainqueur,
» Le fit traîner, avec tant de douceur,
» Les pieds liés, et la tête pendante,
» Après son char qui volait sur des morts. »

(5)   Et dans ses tourbillons enleva Romulus.

Romulus étant sorti de Rome pour offrir un sacrifice, le ciel s'obscurcit, le jour fit place à la nuit ; un orage épouvantable éclata ; le peuple prit la fuite, les sénateurs seuls demeurèrent, et Romulus disparut. L'orage cessé, le peuple revint, et redemanda son roi. « — Je l'ai vu, dit Proculus, un des plus considérables de Rome, je l'ai vu, rayonnant de gloire, s'élever au ciel tout armé : rendons-lui désormais les honneurs divins. »

(6)   Encore un gain semblable, et nous sommes perdus !

Pyrrhus II, fils d'Eacide, selon Denys d'Halicarnasse, repoussa les Romains près d'Asclum ; mais la défaite des Romains ne fut ni bien claire, ni bien constatée : aussi, lorsque Pyrrhus, blessé au bras d'un coup d'épieu, s'entendait féliciter de son triomphe, « — Amis, dit le héros, encore une victoire pareille, » et nous sommes perdus ! »

(7)   Guise et les siens ont fui pour la première fois.

Les historiens saxons insinuent que, sur les bords du Veser, Charle ayant quitté son camp, ses troupes furent repoussées. (Voyez *Bibliothèque Britannique*, tom. 37, p. 200.)

FIN DES NOTES DU CHANT XIX.

CHANT XX.

—◆—

CEPENDANT des Français l'intrépide héros
Dans sa barque brisée, à la merci des flots,
Lutte avec les courans dont la fureur l'entraîne,
Et courbé sous ses fers, attend sa fin prochaine.
    Sur les eaux que tourmente un vent dévastateur,
La tempête répand sa ténébreuse horreur.
L'horizon disparaît, le bord fuit, le ciel gronde;
Des spectres irrités semblent errer sur l'onde;
La nuit succède au jour; et de brûlans éclairs
Sont les astres du ciel et le brasier des airs.
    Poussé par l'ouragan contre un rocher aride,
Bientôt la barque s'ouvre à l'élément perfide.
Charle! ce même orage accablant tes sujets,
Devant les rois du Nord a fait fuir les Français.
    Dans les airs enflammés, tout à coup à sa vue
La foudre en serpentant a déchiré la nue,
Et tombant sur l'esquif renverse dans les flots
Le pilote éperdu. Seul alors sur les eaux,
Jouet des vents, sans force, enchaîné dans sa barque :

« — Fleuve ! s'est écrié l'infortuné monarque,
» Hâte-toi de m'ouvrir le tombeau qui m'attend !
» Ulnare m'abandonne. » O merveille ! à l'instant,
Au sommet élevé d'une vague rapide,
Dans un léger esquif, sur la plaine liquide,
Une femme, le front orné de voiles blancs,
Paraît dompter le fleuve et se jouer des vents.
Rien ne saurait troubler sa tranquille assurance,
L'ouragan la respecte et semble en sa puissance.
Brillante avec éclat, belle avec majesté,
Elle étend sur les eaux comme un sceptre enchanté ;
Avec grâce, debout, s'inclinant sur sa rame,
Dédaignant et l'orage et les flots et la flamme,
Elle semble, en glissant sur les gouffres ouverts,
La déesse de l'onde ou l'archange des mers.

   Telles, au Scandinave, ombres surnaturelles,
Apparaissent d'Odin les filles immortelles,
Lorsque leurs corps légers s'entourent dans les airs
De manteaux étoilés et d'écharpes d'éclairs.

   A ce divin aspect le monarque s'écrie :
« — Est-ce toi ? se peut-il !... Tendre et céleste amie,
» Me pardonneras-tu ? Sur ces gouffres jeté,
» Charle de son Ulnare un instant a douté. »
   Il dit ; et par degrés l'esquif de son amante
S'avance en tournoyant sur la vague écumante.

                                            24.

En vain l'air, obscurci par un brouillard épais,
De l'inconnue au loin lui dérobe les traits;
Charlemagne appelant son amante fidèle
Ne la reconnaît pas... mais il sent que c'est elle.

Opposant un front calme à la fureur des vents,
D'un voile aérien ouvrant les plis mouvans,
Près de Charle bientôt Ulnare est parvenue :
« — Regarde ! en vain la foudre éclate sous la nue,
» L'orage apporte Ulnare à tes yeux effrayés,
» Comme l'onde en courroux qui se brise à tes pieds.

» Je t'avais prévenu de l'embûche perfide;
» Pourquoi, sans m'écouter, avoir suivi ton guide!...
» Veillant sur tes destins, et pour toi bravant tout,
» Ne suis-je pas toujours *nulle part et partout!* »

Elle approche, et du prince arrête la nacelle;
Puis vers lui s'élançant : — « O Charle! lui dit-elle,
» Eh! quoi donc, puis-je encor t'étonner en ce jour!
» Est-il rien d'impossible à l'excès de l'amour?

» Ah! que ne puis-je, hélas! en un lieu solitaire,
» Pour toi seul exister, seule ici-bas te plaire!
» Te lier à mon sort, te nourrir de mes feux,
» Te dérober au monde, et suffire à tes vœux!...
» Que m'importent le ciel et la nature entière!
» Je verrais sans pâlir bouleverser la terre,
» Pourvu que dans l'abîme, attachée à tes pas,
» Au milieu du chaos je roule entre tes bras. »

En prononçant ces mots, Ulnare, du monarque
Détache les liens, l'entraîne dans sa barque,
Et semble au chef des preux ramener en ce jour
La gloire, le bonheur, l'espérance et l'amour.

Le héros des Français entre dans sa nacelle ;
Ranimé par Ulnare, il rame à côté d'elle.
« — O Charle ! du destin vois l'arrêt merveilleux !
» Dit-elle ; en ce moment, sur ces flots orageux,
» Une vierge te guide, et tient en sa puissance
» La gloire, le salut, et l'espoir de la France.
» Amour ! ferme pour nous ces gouffres entr'ouverts!
» Mon frêle esquif contient le sort de l'univers. »
Elle dit ; et sa voix dissipe les orages ;
Un rayon lumineux a percé les nuages.....
L'horizon s'éclaircit, et les vents en courroux
Font place en un instant au calme le plus doux.
Dans le lointain à peine entend-on le tonnerre ;
Un pouvoir inconnu les pousse vers la terre.
La vague frémissante a divisé ses flots ;
Le zéphyr ride seul la surface des eaux.
L'astre brillant du jour revient charmer le monde,
Verse en torrens de feu sa lumière féconde ;
Et déjà sur le ciel plus riant et plus pur,
Semble voguer le calme en une mer d'azur.

La nacelle d'Ulnare aborde le rivage.
O désespoir nouveau ! débarqué sur la plage,
Charle, entre des rochers qu'ombrage un bois épais,
Veut suivre, mais en vain, la vierge des forêts.
Du jour, à ses regards, s'obscurcit la lumière ;
Accablé, chancelant, courbant sa tête altière,
Sans force au pied d'un chêne est tombé le héros :
Déjà la mort, sur lui, paraît lever sa faux.
Son pouls est convulsif, sa plaie envenimée :
Charle succombe... Hélas ! songeant à son armée,
L'effroyable tourment qui déchira son cœur,
Le sang qu'il a perdu, ses regrets, sa fureur,
Sa joie en revoyant une amante chérie,
En lui tout épuisa les sources de la vie.
Hors d'état de parler et même de gémir,
Charle tremblait de voir la prêtresse le fuir,
Et, d'un air suppliant, disait dans son silence :
« *Ulnare, je crains moins la mort que ton absence.* »
Expirant au milieu de ces rochers déserts,
Sur elle constamment il a les yeux ouverts ;
A ses moindres discours il veut prêter l'oreille ;
Sur tous ses mouvemens avec ardeur il veille.
On dirait qu'elle seule, arbitre de son sort,
Peut, comme aux élémens, commander à la mort.
L'entourant de ses bras, la druide chérie
Arrête les ciseaux prêts à trancher sa vie,

I Et semble, en se courbant sur l'objet de ses feux,
I Lui verser l'existence en souffles amoureux.
» «—Non : des enfers en vain tonne le dieu barbare ;
(» Tu ne périras point! s'est écriée Ulnare ;
: » Ton salut m'est promis : à ma voix, en ce jour,
: » Impitoyable Mort! fuyez devant l'Amour ! »

Ulnare se relève... O surprise! à sa vue,
Un archange céleste, en traversant la nue,
Jette au loin des parfums sur un tertre fleuri ;
Elle croit voir l'Amour accourant à son cri.
«—Amour! sauve un héros que tu n'as pu soumettre!
» Daigne, tranchant ma vie, à Charle la transmettre!
» Joins mon souffle à son souffle, et que je passe en lui!
» Noble enfant de Cypris, j'implore ton appui!
» Je suis déjà son être, il est mon existence,
» Ses vœux sont mes désirs, ma force est sa puissance,
» Sa gloire est mon triomphe, et ses maux mes douleurs;
» Amour! en un seul corps unis donc nos deux cœurs! »
Elle dit : un éclair a sillonné la nue....
La vision divine est déjà disparue,
Et, flottante vapeur, n'offre plus à ses yeux
Qu'un nuage sans forme emporté vers les cieux.

Au tertre où fut l'archange, Ulnare est accourue.
Des simples précieux là s'offrent à sa vue.

La druide inspirée en tire un suc divin
Qu'elle porte au monarque... O miracle !... soudain
La plaie est refermée ; et le puissant dictame,
Courant de veine en veine en pénétrante flamme,
De la Saxe païenne a sauvé le vainqueur,
Le rappelle à la vie et lui rend sa vigueur.

Charle s'est relevé... Vers Ulnare il s'élance :
Ciel !... elle a disparu... Dans l'ombre et le silence,
La vierge au loin déjà suit les bords du Veser.
Elle fuit... O prodige ! ô pouvoir de l'enfer !
Un globe lumineux, volcanique et fétide,
Descend des cieux, fend l'air, s'abat sur la druide,
Trois fois tourne autour d'elle, et, retenant ses pas,
Tout à coup sur sa tête éclate avec fracas.
Au sein d'une vapeur jaunâtre et sulfureuse,
Nage un spectre sanglant, une forme hideuse.
Trois longs cris de détresse épouvantent les airs :
« — Tremble ! s'est écrié l'envoyé des enfers,
» Les temps vont s'accomplir. Sacrilége prêtresse !
» Que Diane se venge et que ton règne cesse !
» Pour étendre ton culte et pour servir tes dieux,
» Qu'as-tu fait du pouvoir que tu reçus des cieux ?
» En faveur d'un amant, tes devoirs, ta patrie,
» Tout fut trahi par toi... C'en est trop ! fille impie !
» Que ton sceptre se brise en ces rochers déserts !

« » Je te ferme les cieux et t'ouvre les enfers. »

 Il dit, et sur Ulnare interdite et tremblante,

Il souffle un air infect, une vapeur brûlante;

 Et s'enfonce, en fuyant, sous de noirs tourbillons.

 Echappé cependant au dieu des trahisons,

Charle erre en ces forêts, sur ses jours le ciel veille :

Un bruit sinistre et sourd a frappé son oreille :

Il écoute... l'air tonne... Il reporte ses pas

Vers le fleuve où l'amour l'a sauvé du trépas.

Que voit-il ? Juste ciel !... mourante sur la plage ,

Ulnare inanimée !... Au loin , vers le rivage,

Flotte un épais brouillard, ténébreuse vapeur.

Le prince l'arrachant de ce lieu de terreur,

Sur un tertre voisin dépose son amie;

La vierge ouvre les yeux... quelle horreur l'a saisie !

Son regard semble encor fixer le spectre affreux...

Son désespoir s'exhale en accens douloureux;

Sous la foudre tombée, égarée, éperdue,

Du rang des immortels elle se croit déchue,

Et, n'osant autour d'elle encor jeter les yeux,

Semble un ange proscrit précipité des cieux.

 Surpris, épouvanté, Charlemagne s'écrie :

« —Quels coups inattendus! Chère et céleste amie!

» En quel horrible état te revois-je en ces lieux !

» De quel nouveau mystère?.. — Arrête, au nom des dieux !

» Dit la vierge en délire ; épargne ma faiblesse !
» N'entends-tu pas encor les trois cris de détresse?..
» O grâce!... par pitié ne m'interroge plus ! »
   Quel trouble convulsif! quels regards éperdus!
« —Pourquoi m'as-tu quitté!.. dit Charle à son amante ;
» Viens!..» Elle l'interrompt, et d'une voix tremblante :
« —Tu ne m'as point aimée...Ah! si j'eusse eu ton cœur,
» J'aurais servi ta gloire et connu le bonheur....
» Sauve-moi!.. tu le peux... jette l'anneau d'Ulnare! »
   Un nouveau désespoir du monarque s'empare :
Jeter l'anneau fatal, c'est abjurer sa foi ;
Ulnare dicte encor cette effroyable loi!
   « — Ah barbare ! pourquoi m'avoir sauvé la vie!
» De nouveau je la perds en perdant mon amie ;
» Ne peux-tu proposer qu'un crime à ton amant?
» Fille du ciel ! reviens de ton égarement!
» Au trône et dans mes bras Dieu lui-même t'appelle.»
   Puis les regards levés vers la voûte immortelle :
« —Grand Dieu! daigne l'admettre au rang de tes élus!
» Peut-on être païenne avec tant de vertus!
» D'Ulnare fais cesser l'aveuglement funeste!
» Ah! s'il est sur la terre un cœur déjà céleste,
» Ulnare le possède. » A ce discours touchant
La vierge s'est levée, et du roi s'approchant,
Pâle, l'œil abattu : « — Noble Charle! dit-elle,
» Pour toi jusqu'à ce jour j'agis en immortelle,

‹ » Je fus une puissance... hélas! pleure sur moi!...
‹ » J'ai fait tout par amour, j'ai perdu tout pour toi. »
　　Lentement, à ces mots, s'éloignant du rivage,
Ulnare, au fond des bois, dont le sombre feuillage
Cachait l'aspect du ciel et dérobait le jour,
Suit d'un sentier couvert le sinueux détour.
N'osant l'interroger, respectant ses mystères,
Charle au Seigneur pour elle élève ses prières....
Mais il brûle de joindre et l'armée et ses preux ;
Sans doute Ulnare encor va le rendre à leurs vœux.
Le roi la suit... Errante, elle marche inquiète,
Sur ses traits est le calme, en son cœur la tempête.
　　La nuit, les bois, les rocs, les antres redoutés,
Nul danger n'occupait leurs esprits agités,
Lorsque le doux accord d'une harpe plaintive,
Comme un gémissement parti de l'autre rive,
A sa triste pensée arrache le guerrier ;
Il écoute... nul son ne succède au premier.
La druide s'arrête... «—O Charle ! lui dit-elle,
» Ce son vague et plaintif est la voix immortelle
» De l'esprit des déserts levant sur moi sa faux;
» C'est l'hymne de la mort, c'est l'appel des tombeaux. »
　　Alors sur la bruyère, au pied d'un chêne antique,
Un barde enveloppé d'une sombre tunique,
S'offre à leurs yeux, penché sur la harpe d'Odin :
Le calme des vertus pare son front serein :

Son regard inspiré brille en rayons de flamme ;
L'âge a voûté son corps, mais sans glacer son âme.
Le barde se croit seul, il va chanter encor.
L'œil levé vers les cieux, tenant sa harpe d'or,
Des chants aériens il semble le génie :
Il prélude... et sa voix aux accords se marie.

   « Salut, printemps sacré ! tendre concert des cieux !
» Salut !... Quand de la mort le spectre ténébreux,
» Sorti du lac désert, sur ma tête s'avance,
   » Je chante... écoutez en silence !

   » Sans la lyre immortelle, hélas ! qu'est le passé ?
» Une lumière éteinte, un temple renversé.
» Des antiques Gaulois ma voix est la mémoire ;
   » L'hymne du barde est l'écho de la gloire.

» Lorsque, vainqueur du monde, un héros, chef cruel*,
» S'écriait, l'œil tourné vers un sol immortel,
» —*Fier Gaulois ! maintenant que crains-tu sur la terre ?*
» —*Rien !* répondait le Franc d'une voix téméraire (1),
   » *Rien ! hormis la chute du ciel.*

   » Pour conquérir l'Europe aux champs de la victoire,

---

* Alexandre-le-Grand. (*Voyez la note.*)

« » Rome ! qu'il te fallut et d'efforts et de temps !

« » Ah ! la France a pu seule offrir à ses enfans

« » Tes milliers de héros, tes dix siècles de gloire,

     » Et sous un règne de quinze ans !

   » Quand glissant sur les eaux, grondant dans les tempêtes (2),

   » La voix du grand esprit retentit sur nos têtes,

   » Quand du sommet tremblant des chênes inspirés,

   » Le ciel tonne en courroux sur ses fils égarés,

   » Divins aïeux des Francs ! sur vos chars de nuages,

     » Loin de nous chassez les orages !

   » Hélas ! plus de bonheur pour le barde gaulois !

   » Mon amie à mes chants ne mêle plus sa voix :

     » Blanche colombe ! au pied de la vallée,

   » Comme un parfum ton âme en paix s'est exhalée.

     » Le soir, sous l'ombrage, aux beaux jours,

   » Ne m'apparaîtra plus la vierge des amours.

   » Chênes sacrés ! en vapeur fugitive,

   » Mon ombre loin de vous va s'envoler plaintive.

     » Adieu, forêts ! et pour toujours.

   » Harpe céleste, adieu !.. du moins sur cette plage

     » Où cessa l'hymne des amours,

     » Viens charmer encor mes vieux jours

     » Des souvenirs du premier âge !

» Et que l'heureux chantre des preux
» Au nom sacré de la France guerrière,
» Sentant battre son cœur à son heure dernière,
» Soit encor l'inspiré des cieux ! »

A ces derniers accords, pâle, faible, glacée,
D'un souvenir cruel vivement oppressée,
Succombant à ses maux, aux pieds de son amant,
Ulnare contre un roc tombe sans mouvement.
Le monarque étonné l'interroge, l'appelle.
Lui cachant sa souffrance : «—O Charle ! lui dit-elle,
» Quels pensers à mon cœur rappellent ces accords !
» Chantre guerrier, mon père a péri sur ces bords.
» Écoute : mes récits te surprendront peut-être.
» D'un barde et d'une Grecque Ulnare reçut l'être ;
» Transplantés par le sort, amans mystérieux,
» Jadis près d'Éresbour, ils s'unirent tous deux
» Au fond d'un antre obscur. Nul mortel téméraire
» De leurs secrets jamais ne perça le mystère ;
» Moi-même j'ignorai leur vie et leurs malheurs ;
» On m'apprit seulement qu'en des lieux enchanteurs,
» De Diane autrefois ma mère fut prêtresse ;
» Mais, ô douleur ! la mort vint frapper sa jeunesse.
» Sous l'antre des forêts mon père demeura,
» Au culte de Diane, enfant, me consacra ;
» Et, fuyant des humains le commerce perfide,

» Lui-même d'Irmensul se fit prêtre et druide.

» Son costume sacré, le gui, ses voiles blancs,

» Tout en lui me charma dès mes plus jeunes ans;

» Et lorsqu'il fut frappé par les dieux homicides,

» Ulnare se couvrit de l'habit des druides.

» Charle! ô mon bien-aimé! je crois l'entendre encor,

» Lorsqu'au bord des torrens, seul, sur sa harpe d'or,

» Il chantait des Gaulois la céleste origine,

» De ces fils des Titans * la vaillance divine.

» Lui-même il descendait de ce peuple indompté :

» Charle! je suis Française!..» A ces mots, transporté,

Le roi s'écrie: « Ulnare! ah! tu naquis pour Charle!

» Aujourd'hui, par ma voix, le ciel même te parle.

» Ainsi que mon pays, que mon dieu soit le tien!

» Laisse ton protégé devenir ton soutien!

» Ne me refuse plus le bonheur de ma vie!

» Un regard! un seul mot!.. et, nouvelle Eudoxie,

» Viens t'asseoir triomphante au trône des Césars (3)!»

Il dit : l'enthousiasme éclate en ses regards;

Mais du barde gaulois la harpe prophétique

Soupire, en frémissant, un son mélancolique.

Ulnare a tressailli... Les contemplant tous deux,

Le barde lentement s'est avancé vers eux.

* Callimaque, dans l'hymne, à Délos, prophétisa aux Grecs qu'il fondrait sur eux un peuple du Nord, nommé les *Gaulois*, qu'il fait descendre des Titans. (*Hymn. in Delum*, vers. 174.)

« — Guerrier ! dit-il, orgueil et lumière du monde

» Ton glaive anéantit, ton sourire féconde.

» Je rêvais aux Césars, un dieu du Vahalla

» Vint, te montra du doigt, et me dit : « *Les voilà !* »

   » Le pont des sept couleurs, qui joint au ciel la terre,

» Verra rouler ton char au temple du tonnerre :

» Mes hymnes l'ont prédit… Noble chef des héros !

» Connais-tu leur pouvoir?.. la nuit, près des tombeaux,

» Quand je chante; aux accords de ma harpe immortelle,

» La mort lève sa pierre, et me dit : « *Qui m'appelle?* » *

» Du Sicambre inspiré ** la trompette a sonné :

» L'univers demandait un maître… Charle est né.

   » Et toi, vierge gauloise ! hélas ! sur cette terre,

» Aurore boréale, et rose printanière !

» Ton souffle est la magie, et ton regard le ciel ;

» Mais ton anneau d'épouse est tombé de l'autel.

» O Charle ! il te fallait, sur la rive barbare,

» Une égide céleste… il t'apparut Ulnare. »

   S'enfonçant, à ces mots, dans l'épaisse forêt,

Par l'ombre protégé le barde disparaît.

Charle en vain veut le suivre ; il le cherche, il l'appelle ;

Mais, tel que ces esprits de substance immortelle,

---

* Tel est le pouvoir que les chantres du Nord attribuaient à certains chants mystérieux dont ils possédaient seuls le secret. (Voyez le *Hamavaal* rapporté dans MALLET , t. II , p. 257.)

** Clovis.

'¶ Qui, prophètes puissans, par le ciel envoyés,
Ⅰ Échappent aux regards des mortels effrayés;
Ⅰ Le barde a déjà fui, pour ne plus reparaître.

Ulnare ! oh ! dans ton cœur quel trouble a dû renaître !
Que de tourmens divers ! quel noir pressentiment !
La vierge vers le sol courbe son front charmant,
Et de verveine * en fleurs a formé plusieurs tresses.
« — Charle ! des vieux Gaulois ainsi les prophétesses **
» De ces rameaux sacrés ornaient jadis leurs fronts.
» Ces vestales, ainsi, sur le sommet des monts,
» Des mortels, par leurs chants, endormaient la souffrance,
» De l'orage et des flots calmaient la violence,
» Par des philtres divins attendrissaient les sens,
» Et hâtaient le retour des beaux jours du printemps.
    » Ne vit-on pas, jadis, la vierge de Nanterre ***
» Sur les bords de la Seine, innocente bergère,
» Des fureurs d'Attila seule sauver Paris !
    » O Charle ! une Gauloise, en ton heureux pays,
» Digne de partager le sceptre et la couronne,
» Au mortel qu'elle aimait prophétisa le trône (4).

* La verveine était l'herbe sacrée chez les Gaulois.

** *Voyez* sur les prophétesses de l'île de Saine la note 3 du chant VI.

*** Geneviève, simple bergère, détourna, avec sa houlette, la grande
armée d'Attila, et sauva les filles de Lutèce de la fureur des barbares.
(Voyez *la vie de sainte Geneviève*, patronne de Paris. — ANQUETIL, et
autres.)

» Pour moi, qu'ai-je pu faire, et qu'ai-je été pour toi!...

» Les enfers ou les cieux agissaient-ils par moi!...

» Au sentier de la vie, en esclave poussée,

» Vierge surnaturelle, ou prêtresse abusée,

» Que suis-je?... hélas! du moins, constante dans ma foi,

» Le printemps de mes jours n'a fleuri que pour toi. »

    Elle dit : et sa voix oppressée, affaiblie,

S'est éteinte dans l'air, comme un reste de vie.

    La nuit avait tiré son rideau ténébreux :

Égarés dans les bois, ils se perdent tous deux ;

Hélas! à la fatigue Ulnare enfin succombe,

Au milieu des forêts expirante elle tombe.

Charle cherche un asile, implore en vain les cieux ;

Nul toit hospitalier ne se montre à ses yeux :

Pressant contre son cœur l'objet de sa tendresse,

Il ranime ses sens, il soutient sa faiblesse ;

Et bientôt, soulevant ce fardeau précieux,

Il la porte, il la serre en ses bras amoureux.

    Charle, de la forêt a découvert l'issue.

Un antique château se présente à sa vue :

Près de ses vieux remparts, sous ses murs inconnus,

Ulnare, qu'il appelle, hélas! ne l'entend plus.

Les airs s'étaient chargés d'une vapeur humide ;

Le roi, sur le gazon, dépose la druide :

Il va sonner du cor... mais, ô tourment nouveau!...

Si des guerriers saxons habitaient ce château!...
Si quelques-uns d'entre eux allaient le reconnaître!...
Il hésite... en leurs mains il se livre peut-être.
Que faire?... Ulnare expire, un vent glacé du Nord,
Sur elle avec fureur semble souffler la mort.
De nuages épais le firmament se couvre :
Quelques momens encore, et sa tombe s'entr'ouvre.
Alternative horrible !... à ses sens éperdus
Bientôt Charle commande, il ne balance plus.
Il reprend dans ses bras sa belle et tendre amante,
Au pont-levis du fort la transporte expirante,
Saisit le cor... Hélas! sans appui, sans secours,
L'eût-il laissé périr !... elle sauva ses jours.

FIN DU CHANT XX.

NOTES DU CHANT XX.

(1)   *Rien*, répondait le Franc d'une voix téméraire....

Alexandre-le-Grand, fier de ses grandes victoires, et persuadé que l'univers entier le redoutait, fit demander aux Gaulois, du milieu des pompes de Babylone, ce qu'ils redoutaient le plus sur la terre ; mais quelle fut sa surprise de recevoir, au lieu des éloges flatteurs qu'il attendait, la réponse suivante ! « — Les Gaulois ne craignent sur la terre que la chute du ciel. »

(2)   Quand glissant sur les eaux, grondant dans les tempêtes,
       La voix du grand esprit. . . . .

La religion des bardes gaulois avait quelque ressemblance avec celle des Calédoniens, et avec celle des Francs. Ces derniers reconnaissaient un Être-Suprême ; mais ce n'était ni Jupiter, ni Teutatès, ni aucune autre divinité consacrée par le culte des hommes : — « Chez les Francs, le grand esprit
» n'avait point de nom, de formes, de temples ; c'était au sein
» de la nature qu'ils allaient l'invoquer. Émus par les mer-
» veilles de la terre et des cieux, la gratitude et l'admiration
» les conduisaient, par degrés, à la connaissance d'un créateur,
» qu'ils croyaient voir dans tout ce qui manifeste sa grandeur
» et sa bonté. Ils pensaient que les vieux arbres, les rochers
» élevés, les eaux murmurantes, étaient initiés à son pouvoir ;
» et ils s'inclinaient devant ces objets sacrés, qu'ils considéraient
» comme des intermédiaires entre eux et la divinité ; comme
» des organes, qui transmettaient sa volonté et ses oracles.
» Tout ce qui avait du mouvement renfermait, disaient-ils,
» une parcelle de la divine et céleste intelligence ; et Dieu était

» pour eux l'ensemble de la nature animée. Ils écoutaient sa
» voix, dans la foudre, dans les aquilons et les torrens; les
» brises parfumées étaient son souffle divin : ils contemplaient
» sa gloire, dans les rayons du soleil, dans la splendeur des
» météores et des astres qu'il a prodigués à la nuit. Ils voyaient
» le reflet de son sourire, sur les nuages pourprés du matin,
» dans le limpide azur des fontaines, et sur les gazons émaillés
» de fleurs. C'est ainsi que l'Être invisible était vu. » (*Gaule*
Poétique, IIIe récit, p. 125 et 126.)

(3)   Un regard! un seul mot! et, nouvelle Eudoxie,
Viens t'asseoir triomphante au trône des Césars!

Le Romain lui-même fit, en faveur d'une nation dont il
admirait la valeur, une exception à la loi qui défendait aux
empereurs d'épouser une étrangère; et le trône des Césars vit
s'asseoir, près d'Arcadius, la Française Eudoxie, fille du Franc
Baudon, qui fut mère de Théodose le jeune. (*Gaule Poétique,*
liv. I.)

(4)   Au mortel qu'elle aimait prophétisa le trône.

« Dioclétien, n'étant que simple officier, rencontra dans les
» Gaules une femme fée : elle lui prédit qu'il parviendrait à
» l'empire lorsqu'il aurait tué *Aper. Aper* en latin signifie
» sanglier. Dioclétien fit la chasse aux sangliers sans succès,
» enfin, *Aper,* préfet du prétoire, ayant empoisonné l'empe-
» reur Numérien, Dioclétien tua lui-même Aper d'un coup
» d'épée, et devint le successeur de Numérien. » (CHATEAU-
BRIAND, t. II. *Des Martyrs,* notes du livre X.)

FIN DES NOTES DU CHANT XX.

CHANT XXI.

A<small>LORS</small>, au mont Cramer, appelant les combats,
Mondragant, roi des Huns, rassemblait ses soldats.
Allumant un bûcher dressé loin de la plaine,
Il égorge lui-même une victime humaine*,
Tire un arbre enflammé du brasier menaçant,
Le présente à sa troupe, et l'éteint dans le sang.
Ce pal, fumante image, entre ses mains infâmes,
Teint des couleurs du meurtre, et noirci par les flammes,
Offre ce sens horrible, emblème désastreux,
Incendie et carnage. « — Ami ! chef belliqueux !
» Dit-il à l'un des siens, va présenter au brave,
» Sur les bords de l'Ister, du Raab, de la Drave,
» Ce terrible signal des combats meurtriers.
» Que son puissant aspect arme tous nos guerriers !
» Et périsse, marqué du sceau de l'infamie,
» Tout lâche enfant du Nord qui, dans la Pannonie,

---

* *Voyez* sur la manière dont les rois et chefs du Nord convoquaient leurs troupes, S<small>TRUST</small>. *Anglet. anc.*, t. . — P<small>ITHOEUS</small>, *In glossar.* — *Capitul. Carol. Mag.*, fol. 18, 19 et 44. — Et autres.)

» Pourra rester oisif, après l'avoir reçu ! »

Aux pieds du Hun roulait un torrent inconnu.

Quelques voix tout à coup partent de l'autre rive :

Harald le Scandinave, à sa troupe attentive

Adressait ce discours : « — Fils des rois de Midgard*!

» Thor nous guide aux combats : d'Odensée et d'Asgard

» Méritons d'assister aux immortelles fêtes.

» Sur des patins légers devançant les tempêtes (1),

» Quelque jour, avec nous, Uller traversera

» L'heureux fleuve glacé qui mène au Vahalla.

» S'il faut mourir, du moins succombons avec gloire ;

» Que nos derniers soupirs soient des chants de victoire!

» Nous désavoûrons tous, en vrais enfans d'Odin,

» Les tourmens de la mort par le ris du dédain.

» Méritons de Biard l'épithète immortelle (2),

» *Il tombe, rit et meurt.* Scandinave fidèle !

» Le grand frêne *Idrasil,* ** égide des héros,

» Va sur nous, dans les camps, étendre ses rameaux.»

Il dit : sa troupe écoute, et l'admire en silence.

Mais au bord du torrent le roi des Huns s'avance :

Déjà l'ombre du soir couronnait l'horizon.

Un arbre, que jadis renversa l'aquilon,

Là, traversant l'abîme, et joignant chaque rive,

---

* Ville bâtie par les fils des hommes avec les sourcils du géant Ymer. (*Voy.* l'hymne scandinave, notes du chant X.)

** *Voyez* sur le frêne Idrasil la note 3 du chant X.

Jetait un pont tremblant sur l'onde fugitive.

    L'astre des nuits, sortant d'un nuage entr'ouvert,
Réfléchi par les flots, apparaît au désert,
Entre les pins touffus, noirs amans des ténèbres,
Tel qu'un spectre au milieu des monumens funèbres.
Il semble, en ces forêts, hôte mystérieux,
Venir furtivement chercher les malheureux
Destinés aux revers, condamnés aux alarmes,
Pour les conduire en paix hors du vallon des larmes.

    « — Guerrier! dit Mondragant, laisse là ton Asgard,
» Ton Uller, ses patins, et ton grand roi Biard!
» Il s'agit de combattre en ces champs mémorables,
» Et non d'y raconter de ridicules fables.
» Harald! imite-moi! je porte à mon côté
» Mes ancêtres, mes lois, et ma divinité.

    » — Chef! lui répond Harald, à peine, sur la terre,
» Né de parens obscurs, sais-tu quel fut ton père!
» Aisément je conçois qu'un soldat sans aïeux
» Affecte un tel dédain pour d'anciens noms fameux;
» Mais, malgré ses fureurs et sa menace impie,
» Ces noms seront toujours l'orgueil de la patrie.
» Méprise nos aïeux et leur culte et leur loi;
» Les enfans du hasard parlent tous comme toi.

    » Tu vantes ta valeur : nul dieu ne la seconde.
» Si Harald, en champ clos, te disputait le monde,
» Je te dirais d'avance : *Homme présomptueux !*

« *Fuis, cède-moi la terre.* » A ces mots, furieux :
« —La terre !... dit le Hun, víens ! et que ta conquête,
« Toute l'éternité pèse ici sur ta tête ! »
　　Il dit ; mais son rival a souri de dédain.
Le Hun veut s'élancer sur l'héritier d'Odin ;
Mais le pont du torrent s'opposant à sa rage ,
A fléchi sous ses pieds, et refuse un passage.
Harald s'est écrié : « — Va, le torrent en vain
» Nous sépare aujourd'hui, la vengeance demain
» Ailleurs rapprochera le brave du perfide. »
S'entourant, à ces mots, de sa horde intrépide,
Le Scandinave altier s'éloigne lentement.

　　Une tour isolée, antique monument,
Sert d'asile au héros, il y rentre en silence :
Il n'a qu'une pensée, un désir... la vengeance.
Mais du chef de l'armée alors un ordre écrit
Vient engager Harald à se rendre la nuit,
Non loin de la forêt, seul, sous l'antique chêne,
Qui, près le mont Cramer, isolé sur la plaine,
Fut consacré jadis au divin Teutatès *.
Là doit se réunir au roi slavon Altès
Le souverain des Huns : Vitikin les rassemble,
Afin que ces héros se concertent ensemble

* Fils d'Odin. C'est le même que Thor

Sur un secret dessein dont il n'instruira qu'eux.

Flatté d'être appelé par un prince fameux,
A ce conseil de rois, le chef des Scandinaves
Aux salles du banquet en informe ses braves.
« — Amis ! dit-il, le Hun, qui blasphéma nos dieux,
» Au chêne porte aussi ses pas audacieux.
» Qu'il trouve sur sa route une mort méritée :
» Que le torrent reçoive en son onde irritée
» Le cadavre sanglant de ce monstre odieux !
» Vingt guerriers vont partir... j'aurai vengé les cieux. »

Mais Scotler s'est levé : fameux par sa sagesse,
Ce Scalde de son prince éleva la jeunesse.
« — L'ai-je bien entendu ! quoi ! le chef de l'État,
» Harald veut se venger par un assassinat !...
» Eh ! quelle noble lyre, au temple de mémoire,
» Après un tel forfait, voudra vanter ta gloire !
» Enflammant les guerriers par leurs chants belliqueux,
» Tu le sais, aux combats, les Scaldes * valeureux
» Sont des héros passés les annales vivantes :
» Que diront-ils de toi !... Confuses et tremblantes,
» Leurs harpes se tairont : silence accusateur !... »

Il s'interrompt : le chef, qu'égare un dieu trompeur,
Se levant furieux du milieu de ses braves,
L'a chassé pour toujours du camp des Scandinaves.

---

* *Voyez* sur les Scaldes et leurs attributions la note 13 du chant VII.

La nuit règne, en sa tour, seul, le prince est monté...
Dieux ! quels sons !... une harpe !... il écoute, agité.

« A l'heure où l'indigent, oubliant sa misère,
» Du moins sommeille en paix sur son lit de fougère,
» Errant et fugitif, Harald ! ton vieux ami,
» Pour reposer sa tête, hélas ! n'a plus d'abri.
      » Quel est son crime ?... trop de zèle.
» Il voulait que son prince, au noble champ d'honneur,
» Des vertus fût l'appui, des crimes le vengeur,
      » Et des monarques le modèle.

      » Crains-tu qu'un ennemi, protégé par le sort,
» Ne t'immole à sa haine !... Eh ! qu'importe la mort,
» Si ton nom renommé va faire, en ta patrie,
» Battre un cœur généreux mille ans après ta vie !
» Le vrai grand est le sage : ô valeureux mortel !
      » Sur tes vertus que ta gloire se fonde !
» Le conquérant farouche est le brasier du monde ;
      » Le prince juste est le flambeau du ciel.

      » Dût l'aquilon soufflant avec furie,
» Dans mes veines glacer les sources de ma vie !
» De la faim, de la soif, dussé-je lentement,
» A ta porte étendu, subir l'affreux tourment !
      » Ton ancien guide, ami de ton vieux père,

» Ne s'écartera point de ta tente guerrière;

» Et, s'il est vrai qu'un dieu, près des vieillards mourans »

» Donne un pouvoir magique à leurs derniers accens »

  » Harald! en ces lieux je demeure:

» Que je parle à mon fils jusqu'à ma dernière heure!

» De son cœur égaré la vertu n'a point fui;

» Et mes derniers accens parviendront jusqu'à lui. »

  Scotler chantait encor (3)... mais de la tour déserte

Soudain la porte basse à ses yeux s'est ouverte;

Et Harald, en pleurant, s'est jeté dans ses bras.

« — Scotler! ô mon ami! moi, causer ton trépas!

» Moi, te bannir!... pardonne une erreur passagère!

» Sois toujours de ton fils le guide tutélaire:

» Mes remords t'ont vengé... Scotler, pardonne-moi!

» Je reviens aux vertus, en revenant à toi. »

Il a dit, et révoque un ordre sanguinaire.

  Cependant l'heure fuit: au chêne solitaire,

Près de porter ses pas, levant au ciel les yeux:

« — O Braga! dit Harald, chantre éloquent des dieux !!

» Daigne au conseil des rois éclairer ma jeunesse,

» Et qu'au fond de mon cœur descende ta sagesse! »

  Il dit, et se rend seul où l'attend Vitikin.

Sur le sommet du chêne est un fanal lointain.

Perçant l'obscurité, du héros intrépide

Il a frappé la vue, et vers l'arbre le guide.

Bientôt au pied du mont Harald est parvenu :

Au même lieu déjà Mondragant s'est rendu.

« —Fils d'Odin! dit le Hun, Lock, le dieu de l'adresse,

» Ne te prévient donc pas des piéges qu'on te dresse?

» Vois ce fanal!... il luit sur tes derniers instans.

» L'arbre de Teutatès, sans ces feux éclatans,

» Ici m'eût présenté l'emblème de ta vie :

» *Obscurité profonde.* » Il dit, ô perfidie !

Près du chêne sacré, l'élève de Scotler

Sent ses deux pieds saisis par un lacet de fer.

Son heure était venue, et sa tombe était prête.

La clarté du fanal s'éteint... Puis, sur sa tête,

L'arbre de Teutatès, à grand bruit renversé,

Tombe et l'écrase aux yeux du monstre courroucé,

Qui, triomphant, lui crie : « —Arbitre de la guerre !

» Te voilà déchargé des destins de la terre !

» Héritier d'un grand nom !... vois!... du côté d'Asgard,

» S'élève un météore... O prince de Midgard !

» C'est le frêne Idrasil, c'est l'arbre des génies,

» Qu'ont abattu sur toi les douze Valkyries. »

   La victime n'est plus ; Mondragant, en secret,

Veut qu'on l'ensevelisse au sein de la forêt.

Émissaires zélés, deux lâches satellites,

Exécutant soudain les volontés prescrites,

Transportent le cadavre en des bois ténébreux :

Ils vont creuser le sol... Mais ô terreur! vers eux,
A travers les sapins, quel objet se dirige?
Un guerrier gigantesque... Il s'avance, ô prodige!
Une ombre l'accompagne, et marche à ses côtés.
A cet étrange aspect, d'horreur épouvantés,
Les Huns ont pris la fuite; et sur la plage obscure,
Le corps inanimé reste sans sépulture.

O trouble du coupable!.. en ces bois pleins d'horreur,
Cette ombre, et ce géant grossis par la terreur,
C'étaient Ulnare et Charle... Alors d'un pas rapide,
De leur route égarés, le prince et la druide
Suivaient péniblement le détour sinueux,
Qui près du vieux castel les conduisit tous deux.
    Au pied des murs du fort, citadelle imposante,
Dans de larges fossés dormait une eau stagnante.
Attaqués par le temps et déjà découverts,
Quatre donjons aux vents livraient leurs flancs ouverts,
Depuis long-temps peuplés de ces oiseaux funèbres
Qui, prophètes de mort, habitent les ténèbres.

    Charle a sonné du cor. Au rempart crénelé,
Communiquant des tours au castel isolé,
Un nain paraît... observe... et de la forteresse,
A sa perçante voix, le pont-levis s'abaisse.
Vers un large portique éclairé faiblement,

Le nain mène en silence Ulnare et son amant.

Des casques, des drapeaux, des armures antiques,

S'élèvent en faisceaux sous les voûtes gothiques.

Ils traversent, surpris, ces murs silencieux ;

Le bruit seul de leurs pas retentit autour d'eux.

Ils avancent... Bientôt, dans une vaste salle,

Près d'un large foyer d'où la flamme s'exhale,

Un vieillard les reçoit ; ses traits et sa douceur,

Dès le premier abord parlent en sa faveur.

Il ranime les sens d'Ulnare anéantie,

Lui prodigue ses soins, la rappelle à la vie,

Et par son tendre accueil, par ses discours touchans,

Semble un père chéri qui reçoit ses enfans.

Ses généreux secours, sa paisible assistance,

Ont vivement touché le héros de la France.

Un repas est servi, mais sans luxe et sans art (4).

« —Généreux inconnu ! dit Charle, bon vieillard !

» Ah ! quelque jour, puissé-je, heureux de ta présence,

» Te payer le tribut de ma reconnaissance !

» Mais apprends-moi ton nom. —Mon nom est Clodhérant,

» Lui répond l'étranger. Sous un roi conquérant,

» Jadis j'ai combattu... mais les malheurs et l'âge

» Ont épuisé ma force et glacé mon courage.

« O mon fils ! ton accent, tes discours et tes traits,

» M'ont appris ton pays... tu dois être Français.

» Ah ! ne t'alarme pas !... l'aride Germanie

» N'eut jamais mon amour, et n'est point ma patrie ;
» Sans pouvoir les quitter, j'abhorre ces climats ;
» Le sort le plus cruel attache ici mes pas.
» Apprends et mes erreurs et leur suite funeste :
» Jadis je fus Français .. mes pleurs disent le reste.
   » Notre culte est le même ; au sein de la forêt
» S'élève une chapelle, où la nuit en secret,
» Seul avec mes remords, et tout à ma souffrance,
» Je vais prier le ciel pour Charle et pour la France. »
   Le monarque attendri de ces touchans aveux,
Dans ses mains a pressé la main du fils des preux.
Quelques pleurs fugitifs obscurcissent sa vue ;
L'infortuné vieillard en ces mots continue :
   « Sur les bords de la Loire, en ces climats heureux,
» Admirés des mortels, favorisés des cieux,
» Clodhérant prit naissance. O Tours ! ô ma patrie !
» Faut-il, sans te revoir, que j'achève ma vie !
» Bords charmans de la Loire, et vous, rocs sourcilleux
» Témoins de mes beaux jours et de mes premiers jeux !
» Prés fleuris où la course exerçait ma jeunesse !
» Échos qui répétiez mes accens d'allégresse !
» O vous, qui d'un proscrit ne vous souvenez plus,
» Berceaux de mes aïeux ! qu'êtes-vous devenus !
   » Ah ! dans mon âme encor retentit mon enfance,
» Comme des sons divins d'amour et d'innocence,
» Qui, s'élèvant en chœur vers les dômes sacrés,

« » Bientôt dans le lointain se perdent par degrés. »

     Des larmes à ces mots se frayant un passage,

I Du vieillard vénérable inondent le visage.

» « —Toi qui m'as tant puni, laisse-moi, Dieu cruel !

‹ » Revoir un seul instant le hameau paternel !

‹ » Là, je croirais encore, enivré d'allégresse,

‹ » Respirant l'air natal, ressaisir ma jeunesse.

     » Pour moi le souvenir est le plus grand des maux,

‹ » Poursuit-il : quand Pepin, père et fils de héros,

‹ » Contre les fiers Saxons dirigea son courage,

‹ » Seigneur, j'entrais à peine au printemps de mon âge.

‹ » Heureux temps !.. Riche, beau, né d'un illustre sang,

‹ » Orgueilleux du passé, non moins fier du présent,

‹ » L'avenir ne m'offrait qu'une image riante ;

‹ » L'aurore de mes jours brillait éblouissante.

‹ » Aurais-je pu prévoir un destin rigoureux !

‹ » Mon roi me chérissait... et j'étais vertueux.

     » Près de lui, dans les camps, je signalais mon zèle...

» Lorsqu'ici même... hélas !... je vis la jeune Osnèle.

» Seule auprès de son père, et, craignant tout pour lui,

» Osnèle, suppliante, implora mon appui.

» Moins fraîche était la rose ouverte par l'aurore ;

» Sa candeur, ses vertus l'embellissaient encore.

» Je la vis, je l'aimai, je perdis le bonheur :

» Clodhérant à l'amour sacrifia l'honneur.

     » Sous le drapeau royal mon prince me rappelle :

» On poursuit les Saxons... il faut quitter Osnèle ;

» Osnèle gouvernait et mon cœur et mes sens :

» Trahissant à la fois, patrie, honneur, parens,

» En lâche déserteur j'osai fuir avec elle.

 » Mais le ciel dut punir une erreur criminelle ;

» Un rival, chef puissant, de ses charmes épris,

» M'enlève ma compagne et venge mon pays.

 » Dans les fers languissait mon épouse fidèle,

» Quand son tyran, percé d'une flèche mortelle,

» Dans la tombe avec lui certain de l'entraîner,

» Au plus affreux supplice ose la condamner.

 » Seul, d'Osnèle, un matin, je déplorais l'absence ;

» Vers moi dans la forêt une femme s'avance ;

» Un voile épais la couvre... A sa marche, à son port,

» Même à ses vêtemens, mon âme avec transport,

» A cru la reconnaître, et, tremblante, l'appelle ;

» Elle marche avec peine.... un enfant est près d'elle,

» Il semble la conduire. » — « O qui que vous soyez !

» M'écriai-je, éperdu, me jetant à ses pieds,

» Terminez de mon cœur la souffrance cruelle !

» Parlez ! parlez de grâce ! êtes-vous mon Osnèle ? »

 « A genoux, hors de moi, je proférais ces mots ;

» Quel trouble me saisit ! j'entends de longs sanglots...

» Le voile est soulevé... j'aperçois l'inconnue...

» C'est Osnèle... ô surprise horrible, inattendue !

» Ses yeux, ses yeux charmans, à la clarté du jour,

« » Par un crime inouï sont fermés sans retour.

« » —*Cher époux!* me dit-elle, *un rival... un barbare...*»

‹ » Je l'interromps, l'excès du désespoir m'égare.

‹ » —Osnèle! m'écriai-je, idole de mon cœur!

‹ » Ma funeste tendresse a causé ton malheur;

‹ » Pour toi je me perdis... et je te perds toi–même. »

   » Quel discours! quel accueil! En mon délire extrême,

» Ma main la repoussait... et mes yeux égarés

» Fixaient avec effroi ses traits défigurés.

» Ce dernier coup l'accable...«—O Clodhérant! dit-elle,

» L'horreur seule... voilà ce que t'inspire Osnèle!

» Dieu juste, en est-ce assez!.. ô toi que j'adorais!

» Cher Clodhérant, adieu!.. sois libre désormais!

» Que les remords cruels cessent de te poursuivre!

» Tu ne peux plus m'aimer... je ne saurais plus vivre.

» A peine, jusqu'à toi j'ai pu traîner mes pas ;

» En ce moment affreux, expirant dans tes bras,

» Hélas! plus que jamais ton Osnèle t'adore. »

   » Elle dit, sa voix meurt, son teint se décolore ;

» Elle tombe à mes pieds... Sa douleur, son effroi,

» Les maux qu'elle a soufferts pour venir jusqu'à moi,

» L'horreur de son supplice et ma plainte cruelle,

» De sa vie ont éteint la dernière étincelle ;

» En vain l'air retentit de mes cris superflus,

» En vain j'appelle Osnèle... Osnèle n'était plus.

» J'ignore, ô paladin! comment, séparé d'elle,
» Ici, je pus survivre à ma douleur mortelle.
» Mes mains dans la forêt creusèrent son tombeau;
» J'ensevelis mes jours en ce triste château;
» Pour joindre Osnèle, enfin, j'attends ma dernière heure;
» Seul, depuis quarante ans, sur sa tombe je pleure;
» Et pour rendre ici-bas mes tourmens plus cruels,
» Ainsi que mes remords, mes jours sont éternels.

　　» Mes larmes sont encor mes seules jouissances.
» Honte de ma patrie, auteur de mes souffrances,
» Hélas! j'aurai passé sur la terre, inconnu,
» Comme un fleuve sans nom, dans le désert perdu.

　　» O mon fils! quand la mort eut frappé mon amie,
» A mes remords livré, traître envers ma patrie,
» Livide, l'œil hagard, d'un pas tremblant j'errais,
» Tel qu'un tigre féroce, au milieu des forêts;
» Dans des antres profonds cachant mon existence,
» Pendant des jours entiers, ô céleste vengeance!
» De mon sein, malgré moi, sortait ce cri d'horreur:
« — *Fuis l'aspect des mortels! Fuis, lâche déserteur!* »
» En vain, désespéré, me roulant sur la terre,
» J'appelais des tombeaux le repos funéraire;
» Les vents, autour de moi, semblaient avec fureur
» Me repousser ce cri: — « *Fuis, lâche déserteur!* »
　　» De terreur mes cheveux se dressaient sur ma tête;
» Comme un arrêt vengeur, j'écoutais la tempête;

» Là, pour me reprocher mon crime, au fond des bois,

» La nature semblait avoir pris une voix ;

» Éperdu je rentrais : furieux, en démence,

» Sur ma couche, accablé, dans l'ombre et le silence,

» Je tombais... quand soudain un songe plein d'horreur

» Me répétait encor : — « *Fuis, lâche déserteur !* »

Du vieillard, à ces mots, la voix faible et tremblante,

Au milieu des sanglots s'exhale gémissante ;

Il se tait, et le poids de sa vive douleur,

Comprimé dans son sein, retombe sur son cœur.

Touché de ce récit, le héros de la France

Cherchait de Clodhérant à calmer la souffrance,

Quand soudain dans les airs le son aigre du cor,

Au fond du vieux manoir se fait entendre encor.

A ce bruit, prolongé sous des parvis gothiques,

Par l'écho résonnant de mille arches antiques,

Le vieillard étonné se lève... Un vent glacé,

Dans ses vastes salons mugissait courroucé.

Il écoute... peut-être a-t-il pu se méprendre ;

Pour la seconde fois le cor se fait entendre.

La druide a frémi... Charle la voit trembler,

Pour la première fois Charle se sent troubler.

Ah ! peut-être bientôt un ennemi barbare,

Va menacer ses jours, ou lui ravir Ulnare :

Peut-être pour jamais on va les séparer ;

Ah ! près d'elle plutôt puisse-t-il expirer !
Le roi tire son glaive : à combattre il s'apprête ;
Et déjà d'un front calme il attend la tempête.

Le vieillard quitte Charle; il désire savoir
Quels nouveaux étrangers abordent son manoir.
Lui seul au-devant d'eux marche avec assurance ;
Partout dans le château règne un profond silence.
D'une lampe, non loin, la funèbre clarté
Semble péniblement percer l'obscurité.
Aux portes du salon, des pas se font entendre.
Quel coup menace Charle, et que va-t-il apprendre !...
Le maître du château s'approche avec lenteur;
Un seul homme le suit... Chevalier voyageur,
Ce guerrier, loin des siens, dans la forêt sans doute,
Se sera comme Charle égaré de sa route.

Son maintien est farouche, il s'assied à l'écart ;
Sa magnifique armure est celle d'un Lombard.
Sauvage en son humeur, près du foyer paisible,
Ce nouveau paladin d'un air sombre et terrible,
L'œil constamment fixé sur le prince français,
Écoute ses discours et ne parle jamais.
Armé de pied en cap, la visière baissée,
Il cache en même temps ses traits et sa pensée.
La druide se lève... et pour calmer ses maux,
Va goûter un instant les douceurs du repos.

En un donjon lointain d'une forme bizarre,
{ Le *varlet* du manoir, seul accompagne Ulnare.
. A la pâle lueur d'un flambeau résineux,
˙ Ulnare traversant le castel ténébreux,
˙ Remarque avec effroi ses vastes galeries,
Ses plafonds marquetés de vieilles armoiries,
Ses détours inconnus, ses murs mystérieux,
Qui, d'étoffes tendus, cachent peut-être aux yeux
L'escalier souterrain, ou la porte homicide.
    L'inconnu, redouté par la belle druide,
Guerrier qu'un vœu peut-être a dû rendre muet (5),
Long-temps la suit des yeux et s'éloigne à regret.

    La nuit depuis long-temps roulait son char d'ébène;
Tout dormait... les vents seuls se disputaient la plaine,
Quand soudain, brusquement arrachée au sommeil,
Ulnare ouvre les yeux... Ciel! quel affreux réveil!
Au milieu des forêts, sans secours... demi-nue,
Sur l'herbe ensanglantée Ulnare est étendue.
L'air mugit... des éclairs la rougeâtre lueur,
Autour d'elle répand une sinistre horreur.
Ces bois semblent couverts de la nuit éternelle;
Le crime l'environne, un cadavre est près d'elle....
La druide tressaille et jette un cri perçant...
Charle mort, à ses pieds, est baigné dans son sang.
    A cet horrible aspect, la prêtresse égarée,

Sur le corps du héros tombe désespérée;
Un guerrier la retient... C'est ce même guerrier,
Dont le noble monarque eût dû se méfier.
Ses traits sont découverts; d'une voix douce et tendre,
De la vierge gauloise il veut se faire entendre.
« — Ulnare! lui dit-il, un monstre lâchement,
» D'un poignard, cette nuit, a frappé votre amant.
» Mais du moins j'ai sauvé sa dépouille mortelle.
» L'infâme Clodhérant, dans sa rage cruelle,
» Allait sur vous encore appesantir ses coups;
» Ulnare! vous dormiez, je m'emparai de vous.
» A travers les détours d'une route sauvage,
» Je vous portai... le ciel a guidé mon courage;
» Ah! peut-être mes soins seront mal reconnus.
» Vivre est-ce un bien pour vous!... Charlemagne n'est plus!
    Il a parlé; sa voix est celle d'une femme;
Touchant est son discours, noble paraît son âme.
Infortunée Ulnare! un prestige trompeur
Est offert à tes yeux pour déchirer ton cœur:
Ce cadavre fatal, couché sur la bruyère,
Est celui de Harald, qu'un monstre sanguinaire
Égorgea la nuit même; et quelque enchantement
Donne au fils de Lochlin les traits de ton amant.
La sœur du roi saxon te tient en sa puissance;
Par son savoir magique assurant sa vengeance,
Elle veut t'entraîner aux noirs cachots d'Orsmin,

Et là, dans les tourmens terminer ton destin.

La prêtresse immobile, expirante, éperdue,
Telle qu'une ombre pâle au tombeau descendue,
L'œil fixé sur le corps, sans voir, sans écouter,
Semble ne rien comprendre et ne plus exister.
Quel sombre égarement! quel sinistre présage!
Plus de larmes... la vierge offre en ces lieux l'image
De l'esprit des douleurs qui, des bords ténébreux,
Lève un front sillonné par la foudre des cieux.

Pressant contre son cœur la main de la druide,
La sœur de Vitikin du ton le plus perfide
S'est écriée : « — Ulnare ! ah, fuyons! hâtons-nous!
» Clodhérant nous poursuit; je tremble ici pour vous.
» Un esquif nous attend sur la rive prochaine.
» Fuyons! si vous tardez, notre perte est certaine. »
Elle dit; et soudain, seule guidant ses pas,
Elle veut l'entraîner où l'attend le trépas :
Mais, inutile espoir! la vierge prophétesse
Repousse avec effroi l'odieuse princesse,
Et d'un ton solennel prononce ce discours :
« — Charle est perdu pour moi, que m'importent mes jours !
» Tombez, foudres du ciel!... éclatez, ô tempêtes!..
» Je ne sais où je suis, j'ignore qui vous êtes;
» Mais s'il faut que sans feinte Ulnare ouvre son cœur,

» Étranger ! je vous hais... vous me faites horreur. »
  Elle a levé les yeux vers la voûte éthérée :
O miracle nouveau !... d'une nue azurée,
Une croix, dans les airs, en sillons lumineux,
Semble planer sur elle, et la couvre de feux.
Ulnare croit soudain, renaissant à la vie,
Recouvrer son pouvoir, son sceptre et son génie :
Vierge incompréhensible, astre mystérieux,
Plus que jamais, Ulnare est la fille des cieux.

  Fière de ses forfaits, vainement Léonore
Veut saisir sa rivale et l'entraîner encore ;
La prêtresse en courroux s'échappe de ses mains.
« —Audacieux guerrier ! quels seraient tes desseins ?
» T'emparer de moi, traître ! un fol espoir t'égare ;
» Aucun pouvoir humain n'est puissant contre Ulnare.
» Respecte en moi du ciel l'instrument merveilleux !
» La terre m'obéit, sur moi veillent les cieux.
» Mortelle, déité, prophète, ombre, druide,
» Je suis tout, tu n'es rien... retire-toi, perfide ! »
  Elle dit ; à ces mots, un rayon lumineux
Jaillit en feux pourprés sur ses traits radieux.
De la magie en vain l'infâme Léonore,
Essayant les secrets, croit triompher encore ;
De l'élève d'Orsmin l'art magique est vaincu ;
Le ciel protège Ulnare... Ulnare a disparu.

Mais pendant son sommeil, une poudre infernale,
Qui d'abuser les sens a la vertu fatale,
Sur elle fut jetée... Elle a fui... mais hélas!
Le trouble et la démence égareront ses pas.

Aux rives du Veser, une vapeur lointaine
Alors couvrait les camps, et sous la nue à peine
Du matin laissait poindre un rayon vacillant.
Sur ses armes couché, des preux le chef vaillant,
Guise dormait...soudain un léger bruit l'éveille;
Il se lève... une voix a frappé son oreille.
Du milieu des brouillards, non loin d'un feu mourant,
Tel qu'un puissant génie, ou qu'un fantôme errant,
A pas mystérieux, seul, un vieillard s'avance.
« — La mort n'a point ravi Charlemagne à la France.
» Lève-toi!... le Seigneur m'a député vers toi.
» Au fort de Clodhérant vole et sauve ton roi! »
Un éclair a jailli des regards du prophète;
C'est Énulphe... Du ciel merveilleux interprète,
Fidèle à sa promesse, aux champs de la valeur,
Énulphe n'apparaît qu'aux jours de la douleur.

Déjà brillait aux cieux l'amante de Céphale:
Le roi des preux s'éveille...Ulnare, ô nuit fatale!
Ulnare a fui... grand Dieu! ne peut-il la revoir
Qu'à l'heure des périls, au temps du désespoir!

Hélas! et doit-il donc, à lui-même barbare,
Désirer le malheur, pour retrouver Ulnare !

Le son perçant du cor fait retentir les airs.
Charle monte inquiet sur les remparts déserts.
Ciel! il a vu flotter l'étendard de la France;
O bonheur ! à ses pieds l'heureux Guise s'élance.

Le roi des paladins apprend à Clodhérant
Sa naissance, son nom, sa puissance et son rang,
Verse sur le vieillard ses faveurs souveraines,
En ses conseils le place, et termine ses peines.
Clodhérant, transporté, croit renaître au bonheur;
L'amour de la patrie a ranimé son cœur;
O Clodhérant! bénis l'heureux fils de la gloire !
Tu reverras encor les rives de la Loire.

Oh! comment exprimer l'allégresse du camp,
De l'amour des soldats témoignage éloquent!
A l'aspect du héros chacun verse des larmes;
On tombe à ses genoux, on veut toucher ses armes;
On se presse... guerriers, généraux et soldats,
Baisent avec transport la trace de ses pas;
Tous ont repris leur place au temple de mémoire;
Avec Charle, en leurs camps, semble rentrer la gloire.

Tels aux champs de Fribourg , éclatèrent depuis

De semblables transports à l'aspect de Louis;
Quand, des bords du tombeau, revenant à la vie,
Prince jeune et sans tache, orgueil de la patrie,
Ce monarque entendait tout un peuple charmé
L'appeler à grands cris Louis-le-Bien-Aimé.

FIN DU CHANT XXI.

NOTES DU CHANT XXI.

(1)   Sur des patins légers devançant les tempêtes,
        Quelque jour avec nous Uller traversera
        L'heureux fleuve glacé qui mène au Vahalla.

Uller est fils de *Sifia* et beau-fils de Thor, premier né d'Odin.
Sur des patins radieux il devance les aquilons et les éclairs,
glisse sur le fleuve de glace, et s'enfonce par des portiques nébuleux dans les palais aériens du Vahalla. (Voyez l'*Edda* de
Mallet. — *Ossians und sineds lieder,* in-4°. Vienne, 1791.)

(2)   Méritons de Biard l'épitaphe immortelle :
        « *Il tombe, rit et meurt.* »

Biard , roi du Nord , composa des chants célèbres, mais qui
se sont perdus. Il ne nous reste que son épitaphe : *il tomba, rit
et mourut.* (Voyez *Torf, serv. dyn. et reg. dan.,* l. I, c. VII.)

(3)   Scotler chantait encor. . . . .

Un roi de Danemarck eut pour gouverneur le scalde *Scotler,*
ou plutôt *Starkotter.* Ce dernier ayant osé reprocher au prince
sa conduite et ses mœurs, qui commençaient à se corrompre,
encourut sa disgrâce, et fut chassé du palais. Le scalde banni veut
tenter un dernier effort pour sauver son roi de la corruption et
du déshonneur ; il se rend la nuit sous les fenêtres du palais.
Tout à coup le roi entend les sons d'une harpe ; il prête l'oreille,
et ces mots parviennent jusqu'à lui :

« A l'heure où l'indigent, oubliant un moment sa misère, peut

« » du moins reposer sur sa couche ses membres fatigués, moi,
« » l'ami de ton père, qui ne suis coupable que d'avoir voulu te
« » faire chérir la gloire et la vertu, je n'ai plus d'asile.... etc. »

Le roi ne put résister aux chants du scalde; il courut embrasser *Starkotter,* suivit ses conseils, et devint un prince digne
d'éloges.

On voit, par ce narré historique, que j'ai puisé l'épisode de
Scotler dans les annales antiques du Nord; cependant je n'ai
point donné la traduction exacte du chant assez célèbre de *Star-*
kotter; je n'en ai donné qu'une imitation. (M. GRABERT l'a traduit avec exactitude en vers italiens.)

(4)   Un repas est servi, mais sans luxe et sans art.

  « Fallut dîner; car, malgré leurs chagrins,
  » Les malheureux ne font point abstinence :
  » En enrageant on fait toujours bombance.
  » Voilà pourquoi tous ces auteurs divins,
  » Ce bon Virgile, et ce bavard Homère,
  » Que tout savant, même en bâillant, révère,
  » Ne manquent point, au milieu des combats,
  » L'occasion de parler d'un repas. »

      (VOLTAIRE, *la Pucelle.*)

(5)   Guerrier qu'un vœu peut-être a dû rendre muet.

Dans les vieux châteaux, à la table hospitalière de nos bons
aïeux, se rencontraient souvent les guerriers les plus mystérieux; ils n'étaient connus que par les devises de leurs boucliers,
par les punitions qu'ils s'étaient imposées, ou par les vœux qu'ils
avaient faits, et auxquels ils ne manquaient jamais. Autour du
vieux foyer des seigneurs châtelains, se réunissaient, tantôt le
chevalier du *tombeau,* tantôt celui du *silence,* ou ceux de l'*écu*

blanc, de la *lance d'or*, du *cygne* et de la *mort*, etc. Les
fêtes mêmes des châteaux avaient quelque chose d'énigma-
tique : c'était le *festin de la licorne*, le *vœu du paon*, etc.
(*Voyez* Sainte-Palaie, *Mémoires sur la chevalerie.— Histoire
du marquis de Boucicault. —* Chateaubriand, t. 4 du *Génie
du Christianisme.*)

FIN DES NOTES DU CHANT XXI.

CHANT XXII.

HÉLAS! en ton absence, illustre chef des preux!
Au camp des paladins que de malheurs affreux!
Ogier n'existe plus (1), Isambard est sans vie:
La dernière bataille enlève à la patrie
Ses plus chers défenseurs, dont les noms révérés,
Par les pleurs de leur roi sont encore illustrés.

Mais un écrit secret du pontife suprême,
Au valeureux monarque est remis ce jour même;
Il renferme ces mots: « — Noble et vaillant héros!
» L'Orient contre toi se joint à tes rivaux;
» De ton mépris pour elle Irène courroucée *,
» Arme ses légions; et, de loin, l'insensée
» Jette sur l'Occident un œil présomptueux.
   » Au camp de Vitikin ses bataillons nombreux,
» Dans les champs du Veser déjà doivent s'étendre;

---

* Charlemagne avait refusé sa main, qu'elle lui offrait avec son trône.
(*Voy.* EGINHARD, *In vita Car. Mag.*

27

» Le sort du monde entier d'un combat va dépendre.
» De tant de souverains ligués contre un seul roi,
» Triomphe! et des Césars l'héritage est à toi.
   » Si Charle est repoussé, l'ambitieuse Irène (2)
» Envahit l'Occident, qu'à son joug elle enchaîne ;
» Et le Nord peut offrir à l'univers surpris,
» Les Romains dégradés et les Francs avilis.
» Mais si Charle triomphe, Irène, sans armée,
» Tremblante sur son trône et partout diffamée (3),
» En rentrant à Byzance y trouvera la mort ;
» Et l'empire romain est au vainqueur du Nord (4). »

   Trois jours s'étaient passés. Charle aux combats s'apprê
L'air retentit au loin des sons de la trompette ;
Les Grecs sont au Veser. O monarque français !
La pourpre impériale est le prix du succès.
   Tout à coup Charle apprend qu'une horde sauvage,
Traversant le Veser, a cerné, sur la plage,
Trois bataillons lointains et leurs chefs belliqueux.
Il vole à leur secours, suivi de quelques preux ;
Et parmi les Saxons il fond à l'improviste.
   Des assaillans troublés la foule en vain résiste ;
Le seul aspect du prince a glacé tous les cœurs,
Rallié les fuyards et défait les vainqueurs.
Il avait triomphé... quand le dieu de l'abîme
Vient tendre un nouveau piége au héros magnanime.

Dans les rangs ennemis, sous les traits d'un guerrier,
Il s'avance, il l'aborde, et l'osant défier :
« — Du sort des nations que ce moment décide!
» Charle! ose me combattre! » Il dit; et le perfide
Soulève sa visière, et découvre à ses yeux
Du vaillant Vitikin le front audacieux.
Le roi le reconnaît : il l'attaque, le presse,
Frappe, évite ses coups, fend son casque, et le blesse.
Le Saxon, ô surprise! au fond des bois a fui;
Charle le suit, le joint, va s'emparer de lui,
Quand soudain il reprend une force nouvelle,
Et fuit plus vite encor... Puis, tremblant, il chancelle,
Paraît près de se rendre, et le vainqueur trompé,
Sur la bruyère aride et le roc escarpé,
Plus ardent que jamais, poursuit une ombre vaine :
Ainsi jusqu'au Veser son faux rival l'entraîne,
Loin de sa troupe et seul sur un bord étranger.

   A la rive du fleuve est un esquif léger;
Le vent enfle sa voile : une corde légère
L'attache et le retient contre un roc solitaire;
Le roi saxon s'y jette; et par l'onde arrêté,
Là, seul et sans défense, il tombe ensanglanté.

   Charle accourt... Malheureux! que vas-tu faire? arrête!...
Irmensul et la mort t'attendent... Sur sa tête
Une flèche soudain fend les airs en sifflant;
Rase son bouclier; et, dard étincelant,

                    27..

A ses regards surpris, a coupé le cordage
Qui retenait encor la nacelle au rivage.

  Loin de Charle à l'instant la barque fend les flots;
Le vent souffle en sa voile; et l'auguste héros,
Par un miracle encore a conservé la vie.
D'Irmensul confondu qui peindrait la furie!
Il pousse un cri de rage; et loin de la forêt,
Le monstre dans les airs s'élève et disparaît.

  Charle alors reconnaît qu'en un piége homicide,
A la mort l'attirait un fantôme perfide.
Sa tombe allait s'ouvrir... Mais quel dieu protecteur,
L'arrêtant malgré lui, lança le trait sauveur?
Son œil cherche... Soudain sur la rive isolée,
S'offre au sommet d'un roc une femme voilée.
Du ciel vers lui serait-ce un ange descendu?
Elle est seule... à ses pieds est un arc détendu.
Ses cheveux sont épars, son regard est tranquille,
Ses vêtemens sont blancs, et son corps immobile.
Charle approche... Grand Dieu! quelle plaintive voix!
Quels sons, quel air connu, viennent charmer ces bois?
O Charle! quels momens ce doux chant te rappelle!

. . . .

  « Ah! par l'art de Thétis que ne puis-je, immortelle,
      » Sous mille formes, m'embellir!
      » Noble guerrier! loin de te fuir,

» Ulnare, en ce bois solitaire,
» Les prendrait toutes pour te plaire. »

Mais, sur un ton plaintif, se traîne avec effort
Ce chant jadis d'amour, aujourd'hui chant de mort.
Charle court vers Ulnare... Oh ! souffrance imprévue !
Ses sens sont égarés, sa raison est perdue.
Ulnare le repousse, et d'un air inquiet :
« — Étranger ! lui dit-elle, ici dans la forêt,
» Tout à l'heure un vautour poursuivait sous la nue,
» Un jeune et beau ramier... Tous les deux, à ma vue,
» Ont abaissé leur vol sur cet esquif trompeur ;
» Dans l'onde allait périr le ramier voyageur ;
» Le vautour triomphait... lorsque sur le perfide
» J'ai dirigé ma flèche... Hélas ! d'un vol rapide,
» L'oiseau de proie a fui : mais, oh ! dis-moi, guerrier !
» Qu'est alors devenu mon malheureux ramier ? »
      Charlemagne à ces mots, l'œil fixé sur Ulnare :
« — O vierge des forêts, quel trouble affreux t'égare !
» Si je te devais moins, croirais-je que c'est toi !
» L'oiseau traître est vaincu, le ramier c'était moi.
» Étrange destinée ! amour, raison, folie,
» En toi, fille des cieux ! tout me sauve la vie.
» — Qui parle ? répond-elle. Un homme en ces déserts !...
» Ne suis-je donc plus seule au sein de l'univers ?
» T'a-t-on dit qui je suis ? sais-tu qui je peux être ?

» Écoute ! je veux bien me faire encor connaître.

» Je fus reine de France ; et mon puissant regard

» Était jadis *partout*, et n'est plus *nulle part*.

   » Mais tu pleures... approche ! oh ! que j'aime tes larmes !

» Guerrier ! déjà ta vue a pour moi mille charmes.

» Oui, mon ancien ami semble revivre en toi ;

» Je sais tout. Léonore, immolant ce grand roi,

» Ravit à l'univers l'homme de la fortune :

» Et moi, qui, me glissant sur un rayon de lune,

» Jadis reine des airs ou déité des flots,

» Émoussais les poignards, animais les tombeaux,

» Je n'ai pu rien pour lui !... Du destin loi barbare !

» Charle était né chrétien, païenne était Ulnare ;

» Contre leur union le ciel parut s'armer.

» Que les dieux sont cruels !... ils empêchent d'aimer.

   » Ami ! connaîtrais-tu sa nouvelle demeure ?

» Penses-tu qu'il m'entende, et crois-tu qu'il me pleure ?

» Quel est l'oiseau qu'il aime ?... Au ciel même, aujourd'hui

» Je pourrais, chantre ailé, m'élancer jusqu'à lui.

» Mais non... car s'il m'aimait dans ma forme nouvelle,

» Sous mes yeux, à moi-même, il serait infidèle. »

   L'air retentit alors de ses tristes accens :

Charle, Ulnare... Ces mots remplissent seuls ses chants ;

Bientôt sa voix s'éteint : mais nymphe désolée,

Écho répète encor ces noms à la vallée.

   Sur la rive cueillant quelques fleurs d'églantier,

I La vierge des forêts les présente au guerrier :

‹ « — De l'amitié, dit-elle, accepte un dernier gage ;

‹ » Je vais partir bientôt pour un très long voyage.

‹ » J'entends chanter... écoute ! ô la charmante voix !

» C'est la sienne... Il répond, pour la première fois.

» Au bord de l'eau... Là-bas... vois-tu cette nacelle ?

» C'est là qu'il a péri, c'est de là qu'il m'appelle ;

» C'est là qu'hier encore il me prit dans ses bras ;

» Nous suivions cette route... elle mène au trépas.

» Qu'est-ce donc que la mort ? il faut que je le sache.

» A mes regards toujours la cruelle se cache ;

» Et, dans un but contraire, imitant mon grand art,

» Elle est, comme j'étais, *partout et nulle part.* »

Un sourire, à ces mots, éclaire son visage :

Tel un rayon brillant sort d'un sombre nuage ;

Ou, telle on voit aussi, sur ces funèbres bords

Qu'habitent la douleur, le silence et les morts,

Déserts où la nature elle-même succombe,

Une rose en bouton fleurir sur une tombe.

Le monarque s'écrie : « — Ulnare ! appui divin !

» Quoi ! tu me méconnais ! quoi ! je t'appelle en vain !

» Je suis Charle !.. — Qui ? toi ! non, ton esprit s'égare :

» Il expira, te dis-je, hier... aux pieds d'Ulnare.

» Hélas ! ce coup affreux m'eût déjà fait mourir,

» Si j'eusse été mortelle. » Après un long soupir,

D'un ton mystérieux, elle ajoute à voix basse :

« — Paladin ! sur ce chêne est-il assez d'espace ?...
» Puis-je écrire deux mots ?... Du céleste séjour
» Charle lirait encor quelques lignes d'amour ;
» Et nous pourrions ainsi nous parler sans alarmes,
» Lui, du palais des dieux, moi, du vallon des larmes.
    » Mais le gui peut servir à ce projet nouveau :
» Du gui miraculeux va couper un rameau ;
» Que dis-je ! non : ta main troublerait le mystère,
» Et les mânes de Charle... arrête téméraire ! »
    Alors, montrant du doigt un groupe de cyprès,
Une sinistre horreur se répand sur ses traits.
« — Grands dieux ! s'écrie Ulnare, éloignez ce fantôme,
» Cet énorme géant, né d'abord faible atome !
» C'est Léonore !.. ô ciel ! vois ses affreux desseins !
» Plein d'un poison sanglant un vase est dans ses mains.
» Le ciel s'est rembruni des teintes les plus sombres :
» Allons ! voici l'instant où j'évoque les ombres.
» Mânes de mes aïeux ! druides révérés !
» Sortez de vos tombeaux ! sur ce rivage errez !
» Pâle flambeau des nuits ! Phœbé, reine immortelle !
» La nature t'attend, ta prêtresse t'appelle.
» Fantômes, levez-vous ! mon œil, en ces forêts,
» Veut revoir parmi vous le héros des Français.
» Ah ! pour combler mes vœux, sur un léger nuage,
» Barde, ami des Gaulois ! offre-moi son image ! »
Puis, se tournant vers Charle : « — Oh ! regarde ! à la fois,

« » Que d'ombres sur la rive accourent à ma voix !

« » Charle ! hélas ! Charle seul tarde bien à paraître,

« » Il reste aux sombres bords... il m'y cherche peut-être.

 » Sais-tu, noble étranger, qu'heureux triomphateur,

« » De l'empire français il fut le fondateur ?

« » Peut-être croiras-tu qu'Ulnare sur la terre

 » Fut indigne de lui ? Non : quand sa voix guerrière,

 » Du midi de l'Europe ici fixait le sort,

 » Au rocher des Césars je lui promis le Nord.

 » Qui lui prophétisa la pourpre impériale ?

 » Quel glaive reçut-il sous l'arche triomphale ?

 » Quel bouclier divin couvrit ce chef des rois ?

 » Aux élémens vaincus qui sut dicter des lois ?

 » Suis-moi : je puis encor te montrer ma puissance... »

 Conduisant, à ces mots, le héros de la France

Au sommet du rocher, sur le fleuve elle étend

Une baguette d'or... O surprise ! à l'instant,

Des cieux un rayon pur darde ses feux sur elle :

Reine des élémens, puissance universelle,

La druide commande... et, soumise à ses lois,

La nature docile obéit à sa voix.

 «— Guerrier ! dit la prêtresse, à tes yeux, de la France

 » Vont briller les beaux jours de gloire et de vaillance.

 » De trois âges futurs vois le tableau lointain ! »

Elle dit ; et son œil jette un éclat divin :

La vierge des forêts, guerrière ou prophétesse,

Déité du Veser, ombre, nymphe ou prêtresse,
Est toujours et partout, esprit surnaturel,
La merveille du monde, et la fille du ciel.

De l'onde et des marais, à sa voix, sur ces plages,
S'élèvent les vapeurs en magiques nuages :
Sous cet humide voile, haleine des hivers,
Ont déjà fui les bois, le fleuve et les déserts :
L'œil du jour, traversant d'aériens portiques,
Dore de ses rayons des palais fantastiques.
Le brouillard qui s'enfonce en flots tumultueux
Sous des toits transparens et des arcs nébuleux,
Prend aux feux du soleil des couleurs éclatantes,
Des formes et des traits. Ces vapeurs rayonnantes
Présentent, ô prodige ! en trois corps séparés,
Trois générations de héros illustrés,
Trois règnes, dont la France enrichira l'histoire,
Trois âges de valeur, trois époques de gloire.

Le premier corps paraît ; et ses pieux guerriers
Suspendent aux autels leurs fers armoriés.
De l'apôtre martyr l'oriflamme les guide :
Symbole de leur vœu, la croix est leur égide ;
Sur leurs cœurs elle brille : et leurs fronts sont couverts
Des palmes du Jourdain, du laurier des déserts.
L'écharpe, que broda l'aiguille d'une amante,

Suspend à leur côté cette arme triomphante,
Ce glaive rédempteur, ce fer resplendissant,
Qui soumit Antioche, abaissa le croissant,
Conquit Jérusalem, et, sur le mont Calvaire,
Ouvrit le saint sépulcre aux chrétiens de la terre.
    Mais revenus des camps, ces redoutables preux,
De l'amour ne sont plus que les servans heureux.
Fêtez, beaux troubadours, muses de la Provence !
La gloire et la beauté, l'amour et la vaillance !
Paladins ! sous les murs du manoir féodal,
Secourez l'opprimé ! frappez le déloyal !
Et toi, chante à jamais, ô lyre du génie !
L'âge heureux, les beaux jours de la chevalerie !

    Le second corps paraît : un prince valeureux
Au triomphe a conduit l'élite de ses preux :
Leurs feutres sont ornés de plumes éclatantes ;
Menaçante parure, en boucles ondoyantes,
Leurs longs cheveux tombans flottent au gré des airs,
Tels que les crins épars du lion des déserts.
Leurs coursiers belliqueux, qu'un feu brûlant dévore,
Trempés des eaux du Rhin, marchent fumans encore.
La victoire fidèle a du héros français
Reculé la frontière et doublé les sujets.
    O merveille ! pour lui les arts semblent éclore,
Des clartés du midi tous brillent dès l'aurore :

Ils versent dans Paris leurs présens merveilleux,
Prodiguent leurs faveurs au favori des cieux;
Et, couronnant son front au temple de mémoire,
Joignent leur doux éclat aux rayons de sa gloire.

    Dieu! quels palais divins, quels jardins enchantés
D'une immortelle cour rassemblent les beautés!
La toile est animée, et le marbre respire:
Là, d'Apollon lui-même a résonné la lyre.
Chassant l'ombre des nuits, des feux étincelans
Y remplacent l'aurore; et l'onde à flots brillans,
Du milieu des bosquets, vers les cieux jaillissante,
En perles de saphir retombe rayonnante.

    Entouré des drapeaux qu'il ravit au Germain,
Là, d'un nouvel Olympe auguste souverain,
Louis, fier de son peuple, et cher à la victoire,
Des grands hommes du siècle orne son char de gloire,
Et, s'appuyant sur eux brillant de majesté,
Apparaît immortel à la postérité.

    Mais quels astres nouveaux, du milieu des alarmes,
Sur des débris sanglans, d'une terre de larmes,
Demi-dieux inconnus, se lèvent radieux?...
Charle, le dernier corps apparaît à tes yeux.

    D'un peuple de héros partout la foudre gronde;
Météore brûlant il traverse le monde;
Les rois sont ses vassaux et leurs états son bien;

Il a pu tout oser, il n'a douté de rien;
Et ce volcan terrible, au fracas du tonnerre,
De sa lave sanglante a revêtu la terre.

    Quels efforts inouïs! quels combats merveilleux!
Eh quoi! les voilà donc ces conquérans fameux
Qui soumettront un jour l'Égypte, l'Italie,
Rome, Berlin, Madrid, et Vienne et Varsovie!
Leur audace est sans borne et leurs exploits sans fin;
Sur le Nil et l'Oder, l'Èbre et le Niémen,
Voguent ceints de lauriers les fils de la victoire.
Mais quelle voix s'élève et chante ainsi leur gloire!
« —O France! l'univers s'est courbé sous ta loi :
» La terre n'a qu'un peuple, et l'Europe qu'un roi.
» Tombez, noms éclipsés de Rome et de la Grèce!
» La ville sans rivale est l'antique Lutèce;
» Il n'est plus de lauriers nouveaux à moissonner;
» Il n'est plus de grands noms qui puissent étonner;
» Lisez, vous qui cherchez des prodiges de gloire,
» Les fastes du grand siècle... et refermez l'histoire! »

    Charlemagne à l'instant voit, des antres du Nord,
Des cendres de Moscou, la terreur et la mort
Fondre sur les héros dont l'imprudent courage,
Du démon des hivers ose éveiller la rage;
L'aquilon a mugi.... Les magiques vapeurs
Qu'admirait Charlemagne, ont perdu leurs couleurs;

L'armée a disparu.... Sur ces grandes images,
A soufflé furieux l'ouragan des orages;
Le prestige brillant s'évapore dans l'air;
Charle n'aperçoit plus que les bords du Veser,
Les rochers, les marais, la forêt ennemie,
Et non loin, sur le roc, Ulnare évanouie.

Charle a couru vers elle... il l'a prise en ses bras;
Vers un hameau voisin il dirige ses pas;
Il y retrouve Guise et sa troupe guerrière;
Ulnare est confiée aux soins d'une bergère;
Pour préserver ses jours de tout péril nouveau,
Quelques soldats français entourent le hameau :
Peuples germains, tremblez!.. Charle aux combats s'élance.

Ulnare lentement revient à l'existence,
Sa paupière s'entr'ouvre et ses pleurs ont coulé;
La prêtresse mourante en ces mots a parlé :
« —Approche par pitié! dis-moi, bonne bergère,
» Où suis-je? que veux-tu? quelle est cette chaumière?
» Où donc est ce Français, valeureux combattant?...
» Je voudrais le revoir, il lui ressemblait tant!
» Va le chercher... dis-lui qu'Ulnare veut l'entendre;
» Il viendra, j'en suis sûre, il est sensible et tendre;
» Avant d'avoir vu Charle il m'aurait pu charmer,
» Hélas! il est trop tard, je ne puis plus aimer.»

Elle dit; sur ses traits erre l'inquiétude;
De ses esprits troublés la vague incertitude
Semble chercher un but, un refuge, un appui;
Mais avec la raison, hors l'amour, tout a fui.

Non loin de la chaumière, au fond de la campagne,
Dans les flancs caverneux d'une aride montagne,
Une grotte profonde, effroi des criminels,
Arbitre des destins et juge des mortels,
La Grotte de l'épreuve, au milieu des ténèbres,
Cache sous le rocher ses mystères funèbres.
Soupçonné d'un forfait, c'est là que le guerrier,
Nu, sur des fers tranchans roule sans bouclier,
Et prouve à tous les yeux son innocence entière,
Si son sang à grands flots n'y rougit point la terre.
Dans l'eau bouillante, ici, l'accusé se jetant,
En sort couvert d'opprobre ou de gloire éclatant.
Là, par le fer rougi, le bronze inexorable
Épargne l'innocent, dévore le coupable.
Enfin, l'air, le feu, l'eau, tout, en ce lieu d'horreur,
Est épreuve et supplice, est torture et terreur.

A grands cris évoquant les mânes infernales,
Brandissant en ses mains des torches sépulcrales,
Seule, Ildhère commande à l'antre redouté;
Un large baudrier suspend à son côté
Ses philtres, ses poisons et ses armes magiques.

Tressés en longs serpens, ses cheveux prophétiques,
Redressés, ou parfois tombant à l'abandon,
S'offrent enveloppés d'une rouge toison;
Une robe étoilée est drapée autour d'elle;
Son sourire est bizarre; et sa loi solennelle,
Pour l'homme qu'elle juge en ces tristes climats,
Est la honte ou l'honneur, la vie ou le trépas.

Parfois, loin de sa grotte, Ildhère inattendue,
Pour le bien des mortels se présente à leur vue.
Le malade expirant sur le lit des douleurs,
Dut souvent l'existence à ses philtres sauveurs;
Mais aussi, quelquefois, par l'enfer inspirée,
L'horrible pythonisse, à ses fureurs livrée,
Vient à l'infortuné délaissé par le sort,
Porter le désespoir, l'épouvante et la mort.

A quelques pas d'Ulnare, auprès de la bergère,
De vapeurs entourée au fond de la chaumière,
La pythie apparaît... un vase est dans sa main.
« —Bergère, lève-toi! prends ce philtre divin!
» Il doit, sauvant la vie à la vierge égarée,
» Lui rendre sa raison... » Alors fuit l'inspirée.
La bergère à genoux long-temps la suit des yeux....
Tremblante elle a saisi le vase précieux;
Et bientôt la liqueur salutaire ou perfide,
A coulé dans le sein de la belle druide.

Elle tombe, accablée, en un profond sommeil;
Mais ce jour, pour son âme est celui du réveil;
En songe, à ses regards, de la voûte immortelle,
Un jeune et bel archange est descendu vers elle.
« —Ulnare! lui dit-il, vers les cieux aujourd'hui
» Lève un regard chrétien, ton dieu t'appelle à lui.
» Druide! abjure enfin ta croyance funeste!
» Sors des nuits de l'enfer, et fixe un jour céleste! »
Le firmament s'entr'ouvre...Au fond d'un ciel plus pur,
D'élémens inconnus, sur une mer d'azur,
Se forme un nouveau monde, une terre enchantée :
Dans ce jardin céleste Ulnare transportée,
Des mains du Créateur voit sortir radieux
Les deux premiers humains...Mais, ô douleur! tous deux
Ont trahi leurs devoirs, ont perdu l'innocence;
Avec le genre humain l'enfer fait alliance.
Dieu proscrit les mortels... mais, ô bonté des cieux!
Pour les sauver, lui-même, un jour mourra pour eux;
Les temps sont accomplis... Quel astre sur la terre,
O vierge des forêts! darde au loin sa lumière?
Le jour du salut brille à ton œil étonné;
La mort ne règne plus, le Rédempteur est né.
Pour sauver les humains il s'en rend la victime;
Il va rouvrir le ciel, il va fermer l'abîme;
Dieu, se faisant mortel, des mortels fait des dieux.

L'archange disparaît, Ulnare ouvre les yeux;
Déjà brille à sa vue une nouvelle flamme;
Ah! la grâce en torrens a coulé dans son âme :
Plus de fausse clarté, plus de funeste erreur;
La prêtress eest chrétienne, et Dieu règne en son cœur.
    Soudain elle se lève... Éloignant la bergère,
La vierge des forêts, que l'esprit saint éclaire,
Échappant aux regards du peuple et des soldats,
Disparaît... Dieu sans doute aura guidé ses pas.

FIN DU CHANT XXII.

NOTES DU CHANT XXII.

(1)   Ogier n'existe plus. . . .

Ogier le Danois, tant célébré par les romanciers, rendit de grands services à Charlemagne, et lui sauva la vie, dit-on, au milieu d'un combat. Plusieurs auteurs lui font finir ses jours dans un couvent de moines; j'ai mieux aimé lui donner une fin plus analogue à son nom et à sa vie.

(2)   Si Charle est repoussé, l'ambitieuse Irène
        Envahit l'Occident. . . . .

« Jamais Charlemagne n'avait eu à combattre une armée
» aussi grande que celle qui, sous le commandement du fils
» d'Irène, d'Adalgise, et du patrice Jean, était venue, sur
» mille vaisseaux, lui disputer l'empire des Césars, et menacer
» les frontières de la France. » (*Gaule poétique*, t. III.)
Theveneau, dans son plan de poëme sur Charlemagne, fait arriver les vaisseaux triomphans du fils d'Irène jusque sous les remparts de Rome, qu'il prend d'assaut. Constantin fait prisonnier le saint Pontife, et lui ordonne de le sacrer empereur : le pape résiste; et Charlemagne, sur ces entrefaites, vient disputer au chef de l'Orient le sceptre des Césars, sous les murs de Rome même.

(3)   Tremblante sur son trône, et partout diffamée.

On sait qu'Irène, qui n'avait pu réussir ni à épouser Charlemagne, ni à balancer sa puissance, fut détrônée, et remplacée par *Nicéphore*.

28..

(4)   Et l'empire romain est au vainqueur du Nord.

J'ai déjà raconté, dans la note 12 du chant Ier, de quelle manière Charle fut sacré empereur d'Occident. La cour de Constantinople, qui lui disputait ce titre, avait réuni tous ses efforts
pour l'emporter sur lui : elle échoua dans ses entreprises ; et
même, ne pouvant empêcher le couronnement de Charle, elle lui
offrit par un hymen de joindre l'empire d'Orient à celui d'Occident : Éginhard assure que Charlemagne refusa cette alliance.

FIN DES NOTES DU CHANT XXII.

CHANT XXIII.

Par les heures conduit, l'astre brillant des cieux,
Dans des plaines d'azur voyageait radieux.
O Charle ! quel grand jour !... Que le ciel te seconde,
Et le vainqueur du Nord est le maître du monde.

Mille instrumens guerriers préludent aux combats.
« — Marchons ! dit Charlemagne à ses vaillans soldats.
» Dieu lève en ce moment sa céleste balance ;
» D'une part est le monde, et de l'autre est la France ;
» Quels que soient nos destins, triomphes ou revers,
» Gloire au pays qui, seul, lutte avec l'univers ! »
Soudain, heureux présage ! un aigle fend la nue ;
D'un laurier à son bec la branche est suspendue,
Et sur le front du roi tombe du haut des airs.
Tel au camp de Sylla, jadis le vent des mers
Vint, dérobant au loin les trésors des prairies,
Couronner les Romains de guirlandes fleuries (1).

Le premier sur la plaine engageant les combats

Bozon sort d'Héristal, sa troupe suit ses pas ;
Et devant lui, tremblant, le Saxon se retire.
Profitant avec art de l'effroi qu'il inspire,
Il frappe, atteint, immole, et l'ennemi fuyant
A comme disparu sous son bras foudroyant.
Son aspect seul détruit, sa voix est le tonnerre ;
Tel Josué guidait sa phalange guerrière,
Et franchissait, au son du clairon des combats,
Les murs de Jéricho s'écroulant sous ses pas.

Auprès du mont Cramer, des Huns le roi terrible,
Sur des monceaux de morts combattait invincible.
Tristan, duc de Poitiers, court au géant hautain,
L'attaque : Mondragant s'éloigne avec dédain ;
Mais, suivi par le preux, il se tourne et lui crie :
« —Tu me forces, pygmée ! à t'arracher la vie ;
» Eh bien ! meurs, j'y consens : de son palais d'azur,
» L'aigle fond quelquefois sur le reptile impur. »
Il dit, lève son glaive, et vers la sombre rive,
Du malheureux Tristan l'âme s'enfuit plaintive ;
Rien n'arrête du Hun les pas audacieux :
La foudre est dans sa main, l'enfer est dans ses yeux ;
Tel de ses noirs fourneaux, en laves dévorantes,
L'Etna vomit au loin ses entrailles brûlantes.
Guise appelle Guérin : « — Prends vingt de mes guerriers !
» Ami ! vole au secours de Tristan de Poitiers !

» Sa troupe est dispersée, et les Huns la poursuivent.

» —Que vingt des plus vaillans au mont Cramer me suivent! »

Dit Guérin s'adressant aux soldats du héros :

Mais seul sorti des rangs, un d'eux répond ces mots :

« —Appeler aux combats, seigneur! en ce langage,

» Vingt des meilleurs soldats, à tous c'est faire outrage;

» Nous nous ressemblons tous; prêts à vaincre ou mourir,

» Nous sommes tous Français, vous n'avez qu'à choisir *. »

Il a dit; admirant ces sentimens sublimes,

Guérin prend au hasard vingt guerriers magnanimes;

Il a joint Mondragant... c'en est fait de Guérin.

Mais quel massacre aux lieux où combat Vitikin!

Hélas! du haut des airs, en cette fatale heure,

La Cruauté sourit et l'Humanité pleure.

Tel, dans un incendie, un vent impétueux

Étend l'embrasement en longs sillons de feux;

Tel Vitikin, partout au milieu du carnage,

Trace en lignes de sang son dévorant passage.

Charle, d'un mont voisin dans ses retranchemens,

Observe des Germains les divers mouvemens.

Ciel! d'où naît des Saxons l'épouvante soudaine?

Le conquérant du monde a paru sur la plaine.

---

* Ce trait historique appartient aux temps modernes.

De toutes parts défaits, pêle-mêle entassés,
Et vainqueurs et vaincus expirent terrassés.
Dieu même, sur le front de l'élu de la gloire,
Imprime en traits de feu le sceau de la victoire.

Un lac de sang se forme et porte au loin ses bords ;
L'Épouvante s'assied sur un trône de morts.
Quel brave a repoussé les chefs de l'Allemagne ?
Est-ce un homme, une armée, un dieu ?..C'est Charlemagne.
Tel au sein du chaos d'une profonde nuit,
Sur le sombre horizon un météore luit,
Qui, chassant les vapeurs loin du ciel qu'il colore,
Rend à l'obscurité la clarté de l'aurore.

Les soldats ennemis, éperdus, égarés,
N'entendent plus la voix de leurs chefs révérés ;
La cohorte de Charle, à vaincre accoutumée,
Voit les gouffres du fleuve engloutir leur armée.
Des Germains le Veser reçoit les corps sanglans ;
Son lit s'étend comblé de morts et de mourans ;
Et ses rapides flots, arrêtés dans leur course,
D'horreur épouvantés, remontent vers leur source.

Une ardente sueur couvre le corps des preux :
Leurs yeux roulent du sang, leurs fers lancent des feux.
Charle, suivi des siens, a traversé le fleuve ;
Il poursuit les Lombards : leur chef, le fier Vilneuve,
Couvert par un coteau, lui cachait ses guerriers.

Sur ces rives le prince aborde un des premiers :
Vilneuve fond sur lui, de ses preux le sépare,
Et Charle, environné d'une troupe barbare,
Peut-être va périr sous ses coups furieux...
O prodige !... à l'instant, son fer mystérieux,
Le glaive des Césars, dans sa main foudroyante,
Semble en sceptre enflammé changer sa lame ardente.
Couvrant les ennemis d'une gerbe de feux,
Joyeuse à leurs regards cache le roi des preux.
Qui peindrait des vaincus la terreur convulsive !
Ils ont cru sous leurs pieds sentir trembler la rive ;
Et muets, désarmés, éperdus, les Lombards
Sur Charle, en tressaillant, fixent leurs yeux hagards.
Telle on dit qu'autrefois, dans la main de Persée,
La tête de Méduse, aux regards exposée,
Seule à toute une armée apportant le trépas,
En blocs inanimés transformait les soldats.

Mais aux bords où combat le vaillant chef des braves,
Au secours des Lombards accourt le roi des Slaves :
Surnommé le Terrible, Altés, au champ d'honneur,
Ne rencontra jamais son égal en valeur.
Ciel !... le glaive sacré frappe à peine sa vue,
Que de sa main s'échappe et tombe sa massue.
Il recule... un frisson arrêtant ses transports
Glisse de veine en veine et parcourt tout son corps.

Moins grande, ô Balthasar, * parut ton épouvante,
Lorsque au banquet, ton œil vit une main vivante,
Que soutenait dans l'air un invisible bras,
Écrire sur les murs l'arrêt de ton trépas.
Le chef slavon a fui... Dieu ! qui l'aurait pu croire !
Sa force l'abandonne, et flétrie est sa gloire.
Il ne lui reste rien, après tant de fureur,
Que le nom de Terrible et sa propre terreur.

Le roi des Huns vers Charle a dirigé sa rage :
Othon et ses deux fils s'offrent sur son passage.
Grand guerrier, tendre père, astrologue fameux,
Othon guidait ses fils, et combattait près d'eux.
Le monarque barbare, en l'attaquant, lui crie :
« — Respectable vieillard ! ta famille chérie
» Te coûte trop de soins, te met trop en danger :
» De ce fardeau pesant je viens te décharger. »
Il dit ; le jeune Alder, sous les coups du barbare,
Tombe expirant aux pieds de son frère Alvimare :
Alvimare !... ah ! déjà le glaive du vainqueur
A traversé ton bras, ta cuirasse et ton cœur.
« — Monstre ! s'écrie Othon, ton implacable rage
» Ne peut plus rien m'ôter sur cette affreuse plage :
» Homicide guerrier que l'enfer a servi !

---

* Roi de Babylone. (*Voyez* DANIEL, ch. VI.)

« » M'enlever mes enfans, c'est m'avoir tout ravi. »

A ses fils malheureux Othon craint de survivre :

Poussant la cruauté jusqu'à le laisser vivre,

Mondragant, en ces mots, insulte à ses regrets :

« — Astrologue célèbre à la cour des Français !

» Au grand livre des temps, où ton pouvoir sait lire,

» Ton sort est donc le seul dont tu n'as pu t'instruire?

» De tes valeureux fils, ô génie étonnant !

» J'accomplis le destin ; prédis-le maintenant.

» Pour conter tes hauts faits, retourne en ta patrie ;

» Mon bras n'ose trancher ta glorieuse vie. »

Il dit, Charle s'avance... O prodige effrayant !

Il lui paraît armé d'un glaive flamboyant :

L'âme du chef des Huns frémit épouvantée.

Tel, au mont Cithéron, jadis le roi Penthée,

Furieux, éperdu, croyait, devant ses yeux,

Voir deux Thèbes sur terre et deux soleils aux cieux ;

Tel Mondragant croit voir, prêts à le mettre en poudre,

Deux célestes guerriers tenant en main la foudre.

Mais sa force revient, il fond sur le roi franc ;

Mourir est triompher s'il immole en mourant.

Pour mieux porter ses coups, il s'expose avec rage ;

Entre les deux guerriers un long combat s'engage.

« — Toi, qui, d'un nouveau dieu, dit Mondragant au roi,

» Veux ici nous forcer à professer la loi,

» Tremble ! car si ce dieu peuple sa cour suprême,

» De saints pareils à toi, son ciel est l'enfer même. »
Une atteinte mortelle interrompt Mondragant :
Surpris d'être vaincu, le monarque arrogant
Demeure encor debout... Une sueur soudaine
Couvre son front glacé : convulsive, incertaine,
Il semble que sa main, d'un spectre vainement
Veut repousser l'étreinte... Il tombe en blasphémant,
Et, sur ses traits hideux, à son heure suprême,
L'orgueil et la fureur survivent à lui-même.

Alors, de toutes parts, reculent les Saxons :
Charlemagne vainqueur poursuit leurs bataillons.
Son casque étincelant, son aigrette ondoyante,
Dardent en longs éclairs leur lueur foudroyante.
Objet d'effroi partout, vainqueur de tout côté,
Son bouclier vomit des torrens de clarté :
Sur des champs dévastés, fière de ses victimes,
La mort frappe au hasard les guerriers magnanimes.
Tout fuit devant le prince, ou tombe terrassé ;
Tel, vers les derniers jours de l'automne glacé,
D'un arbre atteint des vents le jaunissant feuillage,
S'entassant sur le sol, tombe en épais nuage.

Le Veser est franchi : Guise, Angilbert, Bozon,
Se joignent triomphans au vainqueur du Saxon.
C'en est fait ! des Germains ils dispersent l'armée.

« — Amis ! dit Vitikin à sa troupe alarmée,

» L'homme de la terreur sous mes coups va périr ;

» Si je ne puis le vaincre, au moins je puis mourir.

» Mais que dis-je ! il n'a pas des forces plus qu'humaines,

» Il n'a ni de l'airain ni du fer dans les veines ;

» Charle n'a d'autres dieux qui l'aident contre moi,

» Que son heureuse audace et votre lâche effroi. »

    Il dit, et des Saxons ranime l'énergie ;

Retenant les fuyards, son seul regard châtie.

Il presse avec vigueur les flancs de son coursier ;

Il cherche le héros qu'il ose défier ;

Et, préparant son bras au succès qu'il médite,

En nageant dans le sang, au carnage il s'excite.

Albois veut l'arrêter. « — Orgueilleux paladin !

» Te serais-tu flatté de vaincre Vitikin !

» Ta dernière heure sonne... » Il dit et le terrasse.

Albois est expirant ; mais encor plein d'audace,

Il répond : « — Je péris sous ton glaive vainqueur ;

» Mais, du moins, devant toi, j'aperçois mon vengeur. »

    A ces mots, le trépas étend sur lui son ombre :

Son accent néanmoins, fier, prophétique et sombre,

Étonne Vitikin ; il se retourne... ô dieux !

Astre resplendissant, Charle s'offre à ses yeux.

Mais qui peut du Saxon affaiblir le courage !

Vers le héros des Francs il s'élance avec rage :

Quand la foudre en courroux semble tonner soudain,

Sa lance en mille éclats se brise dans sa main.
Charle, que l'Éternel guide aux champs de la gloire,
Commande à la valeur, commande à la victoire;
Et sur son front royal ces mots semblent tracés :
« *Je combats, rendez-vous ; je règne, obéissez.* »
     Cependant des Saxons le monarque indomptable,
Arrachant du fourreau son glaive redoutable,
S'écrie : « — Un dieu cruel, Charle, combat pour toi!
» N'importe! Vainement tout s'arme contre moi :
» Il pourra t'en coûter pour m'arracher la vie. »
     Sur Charle, à ce discours, il fond avec furie.
Son coursier, qu'un éclair jailli du fer du roi
Tout à coup éblouit, se cabre avec effroi;
Mais inutile obstacle!... il combat, il menace,
De son noble adversaire il perce la cuirasse :
Des plus fameux guerriers jamais le bras vainqueur
Ne sut à tant d'adresse unir tant de vigueur.
Mille fois répétés, chaque fois plus terribles,
Leurs coups audacieux tombent irrésistibles.
La victoire, incertaine, entre eux semble hésiter.
Ne pouvant se saisir, ne pouvant s'éviter,
Sur leurs coursiers couverts d'une sanglante écume,
En efforts impuissans chacun d'eux se consume;
Mais Vitikin s'écrie : « — O chef des dieux sauveurs!
» Irmensul! tes autels sont détruits si je meurs:
» Fais-moi vaincre! et j'élève à ta grandeur suprême

» Un temple magnifique en cette plaine même. »

    Il dit, et l'espérance a doublé sa vigueur :

A Tolbiac ainsi, Clovis, avec ferveur,

Voyant ses légions près de rendre les armes,

Criait, levant au ciel ses yeux baignés de larmes :

« — Dieu de Clotilde ! ô dieu dont j'ignore la loi !

» Fais triompher Clovis, et Clovis est à toi. »

    A l'aspect des deux chefs se disputant la terre,

Des Francs et des Germains la fureur se modère :

Ils suspendent leurs coups... un seul combat guerrier

Va décider du sort de l'univers entier.

    Vitikin s'affaiblit... Sur Charle le ciel veille :

Le roi germain recule, il chancelle... ô merveille !...

Un char brillant, traîné par deux coursiers fougueux,

A traversé la plaine, et vers le chef des preux

Dirige son essor... Une jeune immortelle,

Debout, guidant le char, d'une voix solennelle,

Appelle Vitikin. Un nuage de feux

Environne la vierge ; et son front radieux

Jette au loin, sur ces bords, des sillons de lumière.

Le pied de ses coursiers touche à peine la terre ;

Le soldat devant elle ouvre ses rangs poudreux :

Elle vole... sa vue éblouit tous les yeux ;

Son voile diaphane est rejeté loin d'elle ;

Son front est couronné de lis... et l'immortelle

Élève vers le ciel, sur un drapeau sacré,

Du culte des chrétiens le signe révéré.

Près des rois combattans, la céleste inconnue,
Comme un rapide trait, dans son char accourue,
Arrêtant du Saxon le bras encor levé,
S'écrie : « — O noble chef par le sort éprouvé !
» Il est temps qu'aujourd'hui la vérité t'éclaire :
» Cesse de résister au maître de la terre !
» Au favori du ciel !... Vitikin ! en ce lieu,
» Reconnais à la fois ton monarque et ton dieu !
» Je t'apparus déjà *, j'étais ton bon génie,
» Je te promis mon aide, et viens sauver ta vie;
» Cède aux décrets divins, illustre combattant !
» Charle, en ami, t'appelle; en père, Dieu t'attend. »
    O prodige ! à ces mots, le monarque sauvage
Croit voir une colombe, entr'ouvrant un nuage,
Sur sa tête descendre... une voix, à l'instant,
Du haut des cieux répète : « *En père, Dieu t'attend.* »
    De ses yeux aussitôt tombe un voile funeste :
Soumis, il reconnaît la volonté céleste.
Son cœur d'un nouveau feu sent les nouveaux effets;
Vitikin tombe aux pieds du monarque français (2).
« — Prince ! tu m'as vaincu. La Germanie entière
» Sous ton joug désormais plira sa tête altière.
» Ici, des dieux du Nord a triomphé le tien :

* Au saule de Vara, chant XVIII.

» Règne ! plus de combats. L'univers est chrétien. »
Il dit ; et son vainqueur entre ses bras le presse :
L'inconnue a souri... Charle ! ô moment d'ivresse !
C'est Ulnare!.. Quelle autre eût, sauvant les Germains,
Pacifié le monde et changé ses destins !
Il vole vers le char... mais déjà sur la plaine
Le char fuit, et des vents la caressante haleine,
Quand la vierge céleste échappe à son regard,
Lui porte ces seuls mots : « *Partout et nulle part.* »

FIN DU CHANT XXIII.

NOTES DU CHANT XXIII.

(1)   Couronna les Romains de guirlandes fleuries.

On raconte que Marcus Lucullus, un des capitaines de Sylla, ayant à combattre près de la ville de Fidentia, dans le Parmesan, entre Parme et Plaisance, un ennemi très supérieur à lui, n'osait engager le combat, d'autant plus que la plupart de ses soldats étaient sans armes; mais, comme il hésitait de donner le signal, un petit vent doux s'éleva tout à coup, et enleva d'une prairie voisine, une grande quantité de fleurs, qu'il porta sur les boucliers et les casques des soldats, où elles s'arrêtèrent et se placèrent d'elles-mêmes, si bien qu'ils parurent à l'instant couronnés de guirlandes de fleurs. Ce présage heureux enflamma tous les cœurs. Certain d'être victorieux, Lucullus chargea les ennemis, les défit, leur tua 18,000 hommes, et se rendit maître de leur camp. Marcus Lucullus était le frère de ce Lucullus qui vainquit Mithridate et Tigrane. (Voyez *Plutarque*.)

(2)   Vitikin tombe aux pieds du monarque français.

Vitikin, héros à jamais célèbre, dont le nom se répète encore avec attendrissement dans les chants des modernes Germains, se dévoua enfin au salut de son peuple, en se remettant lui-même entre les mains de Charlemagne. Qui pouvait mieux que le héros de la France apprécier un trait d'héroïsme! Saisi d'admiration, Charle garda le silence, admira, rougit de ses transports de fureur contre le chef des Saxons, et combla de bienfaits celui dont il avait ordonné le supplice. Sensible aux procédés de son vainqueur, qui le nomma duc d'Angrie et de Westphalie, Vitikin embrassa le christianisme, se dévoua à la France; et les deux héros, jadis rivaux, se lièrent d'une amitié étroite qui ne finit qu'avec leur vie.

FIN DES NOTES DU CHANT XXIII.

CHANT XXIV

ET DERNIER.

Aux plaines du Veser, resplendissant de gloire,
L'auguste favori du dieu de la victoire,
Vers leurs retranchemens rappelant ses soldats,
Fait cesser le carnage et les derniers combats.
Quelques chevaliers seuls, sur la rive sanglante,
Se laissent emporter par leur ardeur vaillante ;
Tel, quand l'orage a fui, chassé par l'aquilon,
Au loin l'éclair encor sillonne l'horizon.

Sur les autels brisés des dieux de l'épouvante,
La croix du Rédempteur s'élève triomphante.
Le temple d'Irmensul est à jamais tombé,
Vitikin est soumis, Irène a succombé.
L'heureux triomphateur que l'univers admire,
A, souverain du Nord, fondé le vaste empire
Qu'affermiront encor ses bienfaisantes lois.

Nul prince désormais ne peut au chef des rois,
Disputer plus long-temps la pourpre impériale;
Rome apprête déjà la pompe triomphale;
Elle attend le héros : le Veser est français (1);
Et les nouveaux chrétiens sont ses nouveaux sujets.

Vers la fin du combat, Olivier sur la plaine,
Poursuivant l'ennemi que la frayeur entraîne,
Par son mâle courage et ses efforts vainqueurs,
D'une jeunesse ardente efface les erreurs.
Quel spectacle soudain à ses yeux se présente!
Le glaive d'un Français a frappé son amante.
Almanzine chancelle... il vole à son secours,
Pour la seconde fois il a sauvé ses jours.....
Mais, hélas! lui cachant le trouble qui l'oppresse,
Rebelle à ses désirs, rebelle à sa tendresse,
Almanzine s'éloigne, et fuyant à regret,
S'enfonce gémissante au sein de la forêt.
Elle vole au hasard où son coursier l'entraîne;
Bientôt, lasse, épuisée, au bord d'une fontaine,
Elle arrête ses pas... Moment cruel et doux!
Olivier l'a suivie, il est à ses genoux.
« — Parle! sois mon épouse! ou cette arme ennemie
» Va terminer mes maux, en m'arrachant la vie! »
Il dit; à ce discours, émue au fond du cœur,
Levant sur Olivier des yeux pleins de douceur,

[La guerrière soupire... Un amour si fidèle,
[De son âme a vaincu la fermeté cruelle.
Le plus doux abandon succède à la rigueur ;
Almanzine attendrie accepte le bonheur.

    Cherchant de tous côtés le Bavarois perfide
Qui toujours le fuyait, sur la plaine homicide,
Robert poursuit au loin ses belliqueux travaux.
Il a joint Tassillon. — « Monstre ! dit le héros,
» Te voilà donc enfin !... Blanche, amante outragée,
» Ton meurtrier est là... tu vas être vengée ! »
    A ces mots, furieux, tel que le tourbillon
Que la tempête suit, il fond sur Tassillon ;
Et du traître déjà, qu'à ses pieds il terrasse,
Un long ruisseau de sang inonde la cuirasse.
Son œil se ferme... « —Arrête ! a dit le chef félon,
» Le remords me poursuit... Vole au fort de Caslon...
» Là, Blanche est dans les fers... qu'elle te soit rendue.
» Robert ! prends cet anneau !... mes gardes à sa vue,
» Vont tous, comme à mon ordre, obéir à ta loi.
» Vis heureux !... mais du moins... Robert, pardonne-moi ! »
    Il meurt... Le paladin vole vers sa maîtresse ;
L'anneau seul, à ses lois soumet la forteresse.
Nul obstacle !... aux cachots on a guidé ses pas.
Robert ouvre... il s'élance... et Blanche est dans ses bras.
    Bien que mourante, au pied de la tour ennemie,

Blanche par Tassillon fut rendue à la vie ;
Elle est à toi, Robert !... O moment enchanteur !
Il doute, il n'ose encor croire à tout son bonheur.
« — Blanche, est-ce toi ? quels maux a soufferts ta constance !
» — Ah ! ce beau jour efface un siècle de souffrance.
» Doux ami ! devant moi le ciel me semble ouvert ;
» Plus d'affreux souvenirs ! j'ai retrouvé Robert. »
Elle dit ; leur bonheur est pur comme leur âme,
Et le dieu de l'hymen a couronné leur flamme.

Au jour du grand combat, quelques guerriers français
Avaient suivi de loin la vierge des forêts.
Aux rives du Veser une sainte chapelle
S'élève au fond des bois sur la tombe d'Osnèle :
Là, Charle apprend qu'Ulnare a reposé ses pas.
Sitôt que sur la plaine ont cessé les combats,
Le monarque, à l'amour comme à l'honneur fidèle,
Du côté du Veser court au tombeau d'Osnèle.
L'église s'élevait sur un roc sourcilleux,
Un groupe de cyprès la dérobait aux yeux ;
Un escalier tournant, rustique et solitaire,
Conduisait au portail du temple funéraire.
Là, du creux d'un rocher l'onde d'un ruisseau pur,
En cascade jaillit, et roule en flots d'azur.
Déjà rongeant les murs, croissant entre la pierre,
La mousse s'entrelace aux longs rameaux du lierre ;

.Et dans la douce paix de cet auguste lieu,
Une sainte tristesse élève l'âme à Dieu.

Seule, sur l'autre rive, une antique colonne,
Monument isolé qu'un désert environne,
Au loin s'offre debout ; ainsi que d'un grand cœur,
Dévasté par le temps, flétri par le malheur,
S'élève encor parfois une grande pensée.

D'un conquérant célèbre, ancien roi d'Odinsée,
Ce brillant obélisque est, dit-on, le cercueil.
Des souverains du monde, ainsi s'accroît l'orgueil.
Des os du genre humain séparant leur poussière,
La mort encense encor leur vanité dernière,
Et, quand du courtisan meurt avec eux la voix,
Les tombeaux même aussi veulent flatter les rois.

Charle laisse ses preux au pied du roc sauvage ;
Déjà l'astre du jour n'éclaire plus la plage ;
L'oiseau funèbre y planc... Un brouillard nébuleux,
Élevé sur la plaine, obscurcissait les cieux.
Seule, vers le couchant, une ligne rougeâtre
De Mars, en feux sanglans, éclairait le théâtre.

Sinistres messagers, les airs, au chef des Francs,
Portent les cris plaintifs des braves expirans.
Sur les monceaux de morts dont se couvre la plage,
Semble régner joyeux le démon du carnage,
Prêt du haut de son trône, à ceindre d'un laurier,

Les bourreaux triomphans, et leur prince guerrier.
  Sur les degrés du mont, Charle étonné s'arrête...
Un long cri de détresse et que l'écho répète,
A travers les cyprès, semble en accusateur
Au tribunal des cieux citer le roi vainqueur.

  Soudain un voile épais vient obscurcir sa vue ;
Du champ d'honneur que couvre une sanglante nue,
Sort une voix plaintive... hélas ! en frémissant,
De sa patrie en pleurs il croit ouïr l'accent.
« —Charle ! entends les sanglots que m'arrache ta gloire !
» Dit-elle ; que d'enfans m'enlève ta victoire !
» Dépose enfin ta foudre, au monde rends la paix !
» L'Europe retentit du bruit de tes succès ;
» Oh ! fais-la retentir du bonheur de la France.
» L'univers à tes pieds adore ta puissance.
» De tes peuples enfin daigne écouter le vœu !
» Vaincre est d'un conquérant, pacifier d'un dieu. »
  La voix meurt dans les airs. « — O nation chérie !
» S'est écrié le prince ; ô France ! ô ma patrie !
» La paix fut le seul but de mes vastes travaux ;
» J'éloignai de ton sol la guerre et ses fléaux.
» Va ! tes vœux sont les miens ; mais armé du tonnerre,
» C'est pour mieux l'affermir que j'ébranlai la terre. »

  Cependant un soupir a, du héros français,

Décélé les tourmens et prouvé les regrets.
Son cœur est oppressé d'un poids insurmontable :
Un noir pressentiment le poursuit et l'accable.
Il monte au temple saint. Ses ténébreux degrés,
Ses murs mystérieux par le temps délabrés,
Les funèbres oiseaux de la rive sauvage,
Tout semble de la mort lui présenter l'image.

    A la porte du temple arrive le héros ;
Il entre... Dieu lui seul pourra calmer ses maux.
Dans l'enceinte, une lampe et pâle et solitaire,
Éclairait faiblement le fond du sanctuaire :
Quel objet le premier s'offre à Charle ?.. un tombeau.
Non loin est un trophée où flotte un noir drapeau ;
D'un brasier presque éteint sous la nef résonnante,
A jailli tout à coup une flamme éclatante ;
Charle y vole troublé... Que dévorent ces feux ?
Une faucille d'or, le gui mystérieux,
O ciel ! et, quel effroi de son âme s'empare !
La lyre, la tunique et les voiles d'Ulnare.

    La vierge en ce brasier a-t-elle aussi péri ?
Soudain, levant les yeux, le prince jette un cri :
A l'autel du Seigneur, au fond du sanctuaire,
Il voit ces mots écrits : « —*La fille du mystère,*
» *La druide n'est plus !* » Le roi tombe à genoux.
« —Ulnare ! pour jamais as-tu fui ton époux ?
» Ciel juste ! prends pitié de ma douleur mortelle !

» Rends-la-moi!.. «—*La voici!* »Dieu! quelle voix! c'este
L'autel cachait Ulnare aux yeux du roi des preux :
Dissipant sa terreur et ses tourmens affreux,
Ulnare est dans ses bras... O surprise nouvelle!
Ce n'est plus la druide à Diane fidèle,
Ce n'est plus la prêtresse asservie aux faux dieux,
Enchaînée aux autels par de funestes vœux;
Ce n'est plus des déserts la sauvage inspirée,
La déesse invisible ou la vierge égarée;
La druide n'est plus! Ulnare est en ce lieu
L'épouse du héros et l'amante de Dieu.
« —Ulnare! chère Ulnare! ô toi que Charle adore!
» Dit le roi, qui pourrait nous séparer encore!
» Au pied des saints autels viens recevoir ma foi!
» Ulnare, pour toujours viens jurer d'être à moi!
» Le trône et le bonheur attendent mon amie;
» Le Franc te doit sa gloire, et le ciel t'a bénie;
» Rien ne peut désormais s'opposer à nos vœux;
» Ulnare! unis enfin, nous serons donc heureux! »
    Il dit; dans l'avenir il ne voit qu'allégresse,
Et ne s'aperçoit pas aux pieds de sa maîtresse,
Lui promettant la gloire et le sceptre à sa cour,
Que c'est sur un tombeau qu'il lui parle d'amour.

    Charle contre son cœur presse sa belle amante;
Mais Ulnare est en pleurs... son Ulnare est tremblante.

« —Viens, suis-moi!.. reprend-il. » La vierge l'interrompt :

« — L'eau sainte du baptême a coulé sur mon front;

» Charle! aux autels du Dieu qu'avec ferveur j'implore,

» Mon bonheur est trop grand, je n'ose y croire encore.

» Apprends qu'aujourd'hui même, un vieillard inconnu,

» Esprit mystérieux, apôtre inattendu,

» Portant le nom d'Enulphe, et pasteur des fidèles,

» Ici m'ouvrit des cieux les portes immortelles.

   » Mais, Charle! au même instant, la vierge des forêts,

» De tout pouvoir divin dépouillée à jamais,

» A cru voir l'univers disparaître pour elle,

» Et le ciel réclamer la chrétienne nouvelle.

   » Druide, Ulnare ici n'eût obéi qu'à toi;

» Chrétienne, Dieu me parle et j'écoute sa loi.

» Éphémère lueur, invisible génie,

» Jadis en doux rayons j'ai plané sur ta vie;

» Aujourd'hui, quand, brûlant d'un culte criminel

» Les signes odieux, j'écrivais sur l'autel :

» *La druide n'est plus!* seule en ce sanctuaire,

» Je traçais par ces mots mes adieux à la terre.

   » Cessant d'être païenne, oui, Charle, j'ai senti

» Mon existence éteinte et mon rôle fini.

» Non, l'instrument des cieux n'est point fait pour la terre.

» Ulnare n'apparut, étoile passagère,

» Que pour servir ta gloire, et n'a plus aujourd'hui

» Qu'à remonter au ciel, qui la rappelle à lui.

» A mes yeux étonnés tout a changé de face;
» D'amour quoique brûlante, un froid mortel me glace;
» Chaque instant m'affaiblit, mes sens sont accablés,
» Mes pas sont chancelans, mes regards sont voilés;
» L'existence m'échappe... et pourtant ton Ulnare,
» Malgré le trouble affreux qui la suit, qui l'égare,
» Jamais n'a mieux connu l'ivresse du bonheur,
» Jamais autant d'amour n'a fait battre son cœur. »
   Elle dit; vers l'autel Charlemagne l'entraîne;
Par des sermens sacrés il va serrer sa chaîne;
Lorsqu'un bruit sourd l'arrête... ô prodige nouveau!
L'autel à ses regards se transforme en tombeau;
La voûte, le parvis, les murs, le sanctuaire,
Se sont couverts soudain d'un long drap mortuaire;
Le fond de l'autel tombe... et, des enchantemens,
Le génie infernal apparaît aux amans;
C'est Léonore! ô ciel!... telle s'offrit Médée,
Quand de retour du Styx, des démons possédée,
La cruelle, entassant des crimes inouis,
Incendiait Corinthe et massacrait ses fils.
   Au prince s'adressant : « — Charle! dit la perfide,
» Tu ne seras jamais l'époux de ta druide;
» J'ai prévu ton hymen, et mes dons étaient prêts;
» Cet autel est sa tombe... Ecoute mes forfaits :
» Toi seul en dois porter le poids épouvantable,
» Tu les as tous causés, oui; toi seul es coupable;

» Ma rage est assouvie, et tu vas en ce jour,

» Par ma vengeance enfin juger de mon amour.

  » Sous l'armure d'un preux, sur la rive homicide,

» Du fort de Clodhérant, j'enlevai ta druide ;

» Sous la forme d'Ildhère, oracle révéré,

» Je lui portai moi-même un poison préparé

» Pour finir à la fois et sa vie et ses peines.

» Le breuvage fatal a coulé dans ses veines.

» Puis avec ses destins j'ai terminé mon sort ;

» Et du même poison j'attends la même mort.»

  A cet affreux discours : «—Grand dieu ! s'écrie Ulnare,

» Eh quoi ! c'est maintenant que la mort nous sépare !

» Charle ! qu'ai-je entendu ! quel horrible trépas !

» Voici l'autel d'hymen !.. et je meurs dans tes bras. »

  Elle dit, et sa voix sur ses lèvres expire :

En proie au désespoir, Charle à peine respire;

Il la saisit, l'entraîne. « — Ah ! de ce lieu cruel

» Fuyons ! Un prompt secours peut d'un poison mortel

» Prévenir les effets, fuyons ! — Vaine espérance !

» Dit l'élève d'Orsmin : tombés en ma puissance,

» Du temple refermé vous ne pouvez sortir,

» Et sans secours, ici, tu vas la voir mourir. »

  Le monstre a disparu… l'abîme s'en empare.

Le monarque éperdu tombe aux genoux d'Ulnare :

« —Charle ! adieu ! lui dit-elle, adieu donc pour jamais !

» Rappelle-toi ces mots du barde des forêts :

» *Et toi, vierge gauloise ! hélas ! sur cette terre,*
» *Aurore boréale, et rose printanière,*
» *Ton anneau nuptial est tombé de l'autel.*
    » Charle ! soumettons-nous aux volontés du ciel ;
» Sur ce globe étranger où j'ai passé si vite,
» Je n'ai vu que toi seul, c'est toi seul que je quitte.
» Vivre était le néant quand je vivais sans toi ;
» Il n'est donc qu'un regret, qu'un souvenir pour moi.
» Digne de toi du moins quand le ciel nous sépare,
» Je meurs chrétienne... Adieu !.. ne pleure point Ulnare ! »
Elle dit ; dans les bras du héros des Français,
La vierge s'est penchée... et s'endort pour jamais.

Accablé de douleur et glacé d'épouvante,
Charle au pied de l'autel dépose son amante ;
Quand la voûte s'entr'ouvre... En un char radieux,
Apparaît au monarque un archange des cieux ;
Du milieu des éclairs la foudre à l'instant tonne,
De la pompe de Dieu l'archange s'environne ;
Son regard lance au loin des feux étincelans,
Semblables dans les airs à ces rayons brûlans
Qui, dardés du soleil élevé sur les ondes,
Traversent tout à coup l'immensité des mondes.

L'ange avec majesté descend d'un ciel serein ;
Une auréole ardente orne son front divin ;

D'un nuage pourpré cet astre de lumière
Couvre les saints parvis, voile le sanctuaire ;
Et les zéphyrs joyeux, dirigeant son essor,
Font sur lui doucement flotter ses ailes d'or.

    Ainsi dans Nazareth, ce céleste génie,
Par ordre du Seigneur apparut à Marie,
Lorsqu'il vint lui promettre au nom de l'Éternel,
Un fils... divin sauveur de tous les fils du ciel.

    L'envoyé du Très-Haut au monarque s'adresse :
« — Charle ! oublie à jamais Ulnare et sa tendresse !
» Égide protectrice, instrument merveilleux,
» Ulnare, comme un songe, apparut à tes yeux,
» Et disparaît de même. O vainqueur de la terre !
» Écoute maintenant : Tout prince sanguinaire,
» Du ciel est rejeté ; si ton glaive en ces lieux,
» N'eût servi le vrai culte et brisé les faux dieux,
» Ce sol eût dévoré les enfans de la gloire.

    » Plus de combats, on tremble !...Aux champs de la victoire
» Le conquérant fameux sur son char éclatant,
» S'entr'ouvre, à chaque pas, l'abîme qui l'attend ;
» Et lassé tôt ou tard des triomphes du crime,
» Du bourreau des humains le ciel fait leur victime.

    » Dieu protège les preux : tu servis ses desseins,
» Le sceptre d'Occident va passer en tes mains ;
» Déjà de l'univers t'attend la métropole.
» Monte, nouvel Auguste, au nouveau Capitole !

» Là, chef des nations, maître de tes égaux,
» Parmi des flots d'encens, sous des arcs triomphaux,
» Va recevoir, des mains du pontife suprême,
» Des Césars éclipsés l'antique diadème !

   » Puis, vainqueur de la terre, accorde-lui la paix;
» Et l'heureux Charlemagne, empereur des Français,
» Tel qu'un phare élevé planant sur les orages,
» Éclairant l'avenir, perçant la nuit des âges,
» Sera par ses vertus comme par ses exploits,
» La gloire de la France et l'exemple des rois. »

L'archange est remonté vers la voûte immortelle,
Le prince écoute encore... O surprise nouvelle !
Un nuage d'azur, à reflets lumineux,
Descendu sur l'autel, cache Ulnare à ses yeux.
Les airs ne tonnent plus... Une douce harmonie
Vient charmer tout à coup son oreille ravie.
Il croit entendre au loin, portés par les zéphirs,
Les accords enchanteurs, mélodieux soupirs
D'une harpe céleste... Ah ! la cour immortelle
Chante sans doute Ulnare et sa gloire éternelle.
Le nuage divin s'entr'ouvrant radieux,
S'éclaircit, se colore, et présente à ses yeux,
Sous les voiles légers d'une vapeur magique,
Les traits aériens, l'image fantastique
De la vierge adorée. O destin merveilleux !
Ulnare lentement s'élève vers les cieux,

Le front ceint d'un bandeau d'étoiles rayonnantes :
L'air ravi, s'étendant en vapeurs odorantes,
Autour d'elle, chargé de sons mélodieux,
Porte Ulnare en triomphe aux pieds du roi des cieux.
   Sur le héros français, la céleste immortelle
Jette un dernier regard. « — O Charle ! lui dit-elle ,
» La vierge des forêts, tout entière au vrai Dieu,
» Te précède, t'attend... Je suis heureuse... Adieu! »

FIN DU CHANT XXIV ET DERNIER.

NOTE DU CHANT XXIV.

(1) .... Le Veser est français.

Les historiens du temps parlent beaucoup de la victoire brillante remportée par Charlemagne sur les bords du Veser. Charle avait commencé la campagne par la prise d'Éresbour et la destruction du temple d'Irmensul. Les Saxons furent vaincus ; mais ce ne fut qu'après avoir combattu avec toute la valeur et l'obstination du désespoir.

FIN.

Troupes françaises
Saxons
Huns
Scandinaves
Slaves
Lombards
Corps Alliés

A B C D E F G H I K L M N O P Q R S T U

D

Dessiné par le Victe d'Arlincourt

6

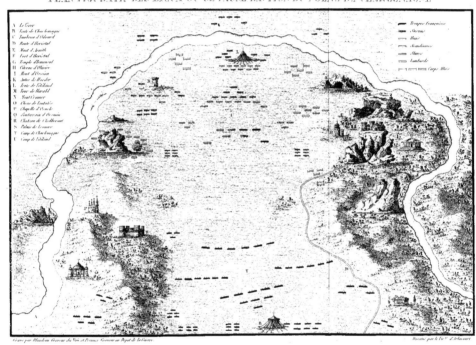

PLAN FIGURATIF DES LIEUX OU SE PASSE L'ACTION DU POÈME DE CHARLEMAGNE

Imprimé en France
FROC011905060720
24425FR00014B/601

9 782329 415215